多维一体 立德树人
——当代大学生综合素质提升研究

Multi-Dimensions and Morality Education
—A Study on the Improvement of Contemporary College Students' Comprehensive Quality

武彩鸿 王 兴 著

图书在版编目（CIP）数据

多维一体　立德树人：当代大学生综合素质提升研究 / 武彩鸿，王兴著. —北京：经济管理出版社，2017.5

ISBN 978-7-5096-4860-5

Ⅰ.①多… Ⅱ.①武…②王… Ⅲ.①大学生—素质教育—研究—中国 Ⅳ.①G640

中国版本图书馆 CIP 数据核字（2017）第 007631 号

组稿编辑：杨　雪
责任编辑：杨　雪　张巧梅
责任印制：司东翔
责任校对：董杉珊

出版发行：经济管理出版社
（北京市海淀区北蜂窝 8 号中雅大厦 A 座 11 层　100038）
网　　址：www.E-mp.com.cn
电　　话：（010）51915602
印　　刷：北京九州迅驰传媒文化有限公司
经　　销：新华书店
开　　本：700mm×1000mm/16
印　　张：21.5
字　　数：307 千字
版　　次：2017 年 5 月第 1 版　2017 年 5 月第 1 次印刷
书　　号：ISBN 978-7-5096-4860-5
定　　价：66.00 元

·版权所有　翻印必究·

凡购本社图书，如有印装错误，由本社读者服务部负责调换。

联系地址：北京阜外月坛北小街 2 号
电话：（010）68022974　邮编：100836

FOREWORD 序言

　　建设中国特色社会主义事业要求高素质人才，这些人才必须具备参与国际竞争和应对未来挑战所必需的素质与能力。当前时代要求当代大学生要在思想道德素质、科学文化素质、身心素质、创新素质等方面协调发展，因此，全面提高大学生综合素质既是当前我国经济社会发展的客观要求，更是高等院校教育教学的重中之重。大学生综合素质提升不是一蹴而就的，而是一个从低到高、由浅入深的长期过程，必须遵循高等教育规律，坚持循序渐进原则，运用科学的方法，方能达到预期的教育目的。本书按照高等院校学生综合素质实际水平状况、表现特征及思想实际，对提升我国大学生综合素质这一问题进行研究和探讨。

　　本书的最大特点在于不是从某一维度、关键词或基于某种现实原因提出解决方案，而是以马克思主义唯物辩证法为指导，首次尝试从大学生综合素质的内因与外因、整体与部分、理念与实践路径等多个方面为着眼点，多角度、全方位、立体化分析当前大学生综合素质提升问题。本书力求既注重抽象的理论阐述，又突出具体的案例剖析；既有历史层面的反思，又有现实层面的观照；既着眼于中国大学生活动的现状，又放眼全球，借鉴和吸收国外教育的精髓。在系统阐述大学生素质教育基本理论的基础上，以大学生素质教育、综合素质提升为主线，从大学生综合素质提升的任务、规律和特点入手,运用思想教育理论、教育学、社会学、心理学知识,采用理论和实践相结合的方法,较详尽地介绍了培养大学生素质教育全过程中需要学习和掌握的相关理论知识与实践能力。本书注重理论与实践相结合,努力追求融思想性、学术性、知识性、实用性为一体,力求全面、客观、理性地看待并处理当前新形势下大学生综合素质提升问题。

本书尝试从高等院校基层一线教育者的视角与立场出发,力求做到思路开阔、层次清晰、有理有据,探索高校如何在践行社会主义核心价值观与坚定当代大学生理想信念教育的基础上,帮助大学生理性认识、评价自己,树立正确的世界观、人生观与价值观,培育良好个性,拓展综合能力,提升全面素质,促进优良品德的形成与身心健康的发展,实现大学生成长成才,成为全面发展的中国特色社会主义可靠接班人与合格建设者。

本书内容共分四部分,从顶层设计、教育环境到发展内涵、提升路径,主要涉及"综合素质教育改革"和"人才培养模式创新"两个主要部分,突出反映了把综合素质教育落实到大学生成长成才培养的全过程和教育教学的诸多环节,实现文化素质教育与思想政治教育的结合、专业教育与素质教育的结合、校园文化与社会实践的结合、第一课堂与第二课堂的结合,全面提高大学生思想道德素质、科学文化素质、学术专业素养和素质等大学生综合素质与核心竞争力。这些内容既立足现实,重在提高现实中的大学生素质水平;也着眼未来,推动建立促进大学生综合素质全面提升的长效机制。限于笔者水平和经验有限,本书难免有疏漏之处,恳请各位专家及读者多提宝贵意见和建议。

CONTENTS 目 录

第一章 顶层设计篇 ... 001

第一节 素质教育：时代要求与历史责任 ... 003
一、素质教育的提出与内涵 // 003
二、素质教育实施的重要意义 // 004
三、素质教育在新形势下的高等教育中的特点 // 005
四、素质教育实施中面临的问题与挑战 // 007
五、素质教育包含的内容 // 007
六、大学生素质教育发展的方向 // 009

第二节 人的全面发展：素质教育的灵魂与归宿 ... 013
一、马克思主义关于人的全面发展学说的内涵 // 013
二、人的全面发展理论的现实意义 // 015
三、人的全面发展理论的拓展 // 018
四、人的自由全面发展的实现途径 // 020

第三节 高等教育的"面"与"点"：大众教育与精英教育 ... 025
一、从高等教育发展史看大众教育与精英教育的异同 // 025

二、大众教育背景下的精英教育 // 027
　　三、大众教育与精英教育的重新思考 // 031
　　四、我国大众教育与精英教育的现状及问题分析 // 032
　　五、针对我国大众教育与精英教育现存问题的建设性对策 // 033

第四节　通识教育：培养完整的人 ………………………………… 036
　　一、通识教育的来源 // 036
　　二、通识教育的经验借鉴 // 037
　　三、通识教育的真正内涵 // 040
　　四、有中国特色的通识教育在 21 世纪如何更好地发展 // 042

第五节　主旋律教育：建设大学生精神家园 …………………………… 047
　　一、主旋律教育的时代要求 // 047
　　二、主旋律的思想内涵 // 048
　　三、在媒体时代弘扬主旋律的途径 // 049
　　四、主旋律教育与素质教育的实现路径思考 // 052

第六节　社会主义核心价值体系：素质教育的灯塔 ………………… 057
　　一、社会主义核心价值体系的形成与大学生素质教育的
　　　　背景是统一的 // 058
　　二、社会主义核心价值体系的内涵与大学生素质教育的
　　　　内涵是一脉相承的 // 058
　　三、社会主义核心价值体系是大学生素质教育的灯塔 // 059
　　四、解决大学生价值观中的突出问题 // 062
　　五、提升大学生素质教育的建议 // 065
　　六、地方高校社会主义核心价值观教育经典案例 // 067

第七节　素质教育与国学教育：生活教育和人格教育 ……………… 075
　　一、国学教育的内涵及必要性 // 075
　　二、国学教育下综合素质教育的内涵、理念及现状 // 077
　　三、国学教育和素质教育的契合 // 080

四、开展国学教育，培养大学生人文素质 // 083

第二章　环境篇……………………………………………087

第一节　善用新媒体"双刃剑"……………………………089
一、新媒体对大学生的影响 // 090
二、新媒体对思想政治教育的影响 // 093
三、利用新媒体提升大学生思想素质的途径 // 095

第二节　扎实推进校园文化建设……………………………100
一、校园文化的内涵及价值 // 100
二、新形势下校园文化的综合素质育人功能 // 102
三、加强校园文化建设的着力点 // 102

第三节　将图书馆功能最大化………………………………107
一、图书馆在大学生素质教育中的特殊地位 // 107
二、图书馆是高校开展素质教育的硬件基石 // 108
三、图书馆在大学生成长成才过程中的素质教育职能 // 109
四、新形势下图书馆在大学生素质教育中的问题分析 // 112
五、多管齐下，力求图书馆各项功能最大化 // 114

第四节　"三育人"工作，德育为先…………………………119
一、当前教育新形势与创新实践"三育人"工作的必要性 // 120
二、"三育人"工作存在的问题及实施举措 // 120
三、"三育人"中"三育"的具体内涵及相互关系 // 121
四、"三育人"与素质教育的关系 // 123

第五节　抓好教风、学风、班风建设………………………127
一、教风、学风、班风建设是人才培养的客观要求 // 127
二、教风、学风、班风的内在关系 // 128
三、深刻领会教风、学风、班风建设在人才培养中的重要意义 // 129

四、教学质量视域下促进教风、学风、班风建设的措施 // 130

第六节　和谐文化新思考：创新大学文化，构建和谐社会……… 136
　　一、和谐文化的内涵和作用 // 136

　　二、和谐文化对和谐社会的推动作用 // 139

　　三、大学和谐文化建设 // 140

　　四、建设和谐校园文化，促进学生成长成才 // 145

第三章　内涵篇……………………………………………… 149

第一节　疏通人才社会对接渠道　全面提升大学生核心竞争力…… 151
　　一、大学生核心竞争力的内涵 // 151

　　二、大学生核心竞争力的特点 // 152

　　三、大学生核心竞争力的发展必要性 // 153

　　四、大学生核心竞争力面临的问题 // 155

　　五、大学生核心竞争力如何提升 // 156

　　六、当代大学生如何提升自我核心竞争力 // 160

第二节　心理健康教育：大学生对接社会的减震器……………… 163
　　一、心理健康的含义及作用 // 163

　　二、心理发展的特点 // 164

　　三、心理问题的主要表现 // 166

　　四、心理问题的克服策略 // 168

第三节　重视感恩教育　提高道德修养…………………………… 171
　　一、大学生感恩教育的内涵 // 171

　　二、感恩教育缺失的现状及原因 // 173

　　三、加强大学生感恩教育，提高大学生人文素质 // 174

第四节　顺应终身学习潮流　健全终身教育平台………………… 178
　　一、终身教育思想的含义 // 178

二、终身教育和学习型社会理念的历程 // 179
三、终身教育和学习型社会理念提出的背景分析 // 180
四、终身教育的必要性 // 181
五、终身教育对大学生的要求 // 182
六、树立终身教育理念，践行终身教育的策略 // 183
七、终身教育体系中高校成人教育的定位、功能与转型 // 184

第五节　扎实推进育廉课堂　提高大学生人格本位 …………… 190
一、大学生廉洁教育的基本内涵 // 190
二、我国大学生廉政教育的现状 // 191
三、国外大学廉洁教育的现状 // 193
四、大学生廉洁教育的目标 // 193
五、开展大学生廉洁教育的必要性 // 194
六、高校德育与大学生廉洁教育相结合的实践途径 // 195
七、大学生廉洁教育的"三全育廉"范式 // 197

第六节　大学生创业教育：我国素质教育改革的方向与途径 ……… 201
一、素质教育的内涵 // 201
二、素质教育与创业教育的联系 // 202
三、素质教育与创业教育的具体关系 // 202
四、素质教育与创业教育的相同点 // 204
五、创业教育如何进行 // 206
六、在创业教育过程中提升大学生素质 // 207
七、应高度重视创业教育中的心理调适能力培养 // 209

第七节　创新教育：国家民族未来核心竞争力 ………………… 212
一、创新教育的内涵 // 212
二、创新教育的现状 // 213
三、创新教育的重要性、紧迫性 // 214
四、创新教育是实施素质教育的关键 // 214

五、我国创新教育的方向 // 215

第八节 文化软实力：在传统文化教育中考量教育的精神脉络……218

一、加强大学生传统文化教育具有紧迫性 // 219

二、加强大学生传统文化教育有助于思想教育 // 219

三、进一步加强传统文化教育，提高大学生思想教育的实效性 // 221

第四章 路径篇……227

第一节 "中国梦"教育：让年轻学子的人生更出彩……229

一、"中国梦"的深刻内涵 // 229

二、大学理念视域下理想信念与价值标准教育现状 // 231

三、时代赋予"中国梦"和"学子梦"完美的内在统一 // 233

四、新形势下高等教育实现"中国梦"的途径思考 // 234

第二节 汲取传统文化人文精神 提升大学生人文素质……237

一、大学生人文素质下降的原因 // 237

二、影响传统文化教育的因素 // 239

三、传统文化的内涵与发展 // 240

四、提高大学生人文素质的对策 // 241

第三节 深化课程改革 创新培养模式……245

一、素质教育概念辨析 // 245

二、高校课程指向大学生素质的提高 // 247

三、大学领导层面强化课程改革意识 // 248

四、确立大学生素质结构，改革高校课程体系 // 251

第四节 完善高校社会实践 突出人才培养特色……254

一、社会实践育人与实践育人 // 254

二、构建高校社会实践育人的长效机制具有时代意义 // 255

三、当下社会实践存在的问题 // 256

四、深化社会实践的现实意义 // 257

五、因地制宜、因材施教、拓宽形式 // 258

第五节 思想政治教育：素质教育的核心与灵魂 ……………… 265

一、思想政治教育在大学生素质教育中的作用 // 265

二、加强大学生思想政治教育的意义 // 269

三、思想政治教育与文化素质教育融合的途径 // 270

四、提高当代大学生思想政治教育效果的措施 // 273

第六节 古为今用　明德识礼 ……………………………………… 277

一、礼仪——自身修养之根本，个人形象之招牌 // 277

二、当代大学生礼仪教育的缺失与学习礼仪必要性的反差 // 278

三、促进当代大学生礼仪教育的对策思考 // 282

第七节 大学语文：高校人文素质培养的主阵地 ……………… 288

一、充分认识大学语文学科性质、地位，并挖掘人文精神因素 // 288

二、正确理解大学语文教学与人文素质培养的关系 // 290

三、大学语文教材的选取注重与培养人文素质相结合 // 292

四、将人文素质教育融入大学语文教学实践当中 // 294

第八节 第二课堂：打造美丽校园文化 ………………………… 297

一、第二课堂产生的背景 // 297

二、开展第二课堂的必要性 // 298

三、第一课堂和第二课堂的比较 // 298

四、第二课堂的特点 // 299

五、第二课堂的作用 // 300

六、第二课堂存在的不足 // 302

七、解决第二课堂存在问题的措施 // 303

八、第二课堂创造美丽校园 // 306

第九节 高校党建：让学生党员成为党渴望的人才 …………… 309

一、高校党建工作的现状 // 309

二、高校党建工作的创新改革——创新党建工作和
就业结合机制 // 312

三、高校党建面临的挑战及对策 // 313

四、高校党建进学生宿舍的重要性 // 315

五、加强大学生对党性认识的教育 // 316

六、党建工作应更趋于现代化 // 318

第十节　形势政策教育：在把握世情、国情、党情、社情中
成长成才 ································ 320

一、形势与政策教育核心内容 // 320

二、形势与政策教育的作用 // 321

三、如何实施形势与政策教育 // 325

后　记 ································ 332

多维一体
立德树人

第一章

顶层设计篇

第一节
素质教育：时代要求与历史责任

一、素质教育的提出与内涵

"素质教育"这一概念，开始是针对中小学"应试教育"而提出的。约定俗成，"素质"被定义为：由先天的遗传禀赋与后天环境的影响及教育的作用结合而形成的相对稳定的基本品质结构。素质教育，是以培养和加强人的综合素质为目的的教育。知识、能力、素质是既有区别又相互联系的辩证统一关系。素质教育是在传播知识和发展能力的基础上进行的，目的是在现有条件的基础上，通过教育、环境的影响和学生个人自身的努力，养成一种内在的、综合的、稳定的个性心理和行为品质。其内涵一般包括四类，即思想文化素质、业务素质、心理素质和身体素质，每一类又有各自比较稳定的层面与内容。

在高等教育背景下提出"素质教育"是为了改变单纯的科技教育及过窄的专业教育的状况，同时也不排斥改变大学生亦有的"应试教育的弊端"（只不过在程度上没有中小学应试教育那样严重而已）。现在人们更多地从检讨20世纪50年代初的高等院校院系调整出发，阐述改变这一状况的有力方法就是在当代大学生培养中加强素质教育。

概言之，在大学中提倡素质教育是内部与外部、历史与现实综合作用的必然结果，它能将个人发展与社会发展两种教育的基本功能统一起来。因此，上升到规律理论的高度来看，素质教育的努力指向正是为了使教育内部与外部关系规律实现和谐互动。

二、素质教育实施的重要意义

随着科学技术的飞速发展和知识经济时代的到来，社会对人才的培养提出了新的要求。为适应时代发展，中共中央、国务院提出《关于深化教育改革，全面推进素质教育的决定》，全面实施科教兴国战略。多年来，素质教育在理论探索和实践运用方面都取得了丰硕的成果，但我们必须清醒地认识到，大学生素质教育相比于中小学生素质教育而言，呈现出相对滞后的现象，改革的力度和时效性都有待加强。

大学生的素质状况将关系到国家民族的前途命运。全面推进素质教育，积极探索大学生素质教育的新内容和新机制，培养理想信念坚定、道德情操高尚、理论基础扎实、具有创新精神和实践能力的优秀人才，使当代大学生在德、智、体、美等方面全面发展，是高等院校人才培养的一项紧迫任务，也是我国高等教育改革的应有之义。《中共中央关于构建社会主义和谐社会若干重大问题的决定》明确指出，要"全面贯彻党的教育方针，大力实施科教兴国战略和人才强国战略，全面实施素质教育，深化教育改革，提高教育质量，建设现代国民教育体系和终身教育体系。"这是继中共中央、国务院《关于深化教育改革，全面推进素质教育的决定》之后对"全面实施素质教育"的又一重大决策。全面实施素质教育已成为当前我国高校人才培养的一项重要举措和紧迫任务。

高校实施素质教育就必须坚持"以人为本"的教育理念，以教师为主导，以学生为主体，培养社会所需要的具有综合素质和能力的人才。大量事实表明，要想培养和提高大学生的综合素质和能力，仅仅靠目前的课堂教育是不可能完全实现的，必须调动各方面的力量，整合多方面的教育资源，按照素质教育的要求来开发、培养。对于学生来讲，通过第一课堂（教学主渠道）完成学业是将来就业、择业和发展的基础，而要在社会中形成自己的竞争优势，则主要依靠第二课堂（课外科技文化活动）和第三课堂（社会实践活动）的素质培养和锻炼。基于此，在人才培养方面，大学生素质拓展的主题正是体现了第一课堂、第二课堂与第三课堂的有机结合。因此说，高校素质教育理念为大学生素质拓展奠定了坚实的理论基础。

三、素质教育在新形势下的高等教育中的特点

高等教育的基本特点不同于中小学教育，高等教育中的素质教育也并非如中小学一样针对"应试教育"而提出，这就决定了大学生素质教育必定有自己的特点。

（一）高于普通教育的素质教育水平

高等教育在性质、任务和教育对象等方面体现出它的两个特点：一是高等教育是建立在普通教育基础之上的专业性教育，以培养各种专门人才为目标；二是大学生一般是18岁以上的青年，他们的身心发展已趋于成熟。根据高等教育的这两个特点，我们认为大学生的素质教育必须有别于普通的素质教育，大学生所接受的教育主要是建立在普通教育基础上的"专业性教育"。因此，大学生素质教育的良好基础应在中小学阶段就已形成，并以此为基础在大学阶段对大学生的基本品质、能力结构等方面加以发展、完善和相对地"高深化"，这是大学生素质教育的一个主要特点。

简而言之，素质教育也是一个系统工程，在不同阶段有着不同的内容和要求。一方面，由于过去我国中小学教育受应试教育的影响极大，忽视素质教育，所以现在对大学生素质教育的"补课"有其必要性；另一方面，我们必须看到这只是一个权益性的"恶补"，如果大学生的素质教育不与中小

学的素质教育相互衔接且配套地进行，老是如此"恶补"下去，势必冲击大学生对"高深专门学问"的学习和研究。事实上，对大学生进行素质教育的主要措施之一是在大学课堂开设人文素质教育方面的课程，然而在实际操作过程中却遇到两个问题：一是现在大学生一周五天的课程已经很紧张了，再用"加法"增课令学生不堪重负；二是人文素质必须由人文知识"下学上达"地"内化"才能转化为素质，多上几节人文方面的素质教育课程是否就能立竿见影地提高大学生的素质，这值得商榷。这两个问题都折射出准确把握大学生素质教育的特点十分重要；否则，中小学"欠债"大学还，长此以往，最后可能导致大学生的素质教育和专业教育都抓了、又都抓不好的结果。常言道"不能就教育论教育"，我们在这一问题上同样不能孤立地、单纯地谈论大学生素质教育。

（二）多样化

与中小学普通教育不同，大学进行专业性教育。如果说普通教育培养的是普通的文明人，那么高等教育培养的则是学有所长的先进文明人。在大学里有理科、文科、工科等各种学科，在大文科中不仅包含文、史、哲等专业，还包含经济、艺术等专业。因此，大学生素质教育也存在多样化的问题，这也是大学生素质教育的一个重要特点。不同层次、不同类型的高等教育机构，对受教育者的素质教育的要求也应有所不同。例如，北京大学、清华大学的素质教育，无疑不应与某些专科学校的素质教育在内容、层次上一样；即使在北京大学、清华大学内部，学习不同科类的大学生，其素质教育的侧重点及要求也不应强求一致。没有区别就意味着否认层次和类型，没有特色必定造成千校一样、万人一面，这样素质教育就没有意义和效果了。当然，无论哪一种层次和类型，大学生素质教育都必须有一个下限标准。这里所谈的特点，旨在强调大学生素质教育必须与其专业性教育的层次和类型相对应。其中，大学生多样化的素质教育是相对的，而高于普通教育的素质教育水平是绝对的。

四、素质教育实施中面临的问题与挑战

当代大学生的总体素质是好的,从学习、工作和生活情况分析,呈现出向上发展的趋势,但是,当代大学生在基本素质方面仍存在一些问题。例如:①缺少政治敏感性。不少大学生常常以自我为中心来看待政治问题,而对于社会上的敏感性政治热点问题,有时候缺乏辨别是非的能力,容易冲动、不理智,从而酿成大错,追悔莫及。②思想道德素质不高。少数大学生缺乏为国家强盛和民族复兴而奋斗的崇高理想和思想境界,缺乏责任感和奉献精神,更有一些人缺少修养,道德认同感较差,基础文明素质薄弱,道德认知与道德行为严重脱节,不遵守公共秩序、不爱护公共财物、不讲究社会公德等现象常有发生。③专业应用能力偏低。在当前就业大潮的影响下,一些大学生存在重理论、轻实践的误区,过分看重理论基础知识的学习,而忽视实验、实习等实践课程,以至于知识结构不合理、专业专长不突出、实际操作能力不足,毕业后一时难以适应就业市场的激烈竞争。④身心素质堪忧。部分学生自我定位偏高,但由于心理发展尚未成熟,心理承受能力较弱,在学习、就业、情感等方面遇到困难和挫折时,往往出现焦虑、烦恼、自卑、孤独、忧郁、嫉妒等不良心理,甚至产生悲观失望情绪和精神失常等不良后果。⑤创新意识不强。部分大学生受自小学到中学一贯以教师为主导的教学模式影响,在大学的学习生活中仍满足于在教师"教"与"授"的引导下完成既定的学习任务,而对学习任务以外的知识缺乏积极探索的精神,不积极参加课外活动(特别是课外科技活动)。一旦走出校门,面对社会上日新月异的新事物往往茫然失措,无所适从,缺乏对问题的独立思考能力和解决能力。

五、素质教育包含的内容

新形势下大学生素质教育是以全面提高学生的基本素质为根本目的,培

养高尚品格，注重身心健康，尊重学生的主动精神，开发智力潜能，培育健全个性，发展创新能力。因此，大学生的素质教育必须包括以下几个方面：

第一，政治素质教育。思想政治教育是素质教育的灵魂。思想政治教育体现了一个人的政治立场、人生态度和价值观念，体现了对社会主义的坚定信念和对祖国、对人民的忠诚和献身精神，体现了一个人的道德品质和思想修养。只有树立起正确的思想观念，培养出良好的道德品质，才能够有效地激发出大学生的创新精神和智慧。大学生思想政治素质教育要渗透到大学教育的各个环节，贯穿大学素质教育的全过程。

第二，道德素质教育。道德素质教育是素质教育的根基。教育的基本职责就是引导受教育者学会立身社会、如何做人。社会主义荣辱观教育是道德素质教育的基本内容，要教大学生学会明辨是非，分清荣辱，怀有崇高理想，培养高尚情操，树立正确的人生观和价值观。要加强爱国主义、集体主义、社会主义教育，教育大学生将自己的理想和前途与国家的前途和命运连在一起，努力成为社会主义事业合格的建设者和接班人。

第三，专业素质教育。专业素质教育是素质教育的主体。要创新教育思想、培养模式、专业设置、教学内容、教学方法，构建适应素质教育的人才培养体系。通过专业素质教育，使大学生成为基础扎实、知识丰富、敢于创新、素质优良、具有专业知识运用能力和实践操作能力的人。专业素质教育为把大学生培养成为创新型人才奠定坚实的基础。

第四，文化素质教育。文化素质教育是素质教育的基础。优秀的创新人才必须具有广博而深厚的文化底蕴、扎实而牢固的文化素质基础，具有科学的思维方法、健康的审美能力，能够正确处理社会问题，把自己和谐地融入社会之中。通过文化素质教育，让大学生学会用辩证唯物主义和历史唯物主义的立场、观点、方法，分析现实生活中的政治、经济、文化、道德现象，学会把握自己人生。

第五，身心素质教育。身心素质教育是素质教育的载体。心理素质对其他素质的培养有着明显的影响。良好的心理素质是人格健全的重要标志，是人生成长的内在动力，是学习专业知识和培养创新意识的必要条件。身心素质是大学生长知识、长修养、提高行为成效，为祖国和人民做贡献的前提和基础。一个人只有具有了健康的体魄和良好的心理素质，才能保持充沛的体力和精力，迎接来自社会各个方面的严峻挑战。因此，在进行素质教育时，必须加强学生的身心素质教育。

第六，创新素质教育。创新素质教育是素质教育的核心。创新素质主要包括创新精神、创新意识、创新思维、创新方法和创新能力。大学生具备了良好的思想品德素质、身心素质、文化素质和业务素质，并不能说明他们就已经具有了较强的创新和创业能力。要培养具有创新素质的人才，必须进行创新素质教育，开发学生的创新潜质，提高他们的创新和创业能力，使他们成为我国在激烈的国际竞争中始终立于不败之地的栋梁之才。

六、大学生素质教育发展的方向

在新形势下，当代大学生和高校如何在素质教育过程中找准定位、落在实处，这是摆在教育者和受教育者面前的一个重要现实课题。

（一）大学生应提升自己的学习能力

大学的学习方法和初中、高中阶段不一样。在大学里，一般情况下老师讲什么就考什么，不需要做太多的课外习题。大学里的各门功课考试没有及格率，不存在学生之间的竞争，只要学会和掌握了重点知识就能考出好成绩。所以，只要认真听课、做好复习、学习态度端正，在大学里考高分是容易的。然而，在大学里除了学好所有课程之外，大学生还应该掌握走向社会、适应社会必备的能力，如一定的计算机应用能力：大学生应具有收集资料、文献检索的能力；学会 Word、Excel 编辑，具有文字处理和数据处理能力；工科的学生还应该学会熟练运用一些必备的常用分析软件，如 Fluent、Ansys 等。除此之外，当代大学生更需要了解中国历史，了解历史人物和历史事件；阅读经典名著,帮助大学生了解世界不同时期的风土人情;学习哲学,如中国哲学中的儒、释、道思想,外国哲学中的尼采、叔本华的主要思想等。这些都可以使大学生的认识更接近于事物的本质,使大学生能更客观地看待自己的人生。

(二)大学生应注重沟通交流能力

人是各种社会关系的总和。社会是大的集体,人不能孤立于社会,所以社会生活中人与人之间的交流很重要。因此,大学生应注意与父母、同学、老师之间的沟通和交流。大学生要了解交流对象的心理,要掌握娴熟的交流谈判技能,说话要思路清晰、语言简洁、清楚明了。为了提高沟通交流能力,在校大学生应该多参加社团活动与社会实践活动,在实践中不断锻炼自己。

(三)大学生应有健康的生活态度

辩证唯物主义告诉我们,很多事物不以我们的意志为转移,我们不能改变的,就必须学会适应。比如大学生不应对专业的选择过分看重,学习任何专业都有可能作出不凡的成就。每个人都会遇到挫折和不幸,叔本华认为"幸福和痛苦是绳之两边",人总是在经历着痛苦,但人不可能总是痛苦,也不可能总是幸福,更不能既不痛苦也不幸福。积极面对、坦然诚实、乐观向上、无怨无艾才是健康的人生态度。江山代有才人出,当代大学生必须端正态度,履行时代赋予的使命,才能活出精彩的人生。

(四)高校应加强大学生的管理和引导工作

高校要选择综合素养较高的人才承担政治辅导员工作,落实好辅导员的待遇与出路问题。而基层辅导员应了解每个学生的思想动态和兴趣爱好,加强日常学生管理,积极引导,使学生在学习、生活、思想上能及时得到帮助。高校教师、管理者、后勤服务人员,都应积极参与到学生的综合素质教育过程中来,努力做到教书育人、管理育人、服务育人,让高校培养的学生不但是高素质人才，更是讲文明的合格公民。

有些高校的先进经验应大力推广。如在大一、大二和大四等学生素质培养的关键节点上，学校各专业可邀请相关专业人员、心理学家、知名企业家等做现场报告，这种名人效应在学生综合素质培养中的作用十分明显。再如，学校应让大一新生多与专业老师接触，让学生更好地了解专业的研究方向，明确学习基础知识和专业知识的重要性，让他们的学习更有目的性，提高学习兴趣。同时，专业老师应给予学生更全面的思想教育和就业指导，缓解辅导员的工作压力，提高素质教育的效果。

综上所述，加强大学生素质教育，培养具有综合素质的人才是高等教育教学改革的重要任务和内容，也是国家经济社会发展对高等教育工作提出的时代要求，更是高等院校与教育工作者义不容辞的社会责任和历史责任。

本节参考文献

［1］王立新，郑宽明，王文礼．大学生素质教育概论［M］．北京：科学出版社，2005．

［2］马慧琼．大学生素质教育之我见［J］．学术月刊，2011（3）．

［3］石中英．知识转型与教育改革［M］．北京：教育科学出版社，2001．

［4］涂文涛，方行明．知识经济的人才战略［M］．北京：中国时代经济出版社，2002．

［5］张华．"应试教育"与"素质教育"的根本分野［N］．教育文摘报，1997-05-14．

［6］周远清．素质·素质教育·文化素质教育——关于转变高等教育思想观念的再思考［N］．光明日报，2001-07-26．

［7］王惠兰．创新素质教育的内涵及途径刍议［J］．山东大学学报（哲

学社会科学版),2002(4).

[8] 高江海.实施素质教育教师应具备五种意识[N].光明日报,2004-12-01.

[9] 张正江.素质教育是轻视知识的教育吗?[J].全球教育展望,2004(10).

[10] 赖国强.试论社会环境与年轻一代的教育[J].广西师范大学学报(哲学社会科学版),1996(3).

[11] 赵丁阳.没有世界观的世界[M].北京:中国人民大学出版社,2003.

[12] 龚海泉.走进新世纪的高校道德教育[M].上海:华中师范大学出版社,2001.

[13] 钟秉林.中国大学改革与创新人才教育[M].北京:北京师范大学出版社,2008.

[14] 范纯别.大学生综合评价体系构建[J].高教发展与评估,2010(9).

[15] 翟怀远,宋守信,陈明利.大学生逆境应力的自我检测、评价与提升系统研究[J].社会经纬,2008(12).

第二节
人的全面发展：素质教育的灵魂与归宿

实现人的全面发展是共产主义的终极理想。马克思主义创始人在汲取前人卓越思想的基础上创建了人的全面发展学说，使其成为一个科学体系。马克思主义创始人不但提出了人的全面发展学说的具体内容，更站在历史的制高点把人的发展问题的研究置于对整个社会发展进程的科学考察之中统一进行，将对人的关注同对政治的关注、同人类的最终解放联系起来，使其全面发展学说具有开阔的视野和高屋建瓴的气势。尽管马克思主义创始人是从哲学角度论述人的全面发展理论的，但也没有忽视教育在其中的作用，他们指出："要改变一般人的本性，使他获得一定劳动部门的技能和技巧，成为发达和专门的劳动力，就要有一定的教育和训练。"当前，我国实施的素质教育是马克思主义关于人的全面发展思想的具体化和深化，它的目标是提高国民素质和促进社会进步。我们应以马克思主义关于人的全面发展理论为指导，从实际出发，大力发展素质教育。

一、马克思主义关于人的全面发展学说的内涵

人的全面发展是指"人以一种全面的方式，也就是说，作为完整的人，占有自己的全面的本质"。它包括人的需要的满足、能力的提高、社会关系

的丰富、自由个性的发挥、主体性的充分发展等丰富内容,其中主要包括以下内容。

(一)人的需要被充分满足

满足正当需要是人不可剥夺的权利,压抑人的正当需要的做法是违背人性的,是从根本上否定了人本身。"没有需要就没有生产",人为满足需要进行生产劳动及其他社会活动,而需要的满足和为满足需要而进行的生产活动又产生出新的、更高的和更丰富的需要。因此,人的需要的充分满足也是人的全面发展的重要内容。

(二)人的能力全面发展

人的能力分为体力和智力、自然能力和社会能力、潜在能力和现实能力等不同类型。人的能力的全面发展是马克思主义关于人的全面发展理论中强调得最多的一个价值目标。马克思认为工人阶级在生产资料私有制下付出更多的是体力劳动,而智力却得不到发展;鉴于此,马克思指出人的全面发展首先应当是人的智力和体力获得充分协调发展。未来教育就是"生产劳动同智育、体育相结合"。马克思指出"任何人的职责、使命、任务就是全面发展自己的一切能力"。

(三)人的个性自由发挥

人是社会的存在物,因此人的个性也不可能是与世隔绝、超越社会的绝对存在物;相反,"个性是每个单个的人具有的社会在他身上培养出来的特征和品质的总和的体现者"。一方面,个性表现了个人在社会中的独特性,因为每个人的遗传因素、家庭环境、教育背景以及从事的社会实践活动不同,由此产生了人与人之间的差异性。马克思认为"人是一个特殊的个体,并且正是由于他的特殊性使他成为一个个体,成为一个现实的、单个的社会存在物。"社会越发达,社会实践活动越丰富,人的社会关系越发展,人的差异性表现得也就越多样化，每个人的活动都能表现出他们与众不同的个性。另一方面，个性是人的自主性，也就是人作为独立的个体，能够自己决定、自己选择、自己调整、自己控制，真正成为自己的主人。只有具有自主性的个人，才能真正地发挥其个性，真正体现作为一个人的尊严，因为人区别于动物的地方正是在于人能够摆脱本能，自觉地做出选择。由此可见，个性的自由全面发挥是马克思主义关于人的全面发展理论的根本落脚点，而理想的共产主义社会，归根结底也是为了解放人，使得每个人不再受到内在和外在条件的种种束缚，实现个性的自由全面发展，体现每个个体存在的独特性、完整性和全面性。

二、人的全面发展理论的现实意义

一个国家的综合实力在于它拥有怎样的国民素质和智力资源；没有科学的教育观，国家和民族也就失去了兴旺发达、永续发展的根基。回顾中国60多年的教育发展，可谓是成就辉煌，如今，中国的教育与经济社会的发展一样，也走到了一个新的历史转折点；人的全面发展理论的提出和实施，是对教育真理性的回归，是教育落实科学发展观的基本要求。

（一）人的全面发展是马克思主义教育观的根本目标

素质教育的价值追求，在于教育目的要取得与人本身价值追求的统一。马克思在《哲学的贫困》一书中指出："整个历史也无非是人类本性的不断改变而已。"即人的发展不论从整体还是从个体而言，都表现为一个不断满足需求的无限发展过程。因此，教育和人的发展是不可分割的两个问题；从价值论来说，人的实践活动首先意味着合目的性，实践方式和手段、结果要与其需要、预期和追求相一致。所以，教育作为一种培养人的社会实践活动，从本质上讲应是对人的解放，使人的发展的全面性不断得到展现。因此，教育目的要取得与人自身价值追求的统一。

马克思主义教育观的核心在于人的全面发展的观点。马克思主义关于全面发展的观点，集中体现在三个方面：世界整体趋向论、社会协调发展论和历史进步主体论。其中，历史进步主体论就是在社会历史发展中要确立人的主体地位，促进人的全面发展。马克思将人的全面发展表述为："全面地发展自己的一切能力"、"发挥他的全部才能和力量"、"人类的全部力量全面发展"等。恩格斯认为：全面发展的人是各方面都有能力的人。列宁继承了马克思和恩格斯关于人的全面发展的思想，把全面发展的人理解为：具有全面知识的、受有全面训练的人，即能够做一切事情的人。毛泽东进一步提出：使教育与劳动联系起来。经典理论作家的这些论述，不仅阐述了素质教育背景下人的全面发展的内涵，而且指出了实现人的全面发展的基本特征和根本途径。

（二）人的全面发展是全面实施素质教育的根本宗旨

实施素质教育必须要把握其根本宗旨。第一，人的发展是自由发展。作为历史主体的人的发展是自觉、自愿和自主的发展，是把人作为目的的发展，是为了人自身人格的完善和社会进步的发展。因为随着人类社会实践在广度与深度上的拓展，人类逐步克服、消除外部条件和内部条件对自身发展的制约或将其置于自己的掌握控制之下，社会中每个人都处于一种自主、自觉的状态中，从而以自己的愿望、兴趣和爱好发展自身各方面的才能。第二，人的发展是全面发展。作为历史主体的人的发展是人的各种需要、素质、能力、活动和关系的整体发展，是每个社会成员全部力量和才能的展示过程，亦即人的本质力量的显示、充实、拓展过程。这种发展包括了个人的物质和精神方面的全面性，对此，马克思指出："个人的全面性不是想象的或设想的全面性，而是他的现实关系和社会关系的全面性。"第三，人的发展是充分发展。作为历史主体的人的发展是人在摆脱了各种内外在盲目力量的束缚之后，使自己的各种需要、能力、活动、关系得到极大程度的丰富和发展，它是人的潜质、潜能在新的条件下的更进一步拓展和发挥。

马克思在唯物史观的基础上，分析得出了人的自由全面发展是人类历史不断发展的必然结果,而马克思主义的全部思想归根结底就是为了解放人、发展人、实现人的全面发展,马克思主义的践行者们将实现人的全面发展视为人类历史发展最为美好和崇高的目标。马克思认为,所谓"全面发展的人"便是"把不同社会职能当作相互交替的活动方式的个人"。由此可见,这里"全面发展的人"就是能够从事和胜任不同的社会工作,在不同的社会角色转换之间做到得心应手、游刃有余的人。这样的人是建立在生产力高度发展、私有制被铲除、旧时分工消灭的基础上的,唯有如此,才能为人主动地选择不同的工作和职业提供可能。新中国成立之后,作为一个社会主义国家,我们深刻学习和领会马克思主义关于人的全面发展理论,将人的全面发展作为我们人才培养的目标。结合中国当时经济文化贫穷落后的具体实际,毛泽东同志坚持"教育必须与生产劳动相结合",认为生产劳动对人的德、智、体方面的发展具有重大的促进作用,这无疑是为了实现人全面发展的宏伟目标。之后,邓小平同志的培养有理想、有道德、有文化、有纪律的"四有新人"思想和江泽民同志的素质教育思想中关于人综合素质培养的思想,也都是针对当时我国的基本国情和社会基本矛盾,提出的在现有条件下的实现人的全面发展的路径和措施,根本目的也都是为了实现人的全面发展。

(三)人的全面发展是科学精神与人文精神辩证统一的体现

人文精神是促进人的全面发展的本质内涵。人文精神是对人的生命存在和人的尊严、价值、意义等的理解和把握,包括对道德人格、理想信念的追寻,对自由、平等、正义等的渴望,对生死、信仰、幸福、生存意义等问题的反思和对人类的终极关怀等。倡导和培育人文精神,就要在素质教育中始终把人置于核心的位置,维护人的正当权益,满足人的合理需求;就要使素质教育逐步向更加符合人类本性的价值取向演进,最终达到高度和谐的理想境界;就要在素质教育中尊重师生、理解师生、关心师生、爱护师生,调动师生的积极性、主动性、创造性。教育是人与人在以通识为媒介、以智力为基础、以情感为价值的互动交流中,促进人的全面发展的过程。

实施素质教育，促进人的全面发展，回归教育本真，必须坚持科学精神与人文精神的统一。回归教育本性的过程，就是通过素质教育实现人的"真善美"和谐统一的过程，即素质教育要使受教育者树立正确的世界观、人生观和价值观，充分发挥受教育者的主体性、积极性和创造性，在探求真理、获取价值的过程中，实现人性和社会的和谐统一。素质教育必须坚持科学精神，服从人的全面发展，服务于经济社会发展；素质教育又必须坚持人文精神，促进人的全面发展，推进社会和谐进步。因此，实施素质教育，促进人的全面发展，要以科学的理论为指导，始终坚持科学精神与人文精神的统一。

三、人的全面发展理论的拓展

人的全面发展，是人从自然压迫和社会压迫中获得解放，作为社会主体的人的各种能力与个性的全面而自由的发展，以及人的价值和人的自由王国的实现过程。从本质上讲，人的全面发展是人的自主性、能动性、创造性等主体特征的全面拓展。

（一）人的本质力量充分发展

马克思指出：人的本质并不是单个人所固有的抽象物，在其现实性上，它是一切社会关系的总和。人的全面发展过程就是人对自己本质的全面占有过程，这主要体现在：一是人的对象性关系的全面生成，人与自然、社会和人本身的关系由片面、狭窄到比较全面的发展过程；二是个人社会关系的高度丰富，个人越来越多地参与各领域、各层次的社会交往，个人逐渐摆脱个体的、地域的和民族的狭隘性，从而全面地塑造自己；三是人对社会关系的全面占有和共同控制，随着社会生产力的发展和社会财富的极大丰富，人们逐步摆脱来自人和物的羁绊和依附，人终于成为自己的、与社会结合的主人，从而也就成为自然界的主人，成为自己本身的主人——自由的人。这时，社会的每一个成员都能完全自由地发展和发挥他的全部才能和力量，从而最终实现人的全面发展。人的本质力量的体现是一个历史过程，它是人在从事物质生产和精神生产的过程中逐步展开的，随着时代的发展而发展，只有到了外部世界对个人才能的实际发展所起的推动作用为个人本身所驾驭的时候，人才能够获得全面发展。

（二）人的自由个性充分体现

人的自由个性就是人区别于他人的特性，包括生理的、心理的和社会的特性。人的全面发展并不否认人的个性特点，并不排除单个人在某个或某些方面的特殊才能的发展，并不是把所有人都塑造成一模一样的完人。人的自由个性的全面发展主要包括两个方面：一是人的独立性的发展，即个性越来越鲜明，依附关系越来越减弱；二是人的自主性的发展，即人自觉自愿地施展自己的才能，发展自己的力量。马克思多次强调：个人的独创的和自由的发展、全部才能的自由发展、不受阻碍的发展。在某种意义上，一定历史阶段的人的片面发展就是一种不自由的发展，一个人在某个或某些方面得到发展往往并不是根据自己的意愿和天赋而选择的，而是被外界强加的，这种不自由的发展虽然也能使人在某方面的才能得到一定的发挥，但这种发展往往使人感到很痛苦，不能调动人发展的内在动力。所以，马克思认为人的全面发展就是有个性的个人逐步代替偶然的个人。

（三）人的个体需要被充分满足

人的发展就人的个体本质而言是人的需要的发展。人的需要是人区别于其他生物的需要，也是人成为人、构成人的本质、表现人的本性的那些需要。人类虽然有动物式的生理需要，但在人的生产活动中，人的需要结构发生了重大变化，动物式的生存需要不再构成生活的全部内容，而是逐步从属于人的社会需要。人的需要包括生存需要、物质享受的需要和创造性活动的需要。对于人来说,创造性活动的需要才是人的需要的核心和本质。人的需要具有社会性，会受到社会客观物质条件的影响和制约，人们不可能脱离社会而孤立地获得人的需要的满足；只有到了共产主义社会，社会物质财富极大丰富，人们的道德修养极大提高，人的个体需要才可能得到全面满足。

总体而言，马克思主义关于人的全面发展理论具有丰富的科学内涵，即人的全面发展不是抽象的，而是具体的、历史的；不是自然而然地实现的，而是一个逐步提高、永无止境的历史过程。社会主义作为共产主义的第一阶段，为人的全面发展开辟了更广阔的前景。目前，我国还处于社会主义初级阶段，面临环境污染、贫困差距大、地区差距大等一系列社会矛盾与问题，这些问题制约着人的全面发展与社会的和谐。要促进人的全面发展，必须全面贯彻马克思主义关于人的全面发展理论，紧紧抓住发展这个党执政兴国的第一要务，用科学发展观统领经济社会发展全局，高度重视生产力的发展，不断创造与人的全面发展相适应的物质文明；积极推进民主建设，不断创造与人的全面发展相适应的政治文明；大力发展先进文化，不断创造与人的全面发展相适应的精神文明；努力构建社会主义和谐社会，不断创造与人的全面发展相适应的生态文明。建设民主法治、公平正义、诚信友爱、充满活力、安定有序、人与自然和谐相处的社会，为人的全面发展提供更加有利的条件和更加广阔的空间。

四、人的自由全面发展的实现途径

人的全面发展是人类历史不断发展的结果，也正是在历史的不断向前发展中，束缚和阻碍人全面发展的障碍被一个个地扫除，与此同时，促进人全面发展的条件和因素也在蓬勃兴旺地成长着，正是这些条件和因素铺成了人全面发展的实现途径。

（一）人的自由全面发展的实际论述

人的自由全面发展的条件、现实道路与人的自由全面发展的内容紧密相连。与空想社会主义者和浪漫主义者不同，马克思、恩格斯始终坚持唯物史观，在社会发展客观规律的基础上揭示人的发展规律，充分考虑人的自由全面发展的历史性、过程性和条件性，寻找人的自由全面发展的实现条件。在他们看来，发展生产力、消灭私有制、提高人们的精神生活是实现人的自由全面发展的基本条件和途径。在《德意志意识形态》中，他们明确提出，"在共产主义社会中，即在个人的独创的和自由的发展不再是一句空话的唯一的社会中，这种发展正是取决于个人间的联系，而这种个人间的联系则表现在以下三个方面，即经济前提、一切人的自由发展的必要的团结一致以及在现有生产力基础上的个人的共同活动方式"，他们认为共产主义与平均主义、禁欲主义、普遍贫穷不相容，必须"以生产力的巨大增长和高度发展为前提"。在《哥达纲领批判》中，马克思以生产力发展的不同水平而导致分配形式上的区别来划分共产主义社会的两个不同发展阶段。在《社会主义从空想到科学的发展》中，恩格斯系统表述了社会主义的价值及其实现基础之间的关系的思想："自从资本主义生产方式在历史上出现以来，由社会占有全部生产资料，常常作为未来的理想隐隐约约地浮现在个别人物和整个派别的头脑中。但是，这种占有只有在实现它的实际条件已经具备的时候，才能成为可能、才能成为历史的必然性。正如其他一切社会进步一样，这种占有之所以能够实现，并不是由于人们认识到阶级的存在同正义、平等等相矛盾，也不是仅仅由于人们希望废除阶级，而是由于具备了一定的新的经济条件。"

（二）人的自由全面发展的基本途径

中共十八大报告指出"推动社会全面进步，促进人的全面发展"。把促进人的自由全面发展作为中国特色社会主义的本质，作为执政党的终极价值追求。中国共产党人创造性地发展了马克思主义关于人的自由发展理论，在社会主义初级阶段的基础上与自身的实际情况相结合，提出了中国特色社会主义理论体系，从而使得人的自由全面发展在当代中国成为可能。这也意味着人的自由全面发展理论已从真理的神圣殿堂上"走下来"并直接化成了中国人民的实践。中国特色社会主义理论体系是实现社会主义初级阶段人的自由全面发展的具体目标的根本保证，也是促进人的自由全面发展的基本途径。"党要承担起推动中国社会进步的历史责任，必须始终紧紧抓住发展这个执政兴国的第一要务，把坚持党的先进性和发挥社会主义制度的优越性，落实到发展先进生产力、发展先进文化、实现最广大人民的根本利益上来，推动社会全面进步，促进人的全面发展。紧紧把握住这一点，就从根本上把握了人民的愿望，把握了社会主义现代化建设的本质。"这也揭示了促进人的自由全面发展的基本途径。我们要以中国特色社会主义理论体系为指导，大力发展社会生产力，加强社会主义文化建设，实现最广大人民的根本利益，为促进人的自由全面发展创造条件。

（三）人的自由全面发展的实现途径

科学发展观高扬"以人为本"和人的自由全面发展，是21世纪新阶段、面对新的形势和新的任务，中国共产党坚持马克思主义和社会主义，实现好、维护好、发展好最广大人民根本利益的"宣言书"，具有重大历史意义和现实意义。以科学发展观为指导，更新观念，才能真正促进人的全面发展。

科学发展观的第一要务是发展。坚持以经济建设为中心，大力发展社会生产力，保持经济平稳较快发展。因为，经济是基础，是其他一切自由和发展的前提。我国正处于并将长期处于社会主义初级阶段，人民日益增长的物质文化需要同落后的社会生产之间的矛盾仍然是我国社会的主要矛盾。经济发展对发展中国家的发展和实现人的自由全面发展尤为重要，所以实现人的自由全面发展就必须实现经济的发展。科学发展观的核心是以人为本。胡锦涛指出：坚持以人为本，就是要以实现人的全面发展为目标，从人民群众的根本利益出发谋发展、促发展，不断满足人民群众日益增长的物质文化需要，切实保障人民群众的经济、政治和文化权益，让发展的成果惠及全体人民。马克思关于人的全面发展的特定论述表明：人的全面发展包括劳动能力、社会关系、个人素质等方面的充分发展。当前，实现这些方面充分发展的唯一途径是全面贯彻落实以人为本的科学发展观。科学发展观的基本要求是全面协调可持续，强调必须"坚持社会主义物质文明、政治文明和精神文明协调发展"。文明是社会进步的尺度，也是人的自由全面发展的尺度。"三个文明"协调发展的社会，就是高度富强、民主、和谐、文明的社会，就是全面小康的社会，就是每个人自由全面发展的社会。科学发展观的根本方法是统筹兼顾。提出经济建设、政治建设、文化建设和社会建设四位一体的建设构想。推进经济体制、政治体制、文化体制、社会体制改革和创新，推动社会建设与经济建设、政治建设、文化建设协调发展，是贯彻落实科学发展观，丰富和发展人民群众生活内涵，提高生活质量，实现人的自由全面发展的客观要求。

实施素质教育，促进人的全面发展，回归教育本真，必须坚持科学精神与人文精神的统一。回归教育本性的过程，就是通过素质教育实现人的"真善美"和谐统一的过程，即素质教育要使受教育者树立正确的世界观、人生观和价值观，充分发挥受教育者的主体性、积极性和创造性，在探求真理、获取价值的过程中，实现人性和社会的和谐统一。素质教育必须坚持科学精神，服从人的全面发展，服务于经济社会发展；素质教育又必须坚持人文精神，促进人的全面发展，推进社会和谐进步。因此，实施素质教育，促进人的全面发展，要以科学的理论为指导，始终坚持科学精神与人文精神的统一。

本节参考文献

［1］中共中央马克思恩格斯列宁斯大林著作编译局.马克思恩格斯选集（第三卷）［M］.北京：人民出版社，1995.

［2］中共中央马克思恩格斯列宁斯大林著作编译局.马克思恩格斯全集

（第四十六卷）[M].北京：人民出版社，1980.

[3]中共中央马克思恩格斯列宁斯大林著作编译局.马克思恩格斯选集（第一卷）[M].北京：人民出版社，1995.

[4]中共中央马克思恩格斯列宁斯大林著作编译局.马克思恩格斯全集（第四十二卷）[M].北京：人民出版社，1979.

[5]中共中央马克思恩格斯列宁斯大林著作编译局.马克思恩格斯全集（第二十三卷）[M].北京：人民出版社，1982.

[6]中共中央马克思恩格斯列宁斯大林著作编译局.马克思恩格斯全集（第二十五卷）[M].北京：人民出版社，1974.

[7]衣俊卿.马克思思想：人之存在的文化精神[J].中国社会科学，2001（3）.

[8]徐春.对马克思人的现实生存理论的当代反思[J].江苏行政学院学报，2008（1）.

[9]杜金亮.人的现代化与人的全面发展[J].山东社会科学，2000（4）.

[10]陈先达.论马克思主义的生命力[J].思想理论教育导刊，2003（2）.

[11]杨叔子，刘献君等.在理工科大学中加强文化素质教育的要求与实践[J].高等工程教育研究，1997（1）.

[12]杨叔子.加强大学生文化素质教育的回顾与思考[J].中国高等教育，1999（23）.

[13]皇甫全.素质教育悖论[J].北京师范大学学报，1996（5）.

[14]涂又光.论人文精神[J].高等教育研究，1997（1）.

第三节
高等教育的"面"与"点"：
大众教育与精英教育

一、从高等教育发展史看大众教育与精英教育的异同

（一）大众教育与精英教育的历史过程比较

大众教育与精英教育是高等教育发展的两个过程。精英教育是指由于国力的限制以及教育资源的匮乏，将多数人排斥在高等院校的大门之外，而只针对少数人进行的教育。大众教育是在经济充分发展、教育资源比较丰富的情况下对多数人进行的高等教育。大众教育与精英教育的主要特点表现在两个方面：一是在时间顺序上，精英教育在前，大众教育在后。这是由经济规律和教育规律这两个规律所决定的，不以个人的意志为转移，目前没有任何一个国家可以颠倒这个顺序。二是在历史阶段的关系上，精英教育与大众教育各自呈现出阶段性的特征，两个阶段相互联系、相互制约，不可分割。精英教育在初级阶段，与大众教育有着间接的联系；精英教育在中后期，由于高等教育部门从教育发展的长远利益考虑，为精英教育向大众教育转型作思想上、物质上和政策上的准备，它开始和大众教育产生紧密的甚至是直接的联系。进入到大众教育阶段后，精英教育同样不可忽视，我们要充分利用精英教育阶段积累的知识和经验，使人才培养的质量尽量精英化。

(二)大众教育与精英教育的优势比较

精英教育的优势表现在：①针对性较强，有利于因材施教，减少人才培养的盲目性。与大众教育相比，精英教育人数较少，因此相对更易有明确的培养目标，更能做到因材施教、因人制宜。如新中国成立以来高等院校的精英教育，为国家和社会成功培养了一大批人才。②严密性强，人才培养过程较为严格。精英教育是在教育资源有限的条件下对少数人的教育，教育资源显得十分宝贵。因此，精英教育在人才培养过程中有严密的、具体的培养计划和严格的人才选拔培养方式。③后劲足，发展潜力大，长期效果显著。由于精英教育具有严密性强、培养过程严格的特点，因此每一个接受高等教育的人都更加刻苦努力，是名副其实的优秀人才；他们不仅学到了扎实的基础知识和技能，也有优良的学风，更能适应环境，因此后劲更足，有很大的发展潜力。

大众教育的优势表现在：①让更多人接受高等教育，顺应了历史的发展。大众教育是一个国家教育发达程度的体现，是社会文明进步的标志，也是现代化进程的重要参数。大众教育的发展，满足了经济、科技和社会发展对各行各业人才的需求。②具有群众性的效应。从人才培养的具体模式与计划上看，大众教育的发展使一大批人参与到教育中，从而促进教育的不断发展，比如新兴学科、新兴专业的发展与建设等。

(三)大众教育与精英教育的弊端比较

精英教育的弊端有：①具有很大的局限性和狭隘性。精英教育的出现是由于教育资源的不足，这在某种意义上体现了教育观念的不平等和不公平，很多人没有机会接受高等教育，限制了个人前途发展。②容易导致人才培养模式的僵硬化。由于社会因素的影响，我国过去实行的精英教育是计划经济的产物，学校缺乏办学自主权，一切都是政府说了算，教学缺乏全面性和灵活性，导致教育模式的僵化。

大众教育的弊端有：①教育质量和人才培养质量下降。由于大众教育给众多高校带来经济上的实惠，所以很多高校不考虑自身实力，在不增加教育资源的情况下，扩招愈演愈烈，导致教学质量的"滑坡"。②容易导致教育不正当竞争恶性循环。高校为了能够大量扩招，为了得到政策倾斜，从宝贵的教育资源中抽取大量的经费"跑关系"、"走后门"，以争取教育主管部门和教育行政部门的支持，这样的做法容易导致不正当竞争的产生并形成恶性循环。

二、大众教育背景下的精英教育

（一）大众教育与精英教育的内涵

大众教育与精英教育的内涵源于美国学者马丁·特罗的高等教育本质"三段论"。马丁·特罗的理论认为，当一个国家的高等教育毛入学率低于15%时，属精英教育阶段；毛入学率大于15%小于50%时，为大众教育阶段。在《教育大辞典》中，大众教育"泛指为大多数人服务的教育"，是以保证大众接受高等教育的权利、促进社会民主平等为目的，针对社会对高等教育提出的各种各样的需要，以培养实用型、职业型的专门技术人才为目标，而采取的一种普及性的高等教育活动。一般高校，尤其是高等职业技术学校，是承担大众化高等教育任务的主要场所，培养的主要是应用型人才。其主要管理方式是纵向管理，即层级制管理、创业管理、市场选择。

而精英教育的基本特征是以心智和人格为核心的高标准教育。精英教育的实施，需要有杰出的教师和出类拔萃的学生一起在宽松的环境中进行无拘无束的自由探索。建立在高深学问的基础上，是高水平精英教育的基本条件。精英教育实施的主要机构是研究型大学，培养的主要是学术型人才。其主要管理模式是横向管理，即学科与学院式管理。精英教育也就是英才教育，如何培养出既具有高超技术水平又具有高度历史使命感和责任心的人才，是精英教育永恒的课题。精英教育为学有余力、有天赋、有强烈求知欲且各方面拔尖的学生提供了更广阔的空间。

（二）大众教育背景下精英教育的存在形态

大众化带来高等教育的丰富性和精英教育存在的相对性，使精英教育有了更多的表现形式。

1. 高水平大学集中实施精英教育

伴随着我国教育的布局调整，在国家"分层管理、分类指导"的思想下，一批高水平大学逐渐成为我国高等教育"金字塔"形体系中的尖端层。这些大学既有传统的优势，又具有在新的高等教育分层布局中的比较优势，具有成熟的教育理念、优秀的师资力量、优质的学科资源、优良的教育条件以及良好的社会声誉。即使在大众教育阶段，它们依旧是承担精英教育的主体，办学定位和人才培养目标仍不断提高。高水平大学依然践行着精英教育的理念与模式，有以下几方面的表现：从生源看，这些高水平大学依靠自身的竞争优势，吸引了全国最优秀的学生，享有优中选优的机会；从培养过程看，这些高水平大学依靠杰出的教师和浓厚的学术氛围，以高水平学科建设和科研为支撑，保证学生能自由探索、充分发展；从培养目标看，这些高水平大学肩负着培养国家所需创新型人才的主要任务，对所培养人才的素质及其对经济社会的服务层次有更高的追求。

此外，为满足建设高等教育强国和人力资源强国的需要，提高自主创新能力，建设创新型国家，国家在高等教育发展中特别强调重视拔尖创新人才培养，明确支持一批高水平大学实施精英教育。特别是研究型大学重视学术研究和知识创新、倡导研究性教育教学，在办学理念上与精英教育的要求高度吻合，理所当然地成为落实精英教育的主要依托。

2. 优势学科专业承担精英教育

学科专业发展成熟程度、在学校办学中的地位和受到重视的程度、社会认可和要求标准等因素造成了同一学校的不同学科专业以及不同学校的同一学科专业存在明显的发展水平差距，这在我国是比较普遍的现象。在高等教育大众化进程中，许多高校基于保持自身传统特色的需要，一如既往地加强代表学校水平的品牌学科专业建设；国家通过实施"211工程"、"985工程"等，重点加强了一批重点学科专业建设，社会也一直按照一定的判定尺度对高校学科专业进行评价和选择。这些因素加剧了学校学科专业发展水平的不均衡，在学校内部和整体学科专业群系中形成了一些优势学科专业。

高水平、居于优势地位的学科专业开展精英教育有以下优势：从招生机会来看，这些优势学科专业比其他专业具有明显的分数优势；从培养目标来看，这些优势学科专业承担着培养各行各业骨干人才、拔尖人才的任务；从培养过程来看，这些优势学科专业更有条件和更注重开展研究性教学和学生创新能力的培养；从学生就业来看，这些优势学科专业培养的学生被赋予更大的社会期望值，更多地被各行各业所倚重。

高水平的、居于优势地位的学科专业在长期建设中形成了成熟的人才培养理念，建立起完善的课程体系和人才培养模式，集聚了高校中优秀的师资力量，拥有优良的学术研究氛围，吸引着相对优质的生源，拥有和占有稳定的社会合作关系和需求市场，具备开展精英教育的条件和动因。

3. 高学历层次强化精英教育

研究生教育发展精英教育的前提条件：在生源方面，研究生教育是主要在本科教育基础上的进一步选优，从数量上进一步限定只有极少数人可以接受研究生教育；在培养目标方面，研究生教育主要是培养高层次学术型人才，注重培养学生的创新能力，承担着培养政治、经济、文化、科技等领域高层次精英人才的任务；在培养方式方面，研究生教育推崇的是教学与科研紧密结合，开展研究式的教育，突出学生发展的自主性，同时，研究生教育往往依托的是高校中实力最雄厚的学院或学科，由高校中学术水平最高的教师承担教学任务。另外，有条件开展和推广研究生教育的高校也往往是那些综合实力强、学科发展水平高的高校，我国只有部分高校建有研究生院，许多高校只是在少数强势学科上开展研究生教育。因此，研究生教育也是精英教育的一部分。

4. 人才培养理念渗透到精英教育

随着经济社会的发展，社会需要越来越多的精英型人才，加上高校培养优异人才的培养目标使精英教育的理念被广泛推崇，其对发展精英教育的影响体现为：在思维方式上，虽然大众高等教育对学生的选择起点降低，但高校依然充分沿袭精英高等教育的人才培养思想，按照精英高等教育的要求构建人才培养体系；在行为模式上，高校仍会开辟精英教育的特区，实施有限精英教育。

（三）大众教育中精英教育的存在特征

1. 多样化的表现形式

随着社会对精英人才需求标准的变化，人们对精英教育也有了新的要求，精英教育的表现形式更加多样。大众化高等教育背景下的精英教育可以从以下几方面进行判定：高校水平和类型、学历层次、学科专业水平等。精英教育主要通过质的标准来判定，因此，任何一种高水平、高规格、高标准的高等教育形式都可以归为精英教育。

2. 灵活性的教育模式

大众化高等教育背景下的精英教育是对高等教育的再选择、再分流。拥有高等教育资源的精英教育机构集中招收心智优异的学生，在高起点上全面实施精英教育模式；为了培养高素质的精英人才，许多高校也在积极探索灵活的培养模式，对优秀的学生因材施教，使学生培养模式更加丰富，强化精英教育实施的根基。

3. 竞争性的发展趋势

精英教育中的层级差别、规模差别使精英教育表现出激烈的竞争性。精英教育的对象是少数优秀的学生，从事精英教育的机构只是少数优秀高校和优秀学科专业，这就形成了两方面的竞争：对精英教育资格的竞争和对优秀生源的竞争。

4. 社会性的评价标准

在精英教育阶段，高等教育整体可以受到社会的无条件认可。高等教育是精英教育的全部，所培养的人才数量较少，社会对高等教育人才培养没有多少选择性。而在大众化高等教育下，精英教育能否真正成为精英教育，关键是要经得起社会的评判。在大众化教育背景下，精英教育是高等教育的一部分，整个高等教育为精英教育人才培养的质量提供了一个参考系，社会对人才的需要体现出更明显的多样化特征，所以大众化高等教育下的精英教育人才培养的质量、规格需要接受新的标准检验。

三、大众教育与精英教育的重新思考

国内高校拔尖创新人才培养工作要取得更高层次的发展和培养出更多人才，就需要贯彻更加科学和更切合实际的教育理念。因此，首先我们应该厘清关于精英教育培养的几个问题。

（1）谁培养？培养拔尖创新人才不应只是一流大学的专利，原各部委属行业性高校、专科性大学均应承担起选择性培养所在领域和行业精英人才的任务，不同层次、不同区域的大学也有选择性培养所在地域及不同行业拔尖创新人才的义务。在目前的大众化教育时代，国内一流大学将培养拔尖创新人才作为培养目标，勇挑精英教育的重担。然而，拔尖创新人才将来不仅应当成为学术大师和治国栋梁，也应当成为各行各业的兴业英才。因此，各级各类高校均应该以拔尖创新人才培养为己任。

（2）培养谁？拔尖人才不应等同于学术拔尖人才。拔尖创新人才与学术型人才之间是包含与被包含的关系。高校拔尖创新人才培养目标不能仅限于学术型人才、研究型人才，还应包括管理型、应用型、工程型、复合型人才等。因此，高校不能仅按照学术型人才的培养模式来培养其他类型的拔尖创新人才。

（3）培养什么？高校不应只是培养学生的学识才能而应该是品德修养

与学识才能并重。选择性精英教育除了应关注各类拔尖创新人才所需的学识才能架构外,更应注重对人才品德修养等共同核心素质的培养与提升。

(4)如何培养?高校需要在选择性精英教育理念下探索新的途径。各类高校应在选择性精英教育理念指导下,确定明晰的培养目标和人才定位,探索富有特色并行之有效的培养模式,集全校优质资源,选拔优生而育之。

四、我国大众教育与精英教育的现状及问题分析

从精英教育阶段向大众教育阶段发展,是经济与社会发展的必然趋势,大众教育本身与精英教育并不存在必然的冲突。然而,我国在迈向大众教育阶段的进程中,存在以下几方面的问题:

(1)精英教育机构培养的应是学术型人才,是创新领域的拔尖人才,然而我国把精英教育与大众化教育放在同一所学校里进行,精英教育成了一种被扩大的精英教育模式。

(2)精英教育大众化过程中的一个主要矛盾是不同高校之间的地位与资源之争。在精英教育阶段,由于只有极少数人可以上大学,所以所上大学的地位并不十分关键。随着大众教育的发展,应届高中生上大学的比例不断增加,所上大学的地位就特别引人关注了,这种关注使得各高校为在高等教育体系中得到更好的地位,各类学院要求升格为大学或争取获得博士学位授予权,资源竞争更加激烈。

(3)在高校评价标准上,我国的高等教育管理机构长期把学术型的精英教育模式及其培养目标作为评价高等学校的标准,这促使许多高校盲目追求高学历层次和综合化,使办学之路越走越窄。

(4)在我国大众化教育的进程中,高等教育理念的变革已是当务之急。受计划体制下高等教育政府管理的影响,我国高校一直实行封闭式管理,这使得高校难以及时对社会和市场的人才需求动向做出及时的反应、采取灵活的对策,学校教育与社会现实脱节在所难免。

（5）教育公平问题。随着区域经济非均衡化发展，不同区域的高等教育规模差异增大，不同地区高等学校的教育经费投入各不相同，造成不同地区高等学校的教育条件和教育质量存在较大差异。

五、针对我国大众教育与精英教育现存问题的建设性对策

（一）高效运转的组织架构

学校层面要提供组织保障，成立相关决策机构。例如，成立专门的管理委员会，由学校的"一把手"领导牵头，会同校内相关部门共同磋商培养拔尖人才工作的重大事项，确保培养拔尖人才资源的落实到位和各项中心工作的顺利开展。学校要在统筹资源、协调关系等方面显示出优势，确保组织健全，执行有力，做到有问题快速响应、措施落实到位。

（二）最大效益的资源保障

学校应统筹协调实施优生优培所需的财力和物力，使学生享受到校内最优质的教学资源、最广泛的社会资源和最优厚的物质资源；在师资队伍方面，需要组织校内最优师资力量授课，配备最优导师进行个性化指导。

（三）动态进出的选拔机制

精英教育的性质决定了其最重要的基础之一是人才的选拔。从全校全日制各专业学生中选拔优秀学生，以进行拔尖创新人才的培养。这要求高校建立各类优生都能进入的培优平台，以优胜劣汰、动态退出增补机制调控，保证生源质量。

（四）虚实结合的管理方式

最大化地运用资源效益，使选拔出来的优秀学生专业培养主要在生源学院，素质提升主要在荣誉学院，即所谓的"双院管理"，不与生源学院争夺

优秀生源，分流也不易导致负面效应。这样做既保证优秀学生的专业培养水平，也使各生源学院成为培优结果的直接受益者；既让学生感受到身在荣誉学院的荣誉感，也不影响他们对生源学院的归属感。

（五）科学合理的课程设计

设计课程要注意多学科、多层次，课程体系可以"素质提升、能力强化、知识拓展"三个方面进行设计。此外，培养要尊重学生个性的发展需要，课程类别、课程内容、课程要求等要为学生发展留下空间，以有利于不同基础、兴趣、志向的学生发展，甚至可以在导师的指导下，为部分学生设计个性化的培养方案，不同的学生课程修读类型、课程结构比例等都可以不同，鼓励优秀学生的自主发展。

（六）行之有效的实施项目

精英人才教育的核心是创新潜力、国际视野、高尚品质。为此，可遵循循环创新规律，开展创新训练项目群，使优秀学生的创新能力逐渐提高；可拓宽和增加交流广度和深度，开展对外交流项目群，增进对外交流，拓展国际视野；可培育各项品德，开展高尚品德项目群，着力提升学生对国家、社会的责任感、公益爱心、职业精神、廉政意识以及爱校情节等重要品德修养和人文精神。

本节参考文献

[1] 潘懋元. 精英教育与大众教育[J]. 中国高教研究，2001（12）.

[2] 张人杰. 国外教育社会学基本文选[M]. 上海：华东师范大学出版社，1978.

[3] 马丁·特罗. 从精英向大众高等教育转变中的问题[J]. 王香丽

译.外国高等教育资料,1999(1).

[4]克拉克·科尔.高等教育不能回避历史[M].杭州:浙江教育出版社,1994.

[5]王英杰.美国高等教育的发展和改革[M].北京:人民教育出版社,1993.

[6]赵娟.高等教育哲学视角中的新精英教育[J].当代教育论坛(宏观教育研究),2008(11).

[7]麻生诚.英才的形成与教育[M].王桂等译.长春:吉林人民出版社,1987.

[8]联合国教科文组织.关于高等教育变革与发展的政策性文件[C].教育参考资料,1999.

[9]扈中平,陈东升.中国教育两难问题[M].长沙:湖南教育出版社,1995.

[10]金耀基.大学之理念[M].北京:生活·读书·新知三联书店,2008.

[11]章茂山.论大众化阶段我国高等院校的定位[J].江苏高教,2006(3).

[12]菲利普·G.阿尔特巴赫.世界一流大学的基本特征和努力方向[J].新华文摘,2003(6).

第四节
通识教育：培养完整的人

一、通识教育的来源

通识教育（General Education）源于古希腊的自由教育，是出于一种价值理性的思想，其认为教育的目的不是为了谋生或者某种功利，而是为了完善人的心智，促进人的发展。通识教育是指对所有大学生普遍进行的共同内容的教育，目的是要将受教育者作为一个具有主体性的完整的人而施以的全面的教育，使受教育者在人格与学问、理智与情感、身与心各方面得到自由、和谐、全面的发展，并能够在自身和谐的基础上寻求与他人、社会和自然的和谐共存。

长期以来，由于受苏联教育模式的影响，我国高等教育过分强调专业教育而忽视通识教育；强调如何做事的知识学习，忽视如何做人、如何生活的人格教育。当下大学教育仍存在功利性太强等倾向，尤其是在市场经济条件下，大学教育目标纷纷向市场需求方向调整，过于看重人的工具性价值，而忽视人的主体性价值，以致出现忽视文化陶冶，使学生的人文素质和思想修养不够；设置过窄的专业，使学生的学术视野和专业领域受到限制；注重功利性导向，使学生的基础训练和全面发展受到影响；强调共性的发展，使学生的个性发展受到抑制等负面情况。大学通识教育的提出是对过去过分强调专业教育的纠正，是要让学生学会做人、学会学习、学会做事、学会生活、学会发展，成为和谐发展、全面发展的人。

值得注意的是，就通识教育本身而言，根据不同方面的理解，解释和定义数不胜数。通识教育能实现什么样的目标以及它真的能给我们带来什么样的启示才是我们真正想要关注和需要关注的。笔者认为，大学通识教育的根本出发点是构建包括独立、自省和宽容在内的理性精神，培养大学生系统深入的思考能力、批判思维能力、独立明智的判断力；帮助大学生认识自我、反思自我、战胜自我、超越自我；培养大学生超越文化、信仰、种族等界限的道德准则和国际化的视野。

二、通识教育的经验借鉴

（一）美国

（1）在课程目标的设置原则方面，美国高校的通识教育课程目标比较明确、具体，大致围绕三个方面展开：一是认识性目标，通过对自然科学、社会科学、人文科学的方法论或探究方式的认识，培养学生的批判思维能力、沟通表达能力；二是价值性目标，让学生了解自身的政治责任，认识民主政治，能够做出道德判断，拥有健全的人生观，关注人类共同面对的困境；三是文化性目标，让学生了解自己的文化传统，认识其他文化，具有欣赏文学艺术作品的能力。

（2）在具体的课程目标方面，美国高校通识教育的目标强调把学生培养成为一个完整的人，并注重对学生的公民教育。各高校明确提出关于道德观、价值观和对心灵、理性的培养要求，开设了有关公民教育的课程。如哈佛大学提出要"让他们严谨地思考道德和伦理问题"，要求学生合理地思考和表达如正义、义务、公民职责和权利、忠诚、勇敢和个人责任等有关道德选择的问题；圣约翰学院提出"树立较强烈的社会和道德责任感"的目标，要求"已经掌握了成为自由的、负责任的公民的手段和愿望"。麻省理工学院和布朗大学也开设了系列相关课程。

（3）在课程内容方面，美国高校通识教育课程重视基本技能技巧的学习，有关写作、表达、逻辑和批判思维训练以及外语、数学和计算机等课程在美国高校受到越来越多的重视，其中，写作是各大学最为关心的基本技能要求。如哈佛大学要求修读一门写作课；麻省理工学院规定每位学生必须完成说明文写作和专业写作要求，并经教师审阅才能获得写作熟练证书；布朗大学要求选读一门语文写作课。同时，美国高校多开设有关社会交往能力、审美能力等方面的课程，注重培养学生的综合素质，其中，布朗大学在共同选修课程中不仅开设了艺术、文学与各类表达方式研究课程，还开设了沟通技巧课程。此外，美国高校的通识教育课程强调基础性和普适性，开设的大多是跨学科或宽口径的基础课，重视对基本原理、基本方法的学习和基本能力的培养。

（4）在课程的构成比例方面，美国高校通识教育课程在总学分中所占比重较大，都在35%以上，其中，哈佛大学为37.5%，麻省理工学院为50.0%，布朗大学为38.0% ~ 69.0%，圣约翰学院达到100%。必修课所占的比例不高，其中，哈佛大学为33.3%，布朗大学为5.0% ~ 8.0%，麻省理工学院不占学分，圣约翰学院根本就没有必修课。美国高校在通识教育课程领域提供多门课供学生选择，只规定修读几门课或几个学分，至于选修什么课全由学生自主选择，有很大的弹性和选择余地。其中最为典型的是布朗大学，该校由学生规划自己的大学课程，只要修满学校规定的学分即可。

（5）在课时安排方面，美国通识教育课程门类齐全，但课时少，每一门课要求高，学生必须查阅大量的相关资料才能达到要求。

（6）在课程管理方面，美国的哈佛大学和麻省理工学院都设立了专门的机构，其中，哈佛大学的专门常务委员会负责核心课程的具体事务，一般由文理学院的院长担任主席。根据各学科领域的需要，专门常务委员会下设分委会分管各个具体的课程领域，负责规划推动核心课程的建设。

（二）中国台湾地区

（1）中国台湾地区高校在 20 世纪 80 年代开始推行"通识教育"，其背景是对中国台湾地区教育的反思：一是高中教育过早分文、理科；二是大学教育在培养专门人才的观念引导之下使得学文、法科的学生不认识自然科学与技学，理、工科的学生缺乏人文素养。所以，通识教育最初在中国台湾地区实施的基本目的是要弥补大学学科专业分工之后的偏狭。中国台湾地区教育部门于 1983 年成立"大学共同科目规划研究专家小组"，在 1984 年下达"大学通识教育选修科目实施要点"，要求各高校在七大学科领域开授各种选修课，即所有学生在专门领域之外修习"通识教育科目"6~8 学分。同年，"通识教育学会"成立，并创立《通识教育季刊》，在这期间，中国台湾地区教育部门组团赴日本、美国等大学考察，取得了一些经验。到 20 世纪 90 年代，中国台湾地区高等院校的通识教育全面展开，使通识教育的量化阶段深入发展为质化阶段。

（2）中国台湾地区教育界谈通识教育很少从通识教育本身界定其内涵，即通识教育相对于专业教育或职业教育而言，更多的是从教育的观念或目的来确定。通识教育不仅要求学生能通达不同领域，有广博统整的知识，还包括人的情感、意志、思想、道德的培养等。中国台湾地区教育界大多把通识教育看成是一种以培育统一或完整的人格为主要目标，完成人之解放的教育。因此，中国台湾地区理论界认为大学教育理念及落实过程中面临的困难是"理想与现实"之间的选择，大学如何能在办好专业教育的同时又能兼顾大学应有的理想，即将学生培养成为智能、道德、审美等全面发展的有教养的人，就要寻找大学理想主义与社会功利主义的平衡点，在人才观上注重人的意义。

（3）中国台湾地区教育界对通识教育已达成基本共识：通识教育并非只是为了给学生传授一些专业外的知识，也不是百科全书式的教育，它的目的是让人去了解自己及自己所处的时代。如果大学师生不具备或尚未发展完成教育的基本目标及条件，即使能有高深学术研究的能力，其结果必然会造成社会的损失。

（4）中国台湾地区高校的通识教育主要是通过规划设计一系列结构化的课程来实施。通识教育开始较早、基础较好的学校，多仿照哈佛大学，采用规划设计核心课程的形式实施通识教育。例如，自 2007 年开始，台湾大学实行新制，通识课程学分增加，分成"文学与艺术"、"历史思维"、"世界文明"、"哲学与道德思考"、"公民意识与社会分析"、"量化分析与数学素养"、"物质科学"、"生命科学"八大领域，以取代之前的人文科学、社会科学、生命科学、物理科学四大领域，学生应修习通识课程至少 18 学分。教学方法则以教师课堂讲授为主，阅读、讨论、写读书报告等方式也颇为常见。另外，中国台湾地区高校除了强制要求学生修读一定的通识教育显性课程外，还鼓励学生积极参与不同的社会实践活动，开阔视野以及培养掌握知识的能力，形成多种教学模式：选修课、通识讲座、通识活动（如演讲、文艺演出、"戏剧周"、电影与"文学周"等）。院校合作发展通识教育，开展校际互选，通过这些模式，中国台湾地区高校通识教育得到了迅速发展。

三、通识教育的真正内涵

（一）通识教育的优势

（1）通识教育能促进学生的全面发展，对学生的升学与就业有好处。涉猎文、史、哲、自然科学等多样化学科，能使学生具有综合素质，培养他们不同的思维，具有综合能力；同时，涉猎多领域、多学科使学生有更广阔的天地，在进一步升学或就业方面提供更多选择，扩大就业面。

（2）通识教育能使学生对自己的专业兴趣进行再思考，从而选择自己最感兴趣的专业。美国的大学生在前两年的学习中，不分专业，而是进行通识教育，第三学年才选择专业，进入专业学院学习具体的专业课程，通过学习涉足不同学科、不同领域，使学生找到自己真正兴趣所在，最终从事自己真正向往与愿意为之奋斗终生的专业。

（3）通识教育更注重的是知识基础的广博性。通识教育并不否定科学教育和专门教育，它旨在为被教育者提供"统一的知识"。"统一的知识"是指更为基础的和普遍的知识，是一种更为重要的知识。20世纪70年代哈佛大学通识教育改革的设计者罗索夫斯基认为，通识教育的好处可能会随着年龄的增加、身心的成熟、世事的洞察和生活经验的丰富而越发显著。最重要的是，通识教育是专业学术能力在其最高层次的实施中所不可或缺的。

（二）通识教育的真谛

爱因斯坦指出：用专业知识教育人是不够的。通过专业教育，他可能成为一种有用的机器，但是不能成为一个全面发展的人。要使学生对价值有所理解并且产生感情，那是最基本的。他必须获得对美丑和道德上的善恶鲜明的辨别力。否则，他连同他的专业知识——就像一只受过很好训练的狗，而不像一个和谐发展的人。

在这样的背景下，素质教育理念逐渐形成。素质教育的目的是促进学生全面发展，全面发展不等于平均的全面发展，而是和谐的全面发展，正因为如此，通识教育便显得尤其重要。通识教育是对高等教育专门化、功利化导致的人的片面发展的一种矫正和超越，是高等教育本质和大学使命的回归。

在中国大学的历史上，对于通识教育，高等教育的先驱们有过很好的倡导。蔡元培先生提倡大学本科要"融通文理两科之界限"。梅贻琦认为大学教育观的核心是通才教育，并系统地提出通才教育的理念，强调"通识为本，专识为末"，"社会所需要者，通才为大，而专家次之。以无通才为基础之专家临民，其结果不为新民，而为扰民"；他认为"工科教育于适度的技术化之外，要取得充分的社会化与人文化"，"是工业化问题中最核心的一个问题"。学生应具有自然、社会与人文三方面的知识，大学教育应着眼于对学生进行基本训练、培养通才，也就是清华大学当时能培养出众多大师级学者的成功之道。

中国古典名著《大学》中有这样一段话描述大学："大学之道，在明明德，在亲民，在止于至善。知止而后有定，定而后能静，静而后能安，安而后能虑，虑而后能得。物有本末，事有终始，知所先后，则近道矣。古之欲明明德于天下者，先治其国，欲治其国者，先齐其家；欲齐其家者，先修其身；欲修其身者，先正其心；欲正其心者，先诚其意；欲诚其意者，先致其知，致知在格物。"

四、有中国特色的通识教育在 21 世纪如何更好地发展

（一）元培计划的实施

北京大学于 2001 年 9 月正式启动了以老校长蔡元培的名字命名的本科教育和教学改革项目——元培计划。元培计划的教育理念是：把本科教育定位为整个高等教育（十年或九年）的基础教育阶段，在此阶段，实行低年级通识教育和高年级宽口径的专业教育相结合的培养模式。该模式是"加强基础、淡化专业、因材施教、分流培养"方针的延续和深化。在此模式框架内，探索自由选课学分制、导师全程指导制、弹性学制和教学资源许可条件下的自由选择专业制，实现能力和素质的全面培养，为研究生教育输送高素质的生源，为经济建设和社会发展提供适应能力强的毕业生。

元培计划的设计源于对大学本科教育的基本认识。一是突出本科教育的目的，主要是进行大学基础教育，培养基础扎实、知识结构合理、创新意识强烈、具有良好自学能力和动手能力、适应性强的高素质人才；二是适应研究生教育阶段的需要。良好的本科教育基础可以为研究生教育提供更大的发展空间，也可以使学生成为社会需要的适应性强的复合型人才。元培计划吸收了哈佛大学通识教育方案的一些内容，结合北京大学的特点，把现有的学科学分制改为教学计划和导师指导下的自由选课学分制结合起来，把通识教育和宽口径的专业教育结合起来。元培计划通过新生中的"二

次招生"方式,招收 100 人(文理科各 50 人)作为实施的试点。元培计划的通识课程的实施与组织引起人们的极大关注,可以说该校在实施通识教育方面迈出了很大的步伐,但就其实施范围来看,在北京大学只是局部试验,就全国高校而言还是凤毛麟角,其培养方案就全面素质教育、通识教育而言,也还留有一定的发展空间。

(二)探索高校改革模式

武汉大学早在 20 世纪 70 年代末就在全国率先实行学分制,开设选修课,开始了通识教育实践的探索。其中,80 年代末 90 年代初实施的将文、史、哲基础打通、按大类招生培养的本科教育改革,旨在夯实基础、拓宽知识面,培养出来的学生得到了专家的称赞。继武汉大学之后,全国有一批重点大学和部分地方院校相继实行了此项改革,取得了明显的成效。近年来,南京大学实行了"大文大理"教育模式,复旦大学在加强通识教育改革的基础上,实施大文科基础打通和大理科基础打通,这些均是专业教育思想和模式改革的重大突破。还有部分学校采取在低年级实行通识教育、在高年级实行宽口径专业教育的人才培养模式,实质上还是将通识教育限定为通识类课程。其通识课程(有的学校也称"文化素质课程")包括数学与自然科学、社会科学、哲学与心理学、历史学、语言文学与艺术等。就其形式和内容来看,这些课程都是实施素质教育、通识教育的体现,其探索与改革对我国的通识教育有很强的借鉴意义。

(三)强化师德师风建设

老师是学生的引导者和指路人。高校要加强对教师的师德教育,组织教师在工作中学习通识知识,并能结合专业教育对学生进行素质教育;高校应当弘扬中国的传统文化,教师要以身作则,培养大学生的诚信意识、合作意识、礼仪意识和人伦意识;减少高校行政化倾向,组建高效的教学管理团队。高校管理者的价值取向,往往与教师的工作热情、校园学风、学生气质的发展密切相关，所以，高校一定要重视管理团队的建设工作。

（四）探寻通识教育的隐性课程内容与实践模式

完整的通识教育不仅涉及教学内容和课程体系，还应包括以隐蔽的、潜在的、渗透的方式作用于每一个学生的教育因素，诸如校园文化与素质拓展活动等。相对于显性课堂内容而言，它属隐性课程范畴。所谓通识教育隐性课程，是指学校中持续不断、无所不在、有形无形服务于通识教育的教育资源，包括物质情境（学校建筑、教室布置、教育设备、隐喻的教科书内容）、人际情境（师生关系、同学关系、班级气氛、人际关系）和文化情境（治校理念、校训、教师言行、校园文化、评价奖惩、社团活动、实践活动、课堂规则与程序）等。通识教育隐性课程对学生的影响是不容忽视的，它具有认识导向功能、情感陶冶功能、行为规范功能等，它能对学生施以积极的影响，促进学生良好品德、健全人格的形成。而大学生素质拓展计划以其内容的广泛全面、形式的活泼多样、组织的纵横交错、管理的自觉自愿，消除了学生的自我封闭意识，在交往中开放了自我，了解了对方，学到了真知，升华了情感，塑造了人格，促进了健康情绪的产生以及诸如果敢、自制和坚韧等意志品质的养成，从而最大限度地激发了自我潜能，达到了通识教育的目的。所以，利用大学生素质拓展计划的教育管理平台探寻通识教育隐性课程内容与实践模式，必将成为深化通识教育的重要途径。

通识教育的根本目的在于引导青年大学生个体置身现实的局限时能保持对美好事物的追求，由此而激发人对高贵人性的欲求，实现自我存在的整全性。因此，大学通识教育的根本出发点也反映了大学神圣的社会使命，那就是追求精神独立、超越当下、批判创新、自由包容。大学培养现代社会的职业人，但大学首先要培养真正的人，帮助学生构建理性的精神王国，在这个王国里，思想可以自由驰骋，人格可以得到完善，人性可以得到升华。

本节参考文献

[1][法]塞奇·英斯科维奇.拜氓的时代[M].许列民译.南京：江苏人民出版社，2006.

[2]金耀基.大学之理念[M].北京：生活·读书·新知三联书店，2001.

[3]哈佛委员会.哈佛通识教育红皮书[M].李曼丽译.北京：北京大学出版社，2010.

[4]林清江.英国教育[M].台北：台清商务印书馆，1972.

[5]阿什比.科技发达时代的大学教育[M].滕大春等译.北京：人民教育出版社，1983.

[6]李曼丽.通识教育——一种大学教育观[M].北京：清华大学出版社，1999.

[7]姚宇科.专业教育与通识教育：一种哲学的视角[J].浙江社会科学，2007（4）.

[8]梁爽.从《通识教育工作小组初步报告》看哈佛通识课程改革[J].比较教育研究，2007（7）.

[9]周奔波.大学通识教育的理论与实践初探[J].高教论坛，2005（4）.

[10]姚孟春.论通识教育的必要性及实施途径[J].学术探索，2007（2）.

[11]杨春梅.通识教育：本质与路径[J].现代教育科学，2004（4）.

[12]陈向明.对通识教育有关概念的辨析[J].高等教育研究，2006（3）.

[13]苗文利.中国大学通识教育二十年的理性反思[J].南通大学学报，2007（2）.

[14]曹莉.关于文化素质教育与通识教育的辩证思考[J].清华大学

教育研究,2007(2).

[15] 杨春梅.英国大学专业教育和通识教育融合的实践及其启示[J].教育探索,2011(2).

[16] 爱因斯坦.爱因斯坦文集[M].许良英等译.北京:商务印书馆,1979.

[17] 王定华.走进美国教育[M].北京:人民教育出版社,2004.

[18] 梅贻琦.梅贻琦教育论著选[M].北京:人民教育出版社,1993.

第五节
主旋律教育：建设大学生精神家园

《中共中央、国务院关于进一步加强和改进大学生思想政治教育的意见》（中发〔2004〕16号）为加强高校思想政治教育指明了方向，但是现阶段，在多种文化观念的冲击下，该如何去引导当代大学生在思想上走向正确的道路？如何将主旋律同大学生素质教育联系起来？如何通过主旋律教育来全面提高大学生的综合素质？是我们需要深入思考的问题。

一、主旋律教育的时代要求

思想教育的主旨在于育人，然而，现阶段中国推行市场经济，当代的大学生生活在市场经济物质化、意识形态多元化的改革开放新时代，这一代人的发展目标与方向被社会的新思潮深刻地影响着；同时，伴随着市场经济和改革开放而来的还有资本主义的价值观念、各国的文化思想等，这不能不算是对我国大学生思想教育的挑战。在当前社会处于变革的现状下，大学生的思想政治教育也需要不断跟进。

在现阶段，面对日益全球化、信息化的社会，面对多种思想文化的冲击，面对学生思想日益复杂化、个性化的现状，我们的教育工作需要变革。①当代大学生的思想日益多元化，他们的自主性、积极性、主观性得到极大的发挥。在我国大学思想政治教育工作中，高校曾经一味地将国家主流意识进行"瀑布式"的灌输，而这种教育方式在现阶段很难被大学生所接受，他们更倾向于用自己的思维去分析所接受的思想，然后去对比、分析、选择对自己当下有利的教育思想。②在市场经济的主导下，教育过程过分突出实用主义、功利主义的思想，而生活在当下、深受社会环境影响的大学生也似乎更乐意去接受这种价值观念，这样就把我们的教育引入了一条重专业知识与科技技能而轻人文素质与品德教育的道路，这是当下的社会和教育者共同导致的一种状况。③少数高校思想政治教育工作者对自身从事的工作的重要性缺乏足够的认识，忽略了对学生教育内容的变革，忽视了与时俱进，仅凭经验进行教学，缺乏科学合理的教学方法，将学生视为单纯的客体并试图对其施加影响，最终导致一部分学生没有形成正确的社会观和人生观，从而导致一部分社会问题的产生。例如，2010年10月20日西安音乐学院大三学生药家鑫驾驶车辆在西安大学城学府大道上，将一名26岁的妇女张妙撞伤，他的第一反应就是想驾车逃逸，但考虑到受伤者可能记住自己的车牌号并报案，他觉得"撞伤倒不如撞死"，于是下车在受害者的身上连捅八刀，造成张妙当场死亡。从此案例中我们看到了极度扭曲的人性。

由于现阶段的思想教育方式存在缺陷，大学生没有被引导到健康发展的道路上，大学的素质教育与当下的文化教育没有很好地结合起来，这就要求我们在当下的教育工作中坚持与时俱进，将主旋律教育同提高大学生的素质教育联系起来，通过主旋律教育来提升大学生的综合素质。

二、主旋律的思想内涵

什么是主旋律？我们如何去弘扬主旋律？它对我们当下的大学生素质的提高又有怎样的作用？1994年1月，在中共中央召开的全国宣传工作会议上，江泽民同志对"主旋律"的内涵作了深刻阐述，"弘扬主旋律，就是要在建设有中国特色社会主义的理论和党的基本路线指导下，大力提倡一切有利于发扬爱国主义、集体主义、社会主义的思想和精神,大力提倡一切有利于改革开放和现代化建设的思想和精神,大力提倡一切有利于民族团结、社会进步、人民幸福的思想和精神,大力提倡一切用诚实劳动争取美好生活的思想和精神",并提出"以科学的理论武装人,以高尚的情操塑造人,以优秀的作品鼓舞人"。

由此我们得出:主旋律主要包括爱国主义、集体主义、社会主义核心价值观等价值观念。弘扬主旋律是坚持爱国主义的体现,是与时俱进的体现,是坚守社会主义核心价值观的体现。中共十七届六中全会指出,"社会主义核心价值体系是兴国之魂,是社会主义先进文化的精髓,决定着中国特色社会主义发展方向"。以铸造核心价值观为核心的主旋律的弘扬,能够使大学生拥有坚定的理想信念、高尚的道德情操、顽强的意志、卓越的思想和人格魅力,这样的素质教育才能起到教育育人的作用。

在明确主旋律的内涵及其对提高大学生的素质教育的意义后,作为一个教育工作者,我们要关注如何在形式上去宣扬主旋律,从而达到将主旋律融入日常的学习中,以提升大学生综合素质的目的。

三、在媒体时代弘扬主旋律的途径

弘扬主旋律,可以从当下的主旋律文学作品、影视作品入手。众所周知,现在的大学生更乐于自己去获取信息,而发达、快捷的信息传递工具给这种方式提供了可能,由此,我们将含有主旋律的文学作品、影视作品作为信息传播的途径来影响当代大学生的价值观念。

(一)主旋律电影

电影,因为其形象直观的特点而受到现代大学生的广泛欢迎。弘扬主旋律,可以通过主旋律电影来激发学生的兴趣。主旋律电影就是在政府的倡导下,宣传真、善、美,弘扬国家的主流意识与主导价值观的影片。从新中国成立到现在，主旋律电影层出不穷，如《建党伟业》《大河》《离开雷锋的日子》《焦裕禄》《开国大典》等，其中，《开国大典》是主旋律电影的标志性作品。主旋律电影以宣传国家政策、坚定社会主义信念为基点，把高尚的价值情操、深深的爱国之情、多元化的价值选择等融入电影中，这样的教育方式虽然在形式上与传统的思想教育不同，但是其所包含的思想内容、教育育人的理念是相同的。主旋律电影具有形象、直观、生动的特点，影视作品感人的故事情节、唯美的屏幕画面、性格鲜明的人物形象远胜于生冷的文字描述与教师的刻板讲解，自然而然更容易受到大学生的喜爱。主旋律电影往往把优秀的民族传统、社会的主流意识、主导价值观植入形象直观的故事之中，大学生可以从故事中得到启迪，受到教育。如电影《云水谣》，其本意是要弘扬爱国主义精神，但整部电影没有直接渲染爱国主义的情怀，却选取了人们向往的爱情这一主题贯穿电影的始终。主旋律电影的观看可以引发学生们进行讨论，如果老师同时加以引导，会收到很好的效果。所以，在采取主旋律电影这种方式时，教育者应起引导作用，特别是教育者若能与大学生们关于电影进行思想碰撞与交流，更能起到事半功倍的效果。所以，作为现阶段教育改革的一个方向，主旋律电影在激发学生兴趣、调动学生积极性、提升学生思想、提高学生素质方面将发挥巨大的作用。

（二）主旋律电视剧

同电影激发学生的学习兴趣相比，主旋律电视剧起的是一种涵养思想的作用。电视剧是一个民族特定文化的展现，是对当下社会主要思想的一种表达，电视剧以其能与广大观众交流的强大影响力成为当下影响大众文化的主导力量。毫无疑问，当下绝大部分大学生看电视剧的时间要远远长于看电影的时间，特别是遇到精彩的电视剧时，所以，电视剧就成为我们弘扬主旋律、提高学生素质的主要阵地之一。在这方面，我们看到许多优秀的例子，例如《士兵突击》《亮剑》《人间正道是沧桑》，这类有思想内涵又制作精良的主旋律作品，给予当代大学生很多启迪。这类电视剧中所包含的对信仰的不懈坚持，对理想的执着追求，对爱情的忠贞不渝，对祖国的深切热爱，都深深地影响了大学生，让他们得到从教科书中难以获得的精神养分。

主旋律电视剧又是怎样去影响当代大学生的素质的呢？其主要是通过主人公在特定的环境中所表现出来的精神特质来影响观众。主人公在特定的环境中，表现出的无论是舍己为人的高尚品质还是重义轻生的万丈豪气，都会最大限度地影响大学生，在精神方面为当代大学生树立一个榜样，让其获得信仰的力量。同时，相对于其他教育素材，电视剧的突出特点就是时间长，长时间的教育认知会营造成一种文化涵养。当观众发现自己的观点和电视剧相同时，就会与电视剧之间产生共鸣，因此，电视剧中所展现出来的社会价值观念就会深入观众的心理。

（三）主旋律活动

弘扬主旋律，可以通过主旋律活动让学生参与其中。例如，举办"红歌会"，那传遍大江两岸的歌声，不仅丰富了人民群众的生活，也在人民群众中掀起主旋律和爱国主义教育。而在大学校园里，这样的活动比比皆是，其中影响较为深远的就有"我的中国梦"活动，这些活动增强了当代大学生对当下的社会政治生活的了解，对社会责任感的认知，对理想信念的坚持。在这些活动的影响下，当代大学生的素质得到进一步的提高。习近平总书记在参观国家博物馆"复兴之路"展览现场时指出：实现中华民族伟大复兴，就是中华民族近代以来最伟大的梦想。这一时代主旋律不仅包含了历史的要求，同时体现了当下社会对大学生的要求。习近平总书记在同各界优秀青年代表座谈时的讲话中指出："中国梦是我们的，更是你们青年一代的。中华民族伟大复兴终将在广大青年的接力奋斗中变为现实。"当代大学生肩负的民族复兴不仅是当前社会给予的重任，更是时代赋予的重担，而提高当前大学生的素质则是这一历史复兴给予政治教育工作者的一大重担。梁启超说过，"青年兴则国兴，青年强则国强，青年智则国智"。对于一个国家来说，青年是未来、是希望，而当代的大学生则正好扮演了这样一种角色。正如前文所说，当代大学生受到多元文化的冲击，而思想的多元化让缺少决策能力的大学生难以选择，容易迷茫，在思想和行为方面尚未成熟的他们容易走向歧途。然而，我们同时也该看到，这个时期的大学生也有很珍贵的特质，比如可塑性极强，正确的思想很容易被接受。所以在这方面，教育工作者应该及时、正确、深入地展开大学生的思想教育工作，促使当代大学生形成正确的认知和良好的道德素养。例如：在这种形势下，部分高校开展了以"中国梦"为主题的多项主旋律思想教育活动。

四、主旋律教育与素质教育的实现路径思考

在我们提倡弘扬主旋律以提高大学生素质的同时，我们更多想到的是怎样去实现这种主旋律同素质教育的联结与完美结合。我们认为，主旋律教育影响大学生综合素质提升的核心在于主旋律氛围的形成，同时，需要教育工作者积极、科学的引导并坚持与时俱进。

（一）形成氛围，充分发挥高校的优秀人才摇篮功能

"蓬生麻中，不扶自直，白沙在涅，与之俱黑"。环境对于人成长的重要意义不言而喻，一个主旋律氛围浓厚的校园能够对学生的价值观产生重要影响，在潜移默化中使学生的素质得以提高。一个良好的校园氛围能在潜移默化中去提高大学生的素质。相对于每星期几节固定的思想政治教育课这样的教条式的教育，氛围的潜移默化作用的影响更为深远、更为长久。良好的思想政治教育环境氛围能够激发人们去追求真、善、美，从而有利于形成优秀的道德品质和完善的人格；恶劣的思想政治教育环境氛围则会腐蚀人们的思想，促使其形成扭曲的人格。

习近平总书记在重庆市调研的时候观看了"唱读讲传"的节目演出，唱红歌，唱出了光辉历史，唱出了浩然正气，读出了团结和谐，充分地肯定

了主旋律活动在当下社会的影响力，它构建了一种唱红歌、爱祖国的氛围。与社会上的氛围相比，校园氛围在作用上有着类似的效果，而在构建方式的选择也是多种多样的，可以是影视活动、演讲比赛、红歌大赛等。同时，作为教育工作者，在弘扬主旋律的过程中必须保持思想教育的跟进，这样才能取得事半功倍的效果。

良好的大学环境氛围是当前大学生思想政治工作的重要阵地，将对大学生的思想产生最为重要、深刻的影响。与前辈相比，大学生们缺乏对历史的了解、对文化的积累，主旋律教育将会补齐他们这方面的短板。让主旋律思想占领大学生思想的高地，能够很好地增强学生辨别是非的能力、完善学生的人格、净化学生的心灵，使大学校园更加纯净，让大学生在主旋律的引导下走向美好的人生。

（二）科学引导，使主旋律教育价值最大化

主旋律的影视和文学作品所包含的精神内涵具有复杂性，不仅包含主旋律的精神，同时也不可避免地融入了当下社会的一些不良风气和作者的主观见解，没有明确价值观取向的大学生在面对这些作品时，将会不加辨析地去接受，甚至去模仿，所以放任这些作品去影响大学生的价值观是不合适的，教育工作者必须要加以科学的引导，这样才能让主旋律真正地发挥自己的作用。

科学地引导，包括引导当代大学生形成完整的社会主义核心价值观体系，这个体系包括当代大学生的价值观、理想观、情感观、发展观。第一是价值观。价值观包括人生观、世界观、道德观等观念，其主要内涵是大学生对于自身及世界的基本认识取向，而我们应该通过引导社会主义核心价值观，通过坚持马克思主义思想的主导地位、坚持以人为本的立场，同时坚持将唯物主义和辩证主义的思想引导到学生的思维中，让大学生能够站在社会主义的立场、用社会主义的观点去认识和分析各种现象及问题。第二是理想观。作为教育者，我们要让学生树立理想，坚定信念，将理想的树

立与爱国、爱家、建设社会结合起来,在面对困难的时候要坚持自己的理想。在坚持理想教育的同时,应当帮助学生摒弃诸如功利主义、金钱至上的思想。当学生面临思想与现实的冲突时,及时地帮学生解决思想上的困惑,从而让学生坚定不移地去实现自己的理想。第三是情感观。情感观包括大学生对自己的情感的认知,无论是对社会,还是对家庭、朋友,情感观都影响着大学生的心态和行为。在社会和家庭方面,教育者应当引导学生形成爱国、爱家的情感,让学生形成感恩的情感观念。感情问题,是当下大学生的突出问题,大学生往往不知道如何处理自己的感情问题,在这种情况下,教育工作者应当加强对学生的了解,多与学生交流,通过倾听和交流,将合理的爱情价值观传递给学生,让学生形成正确的爱情价值观,从而完善自己对情感的认知。第四是发展观。发展观不仅包括大学生对未来事业发展的一个认识,更重要的是对社会主义价值观发展的认识。社会是进步的,大学生养成与时俱进的思想对于自己未来的发展是很重要的。教育者应当引导大学生用发展的眼光去看待一切,这对于大学生自身修养和素质能力的提高都至关重要。只有拥有合理的发展观,才能更好地立足社会,这是提高当代大学生素质的重要方面。

(三)与时俱进,保持主旋律教育的先进性与不可替代性

与时俱进是中国共产党的思想路线,是中国共产党保持先进性和增强创新性的决定性因素之一;同样,在主旋律的教育中做到与时俱进也是保持主旋律的先进性和影响力的决定性因素。大学生作为时代的先锋,他们拥有较宽广的知识面,有探究一切的兴趣,有无限的青春活力和充足的时间,这些因素决定了大学生对时代有极高的敏感性。在信息高速发展的今天,大学生能迅速获得大量的信息,他们用自己的思想对这些信息加以分析,同不同的人进行讨论,在思想碰撞中,多元化的校园思想就很容易形成,这在提高学生思想、拓宽学生知识面方面起到一定作用。在这种环境下,时代要求思想教育必须与时俱进,主旋律同样需要与时俱进。只有与时俱进,

主旋律才能跟上时代的步伐；只有与时俱进，主旋律在思想上才能进一步发展，才能适用于当代的大学生和社会。与时俱进要求我们在选取弘扬主旋律的素材时一定要跟上时代的步伐。例如，主旋律应同当下的热点联系起来，同社会事件联系起来，这样才能吸引大学生的注意力，让大学生在热烈的讨论中自觉地接受主旋律思想的影响。

弘扬主旋律，将校园文化建设同主旋律思想政治教育结合起来，发挥学生的主动性、创造性，建设学生的精神家园。与时俱进，将主旋律活动同提高大学生素质结合起来，培养出符合社会主义建设的新一代大学生。

本节参考文献

［1］特瑞·伊格尔顿.文化的观念［M］.方杰译.南京：南京大学出版社，2003.

［2］王保星.中国教育十二讲［M］.重庆：重庆出版社，2008（1）.

［3］胡锦涛在全国宣传部长会议上发表重要讲话 要求宣传思想战线唱响主旋律 打好主动仗［N］.光明日报，2000-01-12.

［4］中共中央宣传部编.毛泽东邓小平江泽民论思想政治工作［M］.北京：学习出版社，2000.

［5］高晓春.关于社会主义市场经济条件下思想道德体系建设的几点认识［J］.思想理论教育导刊，2003（8）.

［6］陈始发.坚定大学生的社会主义信念［J］.思想政治工作研究，2003（3）.

［7］王新华."红色旋律"凝铸精神家园［J］.教学研究，2012（1）.

［8］胡菊彬.新中国电影意识形态史［M］.北京：中国广播电视出版社，1995.

［9］金丹元，徐文明."十七年"中国电影中的基本美学形态与国家意

志[J].上海大学学报（社会科学版），2008（5）.

[10]乔瑞金，薛稷.雷蒙德·威廉斯文化观念思想探析[J].晋阳学刊，2007（5）.

[11]袁蕾，周华蕾.主旋律电影20年历史探源[J].南方周末，2007-06-15.

[12]滕进贤.关于主旋律和多样化的答问[J].电影艺术，1991（3）.

[13]韩三平.主旋律≠政治口号[J].新京报，2004-02-23.

[14]袁蕾，周华蕾.离不开主旋律的日子[N].南方周末，2007-06-15.

第六节
社会主义核心价值体系：素质教育的灯塔

坚持以人为本，全面实施素质教育是我国教育改革发展的战略主题，其核心是解决好"培养什么人"和"怎样培养人"两大问题。社会主义核心价值体系是我国的"兴国之魂"。在《国家中长期教育改革和发展规划纲要（2010~2012）》（以下简称《规划纲要》）中，它作为素质教育的重要内容被特别强调，这为解决大学生素质教育的这两大问题明确了目标，指明了方向。全面推进大学生素质教育，应突出社会主义核心价值体系教育的"灵魂"地位。

在新形势下，国际环境风云变幻，随着我国改革进入攻坚阶段，经济社会急需转型升级。而经济社会发展对人才特别是高素质人才提出了更高的要求，素质教育成为我国教育改革的重点。对大学生实施素质教育，培养创造性人才也就成为大学改革、发展的重要目标。那么，社会主义核心价值观在对大学生实施素质教育的过程中又有什么作用呢？

全面实施素质教育的核心是要解决"培养什么人"和"怎样培养人"的问题，这应该成为教育工作的主题。《规划纲要》强调素质教育、转变教育观念、深化教育改革等问题。作为社会主义价值体系中最基础、最核心的部分，社会主义核心价值观是我们民族长期秉承的反映社会主义本质和建设规律的根本原则、价值观念的理性集结体。它支撑着我们在建设社会主义长期实践中的行为指向和行为准则，从更深层次上影响着我们在建设中国特色社会主义伟大征程中的思想方法与行为方式。中国共产党是以马克思主义理论为指导思想和行动纲领的，中国社会价值观在很大程度上以马克思主义理论为指导，因此，马克思学说中以人为本的中心思想在大学生的素质教育这一实践活动中必然有着不可替代的特殊功能和价值。

一、社会主义核心价值体系的形成与大学生素质教育的背景是统一的

社会主义核心价值体系的形成，有其深刻的国际和国内环境影响因素，两者构成了社会主义核心价值体系形成的现实依据。从国际形势看，和平与发展依然是当今国际社会的时代主题，国际社会在合作与竞争并存的格局中前进。国与国之间的竞争归根结底是综合国力的较量，是硬实力与软实力的双重博弈。其中，文化软实力因素的影响越来越大，某些西方国家已经把以文化为载体的意识形态隐形输出作为进攻他国的政治武器，我国的文化安全面临前所未有的巨大挑战。从国内形势看，我国亟待在意识形态领域从指导思想、精神支撑、理想信念、道德与价值观念等方面巩固社会主义意识形态的主体地位，并加强其吸引力、感召力和凝聚力，全面增强我国的文化实力，扫除西方价值观的侵扰，清楚认识各种错误思想的消极影响，为社会主义事业的顺利推进提供保障。

综上所述，社会主义核心价值体系的形成和大学生素质教育的提出背景是统一的，都基于对国际社会发展趋势的准确判断和对中国社会发展的现实状况的清醒认识，体现了国家在意识形态、文化观念、高等教育领域政策的融会贯通、一脉相承，反映出党和政府执政、决策更加系统化、科学化。

二、社会主义核心价值体系的内涵与大学生素质教育的内涵是一脉相承的

社会主义核心价值体系有着深刻而丰富的内涵，它包括四个方面的基

本内容，这四个方面内容相互联系、相互贯通、相互促进，是有机统一的整体。坚持马克思主义的指导地位，就抓住了社会主义核心价值体系的灵魂；树立共同理想，就突出了社会主义核心价值体系的精髓；树立和践行社会主义荣辱观，就打牢了社会主义价值体系的基础；坚持用社会主义核心价值体系教育和引领群众，就能够充分发挥和谐文化在推进经济社会发展中的巨大作用。

大学生素质教育立足于全民素质教育基础之上并在本质上有更高层次的内涵。对于大学生素质教育的本质，学者们做了很多阐述，代表观点有：①全面推进大学生素质教育，就是在加强文化知识教育的同时，更要重视思想道德教育，特别要注重创造型人才的培养。②素质教育是主体教育观的体现，由应试教育向素质教育转轨，在教育价值取向上可以合理地理解为由客体教育转回到主体教育观。在我国的教育实践中，人们总是把素质教育较多地指向人的科学素质和能力，相对忽略了素质教育的人文精神取向。人文精神是人的自由追求、创造能力和超越意识的集中体现，是对主体价值的终极关怀，是人类文化的内在灵魂。③大学生素质教育，从本质上应当是提高国民素质的教育，具有特殊的规定性，教育内容具有全面性，教育精神具有创新性。

三、社会主义核心价值体系是大学生素质教育的灯塔

社会主义核心价值体系包括四个方面的基本内容：一是马克思主义的指导思想；二是中国特色社会主义共同理想；三是以爱国主义为核心的民族精神和以改革创新为核心的时代精神；四是以"八荣八耻"为主要内容的社会主义荣辱观。大学生素质培育工作必须突出社会主义核心价值体系的地位。在坚持马克思主义指导思想原则不动摇的前提下，从大学生的实际出发，不断丰富扩展和充实教育的思路和内容，为坚持中国特色社会主义意识形态建设提供思想保障和人才保障。

《国家中长期教育改革和发展纲要》明确指出,坚持"以人为本",推进素质教育是教育改革发展的战略主题是贯彻党的教育方针的时代要求。核心是解决好"培养什么人"、"怎样培养人"的重大问题,重点是面向全体学生,促进学生全面发展,着力提高学生服务国家人民的社会责任感、勇于探索的创新精神和善于解决问题的实践能力。素质教育与思想发展要协同,要将社会主义核心价值体系筹起来,在决策层面加强两者的血肉联系。

素质教育是指一种以提高受教育者诸方面素质为目标的教育模式,它重视人的思想道德素质、能力培养、个性发展、身体健康和心理健康教育。素质教育从本质上说是以提高全民族素质为宗旨的教育。它着眼于受教育者群体和社会长远发展的要求,是以面向全体学生、全面提高学生的基本素质为根本目的,以尊重人的主体性和主动精神、注重开发人的智慧潜能、注重形成人的健全个性为根本特征的教育。同时,素质教育又要满足社会发展的实际需要,要达到让受教育者正确处理自身所处社会环境的一切事物和现象的目的。素质教育是当今我国教育改革和发展的主旋律,它具有丰富的内涵,这些内涵均与价值观有紧密联系。

在某种意义上,一个人是否有明确而坚定的价值观或核心价值观,是判断其心理是否成熟、人格健康与否的重要标准。21世纪的大学生,作为最具开拓精神和创新精神的一个群体,他们富有朝气,满怀理想,勇于参与,是祖国的未来,也将是我国现代化建设的中坚力量,还是新时期构建和谐社会的重要力量之一,其价值观不但会影响到自身的思想道德状况,还将直接影响到整个中华民族的发展和未来。

大学生的价值观由政治观、道德观、学习观、人际观、审美观、职业观等价值体系构成。大学阶段是大学生人生价值观体系构建的重要阶段。只有抓住核心价值观这个关键点,才能构建大学生完善的价值观体系。树立正确的、健康的主导价值观体系,将提高大学生们的思想境界、情趣、品位,培育他们乐观、豁达、宽容的精神,促进他们素质的全面提高、能力的全面发展,塑造他们自尊自信、理性平和、积极向上的社会心态,以开阔的心胸和积极的心境看待一切，用理性合法的方式表达利益诉求。通过加强社会主义核心价值体系教育，不断增强学生的爱国主义、集体主义、社会主义思想，引领大学生在思想道德上不断提升和进步。为此，做好以下几点是关键：

（一）加强马克思主义理论教育

加强马克思主义理论教育，引导大学生以社会主流意识为指南，明确思想方向，不断提高思想认识。

马克思主义指导思想是我们立党立国的根本指导思想，是社会主义核心价值体系的灵魂。它为我们提供了科学的世界观和方法论，是大学生坚定理想信念的思想基础和健康成长的行动指南。高校作为传播思想、培养人才、服务社会的重要场所，坚持用发展着的马克思主义理论成果教育大学生，引导他们树立正确的世界观、人生观、价值观，是培养合格建设者和可靠接班人的根本。只有确立对马克思主义的坚定信念，才能使学生深刻认识人类社会的发展规律，深刻认识中国走社会主义道路的历史必然性，在复杂的社会现实中认清方向，自觉抵制各种不良思想的影响，促进自身政治素质的不断提高。

（二）加强中国特色社会主义共同理想教育

加强中国特色社会主义共同理想教育，引导大学生以社会理想为向导确定人生目标，不断提升理想追求。

中国特色社会主义道路，是一条实现国家繁荣富强和人民幸福安康的正确道路。走中国特色社会主义道路，实现中华民族伟大复兴，是现阶段我国各族人民的共同理想和目标追求，是引领和激励各族人民团结奋斗的动力源泉，是国家和民族走向振兴的精神旗帜，也是大学生成长的航标灯和成就事业的精神支柱。大学生是未来中国社会主义现代化建设的生力军，他们有理想、有抱负、有热情，积极进取，但市场经济的一些负面影响给大学生的价值观带来冲击,一些人理想信念模糊、价值取向扭曲。因此,高校必须加强理想信念教育,引导大学生树立在中国共产党的领导下,走中国特色社会主义道路,实现中华民族伟大复兴的共同理想,为社会主义事业奠定人才基础。

(三)加强民族精神与时代精神教育

加强民族精神与时代精神教育,引导大学生以社会需要为取向实现人生价值,不断提升思想境界。

民族精神和时代精神,是凝聚中华民族的重要思想基础。以爱国主义为核心的民族精神和以改革创新为核心的时代精神是维护国家团结统一、促进民族进步的精神纽带,体现着对国家、民族命运和前途的高度责任感和奉献精神,是大学生实现理想和追求的精神力量。但随着我国经济和社会结构的深刻变化,利益关系和分配方式的多样化,大学生价值观念呈现出多样化和复杂化的趋势,不少人把注意力转向自我,重物质利益、轻无私奉献,忽视社会发展需要,缺乏强烈的社会责任感。这迫切需要以社会主义核心价值体系对大学生加以强有力的引导,引导他们以社会共同的价值理念和精神追求为目标,找到正确实现人生价值的方向、方法和途径,在奉献中最大限度地实现人生价值。

四、解决大学生价值观中的突出问题

马克思曾经指出,"价值"这个普遍的概念是从人们对待满足他们需要的外界物的关系中产生的。马克思在《1844年经济学哲学手稿》中还指出:动物只是按照它所属的那个种的尺度和需要来建造,而人却懂得按照任何一个种的尺度来进行生产,并且懂得怎样处处都把内在的尺度运用到对象上去。因此,人也按照美的规律来建造。马克思在这里提出了人类劳动的两个"尺度"的思想,这两个尺度是对外的尺度和人的内在尺度。马克思所说的由人的需要和本质力量的性质所规定的尺度，即人的内在尺度。这一内在尺度，正是主客体相互作用中的主体性内容方面，正是在"实践—认识"活动中实现的客体主体化过程。而这些，正是价值关系的内容。从这一意义上说，所谓价值关系，即主客体关系的主体性内容，也就是以主体的内在尺度为特征的关系；价值关系的运动，也就是主体内在尺度的现实运动过程，是它实施和实现的过程；价值标准，则是主体内在尺度的现实表现。可见，价值并不是一个实体，而是一个关系范围，价值关系是主客体关系的一个侧面。主体需要是价值关系存在的前提，客体满足主体需要的属性是价值关系存在的基础。

从主流看，当代大学生的价值观是积极、健康、奋发向上的。为了适应社会日益激烈的竞争，他们用积极、健康、阳光的心态从各个方面提高和丰富自己，特别注重自己健康人格和道德品质的培养，并努力付诸实践。如在2003年的抗击"非典"斗争、2008年"5·12"汶川大地震救灾等较大突发事件的处理和应对中，大学生作为社会中的一个群体，他们的表现是值得欣慰的。但是，在充分肯定当代大学生价值观主流的同时，也要清醒地看到在大学生中存在多种价值观念的事实，比如"自我意识"、"个人价值"和"以个人为中心"等价值观念日益突出，对社会中存在的贫富差距现象缺乏正确认识等。特别是当今大学生就业难问题日益凸显，意味着大学生为"天之骄子"的时代已经结束，他们要与没有上过大学的同龄人一样，在相同的社会环境中面对择业问题，在多种社会因素影响下，大学生所表现出来的焦虑、浮躁、功利、自私等现象不容忽视。

针对大学生价值观念中的主要问题，应在思想认识上重点解决以下三个问题：

一是转变"老生常谈"的思想认识。当代大学生群体是伴随着改革开放成长起来的青年，他们是改革开放的见证人、实践者和参与者。物质生活条件的提高、学习条件和学习环境的改善，使他们在思想意识和精神层面，特别是价值取向上，出现了多样性的特征。他们受生活经验和实践经验的局限，对政治理论教育和思想道德教育没有新鲜感，甚至还会对这种教育缺乏一定的信任感。他们一般只是从感性角度来思考和认识问题，而缺乏理性的自觉和思考。例如，如何将社会主义核心价值体系转化为自己的主导价值观？社会主义核心价值体系对自己的人生、对社会有什么重要的作用？诸如此类问题，他们常常会认为是"老生常谈"。"老生常谈"与"枯燥乏味"是他们在接受这些教育时的第一个反应，如何将"老生常谈"的思想认识转变成"经常谈谈"和"必须要谈"，是我们进行社会主义核心价值体系教育应该思考和解决的问题。

二是转变"被迫接受"的心理认知。在党的坚强领导下，我国较长一段时间社会政治没有发生大的震荡，人民生活相对比较稳定，这是中国特色社会主义建立及取得丰硕成果的根本。但是，大学生们并没有意识到经济发展这个硬实力与树立社会主义核心价值观念这一软实力的辩证关系。因此，在接受教育的过程中，他们从心理上会"不以为然"，也可能认为是"小题大做"。在这种情况下，如果社会主义核心价值体系教育缺乏说理性、针对性和灵活性，而充斥了大话、空话、套话，极易使他们产生"被迫接受"的心理，甚至是逆反心理，难以达到道德教育的效果和目标。

三是转变"与己无关"的认识诉求。这是目前帮助大学生接受社会主义核心价值体系教育和树立社会主义核心价值观的一个较难解决的深层次问题。社会主义市场经济的激烈竞争，在他们身上留下了很深的烙印，同时，社会现实存在的一些不和谐、不公平的地方，使他们在思考问题的时候往往只注重眼前利益而忽视长远利益，只注重局部利益而忽略全局利益。而社会主义核心价值体系教育属于一种意识形态的灌输，这种教育并不能使他们在实际生活、特别是个人利益方面立刻得以改善。因此，受社会中存在的务实、趋利、浮躁现象的驱使而产生的"与己无关"的思想，是社会主义核心价值体系教育中的一个难点。

五、提升大学生素质教育的建议

中国特色社会主义建设需要大批德才兼备的人才资源和后备力量,大学生理应成为中国特色社会主义事业的建设者和接班人。如何将社会主义核心价值体系深入到大学生的思想道德素质教育中,并转化为大学生自身的思想道德素质,转化为大学生的自觉行动,这关系到中国特色社会主义事业的建设者和接班人的培养,关系到中国特色社会主义建设的成败。因此,在大学生思想道德素质教育中应突出社会主义核心价值体系教育,必须在注重实效上下功夫,改进和完善社会主义核心价值体系教育的策略与方法。

(一)以社会主义核心价值观的引导和培育作为大学生价值观教育的关键与核心

大学生的价值观由政治观、道德观、学习观、人际观、审美观、职业观等价值体系构成。大学阶段是大学生人生价值观体系构建的重要阶段。只有抓住核心价值观这个关键,才能构建大学生完善的价值观体系。大学生价值观中存在的诸多问题,如不切实际的价值选择、偏离正确的价值追求、错误的价值评价标准和价值目标等,都是由于缺少核心价值观所引起的。因而,将社会主义核心价值体系教育融入国民教育中,在社会主义初级阶段的背景下是极其必要的。尽管大学生价值观教育的内容很多,但只要抓住了核心价值观这个根本,许多问题就会迎刃而解。

(二)充分发挥政治理论教学"主阵地、主战场、主渠道"作用

从我国目前的国情看,对大学生进行社会主义核心价值体系教育的主要渠道还是政治理论教学的课堂。因而,要发挥好政治理论教学"主阵地、主战场、主渠道"作用,其中必须注意两点:思想政治理论教师和教育工作者应具备社会责任感,改变教学理念,树立以学生为本的思想,并以理论与实践相结合的方式,帮助大学生正确认识和分析社会发展过程中的矛盾

冲突，在多样的价值观念中树立和巩固核心价值理念；思想政治理论教师和教育工作者应该是具备较强的自律精神和道德素养的群体。

（三）加强社会主义核心价值体系教育，要注意多种手段互相配合

马克思指出，人的本质在其现实性上是一切社会关系的总和。因此，大学生社会主义核心价值观的形成，依赖于教育、政策、制度、法律等多种手段的合力。因此，在大学生核心价值观体系教育中必须重视与制度、法律的相互关系，这是我们提高教育质量的根本保障，也是增强社会主义核心价值体系教育整体实效的策略基础。

加强社会主义核心价值体系教育，还要注重教学的实践性，在实践中引导和培育大学生的社会主义核心价值观。尽管大学生价值观出现偏差的原因很多，但只看到社会的表面现象、没有认识其本质是重要原因之一。因此，组织大学生深入社会、了解社会，可以让大学生掌握社会的真实情况，使他们明白党和人民对当代大学生寄予的殷切期望，使他们明白实现中华民族伟大复兴需要大学生承担时代赋予的责任和使命。改革开放30多年以来，我们取得的辉煌成就有目共睹，每一个大学所在地都有可供学习和参观之处，既有爱国主义教育基地，也有改革开放成果展出地，我们应该充分利用这些资源进行大学生的社会主义核心价值体系教育。同时，高校还要充分利用每年的"五一"、"五四"、"七一"、"十一"等重大节庆日宣传爱国主义、革命英雄主义、革命传统，以历史与现实的结合的方式，促使大学生明确自己肩负的社会责任和历史使命，形成责任意识和责任感，找准个人在社会中的正确位置，逐渐改变"被迫接受"、"空洞说教"、"与己无关"的认识，自觉做践行社会主义核心价值观的继承者、开拓者与奋进者，在自身素质提升中成为中国特色社会主义事业的合格建设者与接班人。

六、地方高校社会主义核心价值观教育经典案例

笔者所在单位——河南财经政法大学是典型的地方院校,在提升大学生综合素质教育中,高度重视社会主义核心价值观的践行与培育工作。近年来,河南财经政法大学"群星灿烂",涌现出了一大批大学生模范群体和个人。一个个闪光的名字背后,是一个个感人、励志的故事。河南财经政法大学充分发挥模范群体典型带动作用,把典型效应转化为群体效应和社会效应,把榜样的力量最大化,让模范群体的行为成为一面镜子、一根标杆、一面旗帜,让做好事、行善举成为每个人的一种自觉、一种习惯、一种文化,深刻诠释着河南财经政法大学"责任、奉献、诚信、励志"的学校精神。

(一)一个个闪光的名字,彰显真善美

1. "坚强哥"胡利朋:奶奶,我是你的眼睛

胡利朋的人生经历就像是电视剧《渴望》的原本,所有的苦难强加在头上,他却没有被打倒。父亲固执,爷爷自杀,妈妈改嫁,姐姐卧床,奶奶眼盲……一连串的家庭变故,使他成了一名缺衣少食的贫困大学生。大二时,奶奶的眼疾恶化,家乡医疗条件有限,胡利朋把奶奶带到郑州,在学习之余,一边挣钱补贴家用一边多方求医为奶奶看病。在学校和老师、同学的帮助下,他走上了自主创业的拼搏之路。他先后荣获"中国自强大学生"提名奖、第三届河南省省直"十大道德模范"等荣誉称号。

2. "励志哥"魏星:人生以痛吻我,我却以歌回报

他的大学之路与众不同,家境贫寒,负债累累,接到大学录取通知书的那一天,19岁的他孤身一人来到建筑工地,咬牙坚持30天后,怀揣着1500元血汗钱踏入大学校门。接下来的几个寒暑假,他先后在昆山、天津、郑州打工,抡大锤、开电钻、挖土沟,苦力活样样都做过。之后他从事过很多行业,做了各种尝试,失败过,被骗过,受过伤,吃过苦,但他总是咬

着牙，一声不吭地走了下去。那些痛苦，那些劳累，那些打击，很多同龄人都无法承受，但他却将其看作是自己的一笔财富，毕竟逆境才能让人成长，磨砺才能让人强大。如今他开了家网店，开始了"小老板"的岁月。

3. "中国好人"周文静："二货"女孩儿，诚实守信

一个周口鹿邑的女孩儿，一个外表温婉、内心大气的女孩儿，一个被同学们评价为"二货"的女孩儿。2013年6月10日，周文静在出租车上阴差阳错地捡到了10万元钱，立刻去了公安局，物归原主后，她松了一口气。周文静说："我只是拾了东西，拾了东西就要交还，这是我们从上幼儿园都知道的。"现如今，周文静不仅是河南财经政法大学的名人，而且荣登2013年9月的"中国好人榜"，被评为"诚实守信好人"。

4. "保安哥"刘鹏林：只要追梦的原动力还在，一切就皆有可能

在河南财经政法大学2013年毕业典礼上，获得法学硕士学位的刘鹏林与众不同，相对于同学们的风华正茂，已经33岁的他略显沉稳，其实，身穿硕士服的他之前是该校的一名保安。家在驻马店的刘鹏林初中毕业后便辍学打工，但在他的内心深处仍继续着自己的求学梦。2000年他应聘到河南财经政法大学当了一名保安。13年来，他坚守梦想，刻苦学习，坎坷求学，先后拿到了自学考试法律专业专科毕业证、本科毕业证、司法资格证，2010年他开始攻读河南财经政法大学法学硕士学位，2013年6月硕士毕业，他把不可能变成了可能。

此外，河南财经政法大学大学生模范群体的中坚力量还有：将比赛奖金捐献给身患白血病同学的郑开国际马拉松男子半程赛冠军刘鹏；荣获河南省共青团系统争先创优活动先进青年集体的"滴水公益"社团；将银行误操作多出的13.5万元及时返还的邬征言；延续大爱，继续帮助80多岁身患重病的老人供养35个留守儿童的"微力量"爱心团队；传递爱心、传递文明、奉献社会，长期志愿从事社会公益事业与社会保障事业的青年志愿者协会，不辞辛苦、奉献爱心、坚持在深山贫困地区支教的外语系支教团队；等等。模范之所以感人至深，不仅在于其体现了真善美、彰显了浩然正气，而且

在于其事迹可亲、可信、可学。一个个先进典型的涌现，为人们树起了一根根崇高的精神标杆。

（二）河南财经政法大学社会主义核心价值观教育的具体做法

河南财经政法大学模范群体的出现也必然和该校科学的育人理念、独特的学生培养模式、务实的工作格局以及不断积淀的人文情怀和道德情怀分不开。

1. 坚持立德树人，科学创新育人理念

多年来，河南财经政法大学始终秉承学术兴校、质量立校、特色名校、人才强校、制度治校的发展战略，坚持教育创新。学校全体教职工时刻牢记"以德育人"的使命，坚持育人为本，德育为先，坚持把正确的政治方向作为大学生思想政治教育的核心与灵魂，坚持将大学生思想政治教育作为人才培养的首要环节，坚持把立德树人作为人才培养的根本任务。在总结工作经验的基础上，不断加强对大学生思想政治教育规律性的认识，不断提升思想政治教育工作的科学化水平，形成了一种时时育人、处处育人的良好氛围。新形势下，学校党委始终把"培养什么人"、"如何培养人"的重大课题摆在首要位置，明确并强化大学生思想政治教育工作的思路和定位，确立"厚德精术，铸魂树人"的工作理念，不断完善领导机制和工作机制，切实推进大学生思想政治教育工作的有效开展。

胡利朋、魏星、周文静等河南财经政法大学大学生模范的出现，充分展示了该校狠抓大学生思想政治教育和道德建设，注重培养全面发展的高素质人才的丰硕成果，充分彰显了河南财经政法大学思想政治教育工作的实效以及学校道德建设蕴含的巨大吸引力、影响力与生命力。

2. 坚持典型引领，构建独特的学生培养模式

校园先进典型是学校的宝贵财富，是昭示榜样、催人奋进的动力，是引领师生争先创优的精神品牌。借助身边榜样的力量进行教育，可以把抽象的说教变成形象的示范，把空泛的概念变成实在的样板。自胡利朋、魏

星等模范典型涌现以来，中央电视台、河南日报、大河报等媒体给予高度关注，形成了广泛的社会影响。同时，学校积极依托校报、广播站、校园网等校内平台对其事迹进行了详尽的宣传报道，让模范典型更加可亲可学。

先进典型涌现后，河南财经政法大学注重将学习活动全方位开展，系统化推进，达到"点亮一盏灯，照亮一大片"的效果，不断开拓学生培养模式，创新先进典型培育工作。将先进典型的模范事迹及其彰显的学校精神纳入"全员育人、全方位育人、全过程育人"的工作理念中。依托思想政治理论课主渠道、主阵地，在推进中国特色社会主义理论"进教材、进课堂、进学生头脑"的同时，注重典型引领，示范引导，不断提高大学生思想政治素质，促进大学生的健康成长。例如，为引导"90 后"大学生奉献社会，服务人民，该校推出了"滴水公益"社团、"微力量"爱心团队、青年志愿者协会、外语系支教团队等动人事迹；针对大学生面对就业所表现出来的焦虑、悲观等情绪，该校及时选树了胡利朋、魏星、刘鹏林等典型，有效缓解了大学生的思想和心理困惑。河南财经政法大学在宣传和学习这些先进的同时，大力把这种新的道德力量和道德品质升华为学校教书育人的重要资源，使这种精神品质转化为广大师生的自觉行动，为学校的人文和道德底蕴输送新的元素。

3. 坚持育人为本，建立务实的工作格局

基础是根本，制度是保障。学校始终坚持"育人为本、德育为先"的工作方针，注重大学生思想政治工作的时代感和实效性。学校坚持将大学生思想政治教育工作放在现代大学制度的框架中定位和开展，对党政干部组织、协调、实施大学生思想政治教育工作有明确的要求和规定，学校各职能部门在实际工作中各司其职、通力协作，为大学生思想政治教育工作提供了良好的运行机制，有效保障了各项工作的贯彻落实。学校组织开展了"我的中国梦"主题教育系列活动，通过向学生宣传马克思主义中国化最新成果，深化大学生对中国特色社会主义实践的认识和体会，切实加强和改进新形势下大学生思想政治教育工作。学校还以重大节日或事件为契机，对大学生进行爱国主义教育和时代精神教育。开展了丰富多彩的红色活动，演出红色话剧《绝恋 1949》、组织专家学者党史讲学、组织"我为党旗添光彩"演讲比赛、观看红色电影等，缅怀革命先烈，重温革命故事，都可以让广大学生在丰富多彩的实践活动中励志成才。

河南财经政法大学通过独特的学生培养机制，确保学校自己推出的典型立得住、站得久。如胡利朋、魏星、周文静、刘鹏林等大学生典型，他们不仅以感人的事迹、高尚的品德和强烈的社会责任感熏陶、感染着广大师生，而且他们在学业上始终保持着一种奋发向上、刻苦钻研的精神，成为师生们学习的榜样。

4. 坚持德育为先，铸造鲜明的校园文化品牌

沃野千里，必有良源。根植中原的河南财经政法大学吸收了中华民族传统的优秀品质，并逐渐转化为"明德、博学、经世、笃行"的八字校训。在人才培养过程中，注重校园文化品牌项目建设，加强对学生艰苦奋斗、诚实守信、团结协作和创新创业的教育和培养。

学校以培养学生的人文情怀和道德情怀为出发点，结合校园文化建设情况，对传统校园文化活动进行梳理、总结、提升，并进一步培养、挖掘、创新，形成一批彰显学校办学理念、有影响力的校园文化品牌项目。被誉为"中原第一班"的国旗班、会计学院"知·智·行"大讲堂、经济学院的"星火"论坛等，为学生提供一个传授知识、启迪智慧、优化行为的平台。与此同时，该校毛泽东思想研究会、人力资源管理研究会、春雷剧社、蓝天心理学会等多个学生社团被授予"全国十佳社团"、"全国百强社团"等荣誉称号。

学校以诚信教育、责任教育为切入点，积极探索和建立诚信教育的长效机制，提升学生的诚信自信与诚信自觉。学校持续举办了"校园短剧大赛"、"诚信自强之星评选活动"等"诚信校园行"系列活动，深入开展了学生诚信文化教育、毕业生"诚信签约"和"诚信就业"等主题教育活动，在学生工作中形成了全方位、全过程的诚信教育体系。涌现出胡利鹏、周文静、邬征言等一大批诚信学子，提前还贷成为常态，该校助学贷款学子提前还

款超过80%，还荣获"河南省金秋助学活动先进单位"等荣誉称号。

学校以创业教育、励志教育为着力点，开展"挑战杯"和"创业计划"大赛等活动，建立和完善学生创新服务体系，设立学生创业专项经费，鼓励学生积极开展创新活动。以学生创业者为依托，河南财经政法大学相继成立了别扔网、好仆传媒文化传播有限公司、河南一帆风顺广告有限公司等创业团队，提升校园创业氛围，激发学生创业兴趣，取得了显著的效果。

学校以强化传统教育、促进学生成长成才为落脚点，充分利用得天独厚的人文资源优势，与河南博物院、河南省地质博物馆、林州市人民政府等建立了大学生思想政治教育校外实践基地，积极发挥基层实践的社会教育功能和优势，让学生进一步接触社会、丰富知识、增长才干、提高素质、锻炼能力，为大学生的成长成才提供广阔的舞台，使学校的大学生思想政治工作趣味盎然、润物无声。

5.坚持言传身教，形成教书育人浓郁氛围

俗话说："学高为师，身正为范。"为人师者，德之为先。河南财经政法大学在进行人才培养时，高度重视师德建设，要求全体教师不能光靠说教来解决学生的思想问题，要做学生的楷模和榜样，通过自身的思想境界、一言一行的潜移默化，来影响、引导学生积极向上，进步成长。近年来，学校先后涌现了"全国十大社会公益之星"、"河南省三八红旗手"、"恩慈姐姐"颜志伟，河南省师德先进个人张占东、李冬霞，"河南青年五四奖章"获得者李金凯以及长期默默奋战在学生工作一线的辅导员团队等一大批先进典型，他们为人师表、率先垂范、言传身教、甘当人梯，赢得了广大学生的尊敬。学校每年评选"十佳师德标兵"、"三育人"先进个人，采取"身边人讲身边事"的方式，定期举办道德讲堂、先进事迹报告会、心理健康教育讲座等，在校报、广播站、校园网等开设"财大人财大事"栏目，榜样带动，营造氛围，坚持用远大的理想引导学生，用严谨的师风熏陶学生，用高尚的人格感染学生。榜样的力量是无穷的。感动之后是行动，榜样的力量，更源于其"群体效应"和"社会效应"。正是模范群体的引领和感召，加快了道德力量在人们心中的传递。

"一人红红一点,大家红红一片"。河南财经政法大学大学生模范群体现象在该校是典型,在整个社会却是"万花丛中一点红"、"汪洋大海一滴水",如果能把道德模范的典型效应转化为群体效应、社会效应,激发全社会由个体到群体的"滚雪球效应",一定能够在社会上唱响主旋律,广泛汇聚正能量,使道德模范力量成为奋力谱写中国梦的强大动力。

本节参考文献

[1]马克思,恩格斯.马克思恩格斯选集(第一卷)[M].北京:人民出版社,1995.

[2]舒志定.人的存在与教育:马克思教育思想的当代价值[M].上海:学林出版社,2004.

[3]袁贵仁.价值观理论与实践:价值观若干问题的思考[M].北京:北京师范大学出版社,2006.

[4]黄凯锋.当代中国价值观研究新取向[M].上海:学林出版社,2007.

[5]刘济良.青少年价值观教育研究[M].广州:广东教育出版社,2003.

[6]张森林.中国特色社会主义理论与实践[M].长春:吉林教育出版社,1995.

[7]袁贵仁.人的素质论[M].北京:中国青年出版社,1993.

[8]张远新,何煦.社会主义核心价值体系与当代大学生核心价值观教育[J].思想教育研究,2007(10).

[9]房玫.社会主义核心价值体系教育须着力把握大学生的接受度[J].思想理论教育导刊,2009(3).

[10]大学生文化素质教育研究纵论[J].黑龙江高教研究,2004(4).

[11]李大健.把握关键点 瞄准突破口——实施素质教育途径的若干探索[J].广西教育学院学报,1998(4).

[12]赵亚平,魏小鹏,王洪斌.高校素质教育的逻辑起点与素质教育途径优化思辨[J].辽宁教育研究,2000(11).

[13]刘芳.21世纪的素质教育与人才的培养[J].河北科技大学人民警察学院学报,2002(6).

[14]燕国材.素质教育的回溯、成就与思考[J].上海师范大学学报(哲学社会科学版),2009(3).

[15]高瑛,王为民.人的素质发展的历史形态——从"盲目发展"到"片面发展"再到"全面发展"[J].理论月刊,2002(8).

[16]崔新建.人文素质及其培养[J].北京师范大学学报,2003(1).

第七节
素质教育与国学教育：生活教育和人格教育

国学作为中华民族五千年文化的积淀，本身具有神秘而复杂的特质，针对国学所进行的教育更是千变万化、异彩纷呈。如何对国学进行合理有效的传承和发扬，是留给整个教育界的一个课题。

一、国学教育的内涵及必要性

（一）国学教育的内涵

"国学"原是古代教育机关的称谓，是中国古代的最高学府。国学作为思想学术概念使用开始于西学东渐之后，是与西学相对应的概念，也称"中学"。笔者认为：国学是在中华民族历史发展中形成的，以儒家思想为主要内涵，具有中国特色的思想文化和学术体系。而国学教育则可以界定为：以国学为核心内容，旨在传承中华民族思想、文化和学术传统，培养民族意识和民族精神的教育。国学教育是我国社会主义教育体系的一个组成部分，是具有中国特色的全面发展教育的一个组成部分。

（二）国学教育的必要性

1. 国学促进学生全面发展

国学是知识和智慧的集合体，开展国学教育十分必要。中国自汉唐盛世至鸦片战争前，一直为世界各国所推重，为世界人民所敬仰。传统文化上下五千年，悠久绵长，以"礼仪之邦"、"君子之国"闻名遐迩，儒家传统更是中华文化的精髓，其中有很多积极向上的内容可以引导青年学生正确对待学习、生活，可以帮助青年学生树立理想和人生目标，提高道德修养，培养高雅的人文精神，同时也可以丰富校园文化生活，加快校园文明建设。例如：颜回"一箪食、一瓢饮，在陋巷，人不堪其忧，回也不改其乐"的超然物外，可以激发青年学生自强不息、努力学习的斗志；孔子"己所不欲、勿施于人"的为人准则，可以指导学生如何与人相处；《孟子》"老吾老，以及人之老；幼吾幼，以及人之幼"能够塑造青年学生人道主义的精神品质；屈原"路漫漫其修远兮，吾将上下而求索"能够激励学生对人生理想的不懈追求。几千年来的文化积淀在高校学生中传承讲授，对于提高学生文化素质，发展和推广传统文化十分重要。

2. 增强本民族文化的认同感和自豪感

从某种程度上说，每个民族的文化都有进步与落后两方面的因素，都有精华和糟粕。一个国家的文化不可能完全重建，它只能够在一定的基础上进行"修剪"，把那些"枯枝败叶"剪掉，形成一棵健康的"树"。积极进取、乐观向上、艰苦奋斗、自强不息、诚实谦逊、勤劳勇敢等民族精神，是中国传统文化的精华之所在，也是我们每个人都要遵循的。联合国教科文组织把我们国家的《三字经》推荐给世界各国，指定为各国儿童的启蒙读物。由此可知，中国人一味地妄自菲薄、自暴自弃是错误的，我们必须重新树立起民族的自尊心和自信心。

3. 批判继承传统文化，加快实现现代化

我们要继承中国传统文化，就必须去了解中国传统文化，要深切了解中国文化历史的演变。继承传统和实现现代化不是对立的，而是统一的。现代是从古代到未来的历史进程的一个组成部分，现代是传统的延续和发展，传统也就存在于现代之中。如果我们讲现代化而又拒绝继承传统，那就无异于建造空中楼阁。所以，当代青少年在继承和发扬中华民族的优秀文化传统的同时也要吸收人类所创造的各种进步文化，这是我国现代化的必由之路。

二、国学教育下综合素质教育的内涵、理念及现状

（一）综合素质教育的内涵

1. 文化塑造人格

"素质教育"是我国在世界上率先提出的全新概念，是一场重大而深刻的教育革命。素质教育并不是与其他教育毫无瓜葛的海市蜃楼，它是根植在原有教育的泥土之中的，原有教育中早已蕴藏了素质教育的先进思想和成功经验。有人认为，素质教育是一个全新的概念，因此它的教育内容也应该是全新的，应该摒弃旧的知识，建立全新的知识体系。其实，素质教育是人的个性社会化或文化化。不研究文化，就无法展示人心理发展的内容与水平，不运用文化作为教育手段，也就丢掉了素质教育的主要手段。文化可以造就人的心理和人格，形成人的良好素质。人类的正义感、是非感、审美感、荣辱观以及伟大与崇高、鄙俗与渺小等所谓的人格，主要都是社会文化的产物。社会文化是造就人格、形成个人素质的伟大力量。

2. 现代化的素质教育

文化对人的心理、品德、性格的教化是最深层次的社会化。国际教育改革的文化学视角已经为我们提供了有益的启示。日本近代教育家小原国芳认为"缺乏人类文化修养的人是功能残缺的人"，主张"教育内容必须包括人类文化所有方面"。日本在实现现代化的过程中将吸收外来文化与保持民族文化传统成功地统一起来，注意将技术发展与文化传统作为两个系统并不时协调它们之间的矛盾，使教育革新在日本传统文化基础上进行。日本学者认为：教育改革成功与否不应单以学习成绩来判断，也不应该以是否具备现代化教学设备为标准，而应该培养出有正确文化价值观的有教养的"全人"。合作教育的试验研究是苏联教育理论中引人注目的成果。试验老师们十分强

调教育者的文化修养、文化意识，他们认定：文化因素不仅丰富儿童的智慧，也丰富他们的个性。没有审美的人文教育和伦理教育，就不能发展文化意识。美国社会学家英克尔斯关于现代人素质的研究揭示：人的素质的现代化主要指人的本质、性格、能力的现代化，是人作为现代化的主体所必备的、内在的素质。人的素质的现代化关键是人的文化心理现代化，主要指人在社会实践中逐渐形成的各种文化心态和观念。因此，素质教育的内容不能够脱离中国传统文化，它应以中国传统文化知识为背景去开拓素质教育的新视野。

（二）素质教育理念

1. 培养受教育者的全面素质，使其形成健全的人格

从社会发展对个体的需要看，它要求个体能实现在道德、智力、身体、美感等方面的各项素质和谐发展。个体的全面素质提升，可以保证其适应社会生活，同时为其某一方面特点或素质达到最好水平而提供保障。王财贵教授在北京师范大学的教育理念中表示：对受教育者，尤其是处于启蒙阶段的孩子，比教授他们知识更重要的是，需要教授他们能够"一生受益"的东西。这个观点正契合了素质教育中"全面发展"的理念，并且更侧重其中的"德育"，这也正是当前社会教育所缺失的。长期以来，中国的素质教育一直不被重视，在强调应试教育的今天，国学在受教育者的教材和书籍中所占的比例越来越小，以至于出现了王财贵教授在北京师范大学所谈到的，当外国人怀着敬佩之意问到我国的《易经》《论语》《春秋》《离骚》时，国人竟然无法作答的情况。先贤创造的灿烂文化是中国的一大财富。中国若要真正成为一个让世界佩服的强国，就必须要有能兼容世界的文化和文化同化能力。如果我们无法继承和发扬自己祖先留下的灿烂的历史瑰宝，就无法谈到去用自己的文化融合世界。

2. 发展受教育者的个性，提高其主体意识

任何人、任何一种素质的形成，都必须依靠主体清醒、自觉地分辨、吸收各种有益的知识营养，并加上深入探索和系统研究，而不是外在直接传授的结果。苏霍姆林斯基曾说过:"只有能激发学生去进行自我教育的教育才是真正的教育。"王财贵教授对于当代素质教育的最重要启示在于,他将家庭教育提到一个新的高度。人与人之间,由于先天禀赋以及后天环境的差异,每一个人都与其他人表现出不同的素质结构,教育则应基于个体素质结构的不同施以不同的影响。在实施素质教育时,既要注重培养学生的全面素质,又要注重学生的个别差异,这就要求教育的目的、内容、方法、组织形式等既有统一的要求,又注重多样性、灵活性,同时,每一个个体所具有的不同的特点和特长,也是在教育过程中对其进行智力开发、创造力培养的基础和理论依据。学生综合素质的提高,不仅需要教育者从学生的实际出发,综合考虑,而且需要教育者发掘学生的闪光点,使其获得某一方面素质的提高,从而带动其他方面素质的发展。

3. 提高受教育者的品质,促进其潜能发挥

首先,受教育者要有正确的学习观念,学会自主学习、全面学习、科学学习、探索学习,最后是终身学习;其次,受教育者对自己要有明确的学习设计,为自己设定目标,规划未来;再次,需要不断拓展学习途径,善于从各种不同的途径采集信息,并对信息进行加工整理变成自己所需要的知识,科学吸收,促进内化,对知识进行深入思考完成内化过程;最后,受教育者要勇于坚持变革创新。当代中国人在学术上的一个"软肋"就是迷信前人的研究成果,不敢提出质疑和实现突破,这也成为当前我国国际领先科技成果少的重要原因之一。管理学把一个社会个体的全部才能看作一座冰山,呈现在人们视野中的部分往往只有1/8,而看不到的部分则占7/8。从这个角度看,受教育者不仅需要对其"冰山"上端可视部分进行培养和提升,更应对其不可见部分的潜力进行挖掘和发展。

(三)大学生综合素质教育的现状

就新时期大学生而言,其文化教育的重点是全面提高在校大学生的整体素质。高校担负着培养全面发展人才的重要任务,通过良好的校园文化

氛围来构建学生的知识结构、心理因素以及正确的世界观、人生观和价值观，从而实现对人的心灵、性格等的塑造。另外，高校还担负着教学、科研和管理的任务，良好的校园文化背景不仅可以促进学校科研、教学和管理水平的提高，也可以提升每个人作为校园主人的自豪感和满足感。然而，当前社会转型带来社会环境的大变革，环境因素给传统文化的发展带来的巨大影响使得如今高校大学生文化素质教育的现状面临着严峻的形势。在社会转型期，多元文化的猛烈冲击，加之高校教育体制处于改革期，传统价值观受到现实和利益冲突的严重挤压，极大影响了学生对经典文化和素质教育的认识。此外，如今高校教育体制中重科学轻人文、重知识传授轻人格修养和素质教育的现状也同样影响着大学生人文素质的培养。近年来，一些高校为了扩大学生的就业率，只注重专业知识的学习，忽略了其他文化知识的传授，特别是忽略引导学生对传统文化知识的学习。很多非中文专业的教师认为诗歌、词曲等内容的讲授是在浪费时间，倒不如多指导学生做一些实验或者让学生多看一些专业书籍。老师的想法使学生的观点发生了变化，使青年学生对传统文化形成自然的抵触和排斥心理，加上古文拗口、艰涩、难懂，很多学生主动学习传统文化知识的积极性不高，一些经典的传统文化被遗忘且长期搁置。

不过，值得注意的是，21世纪国际间的竞争是人才的竞争，人才的竞争有赖于各国教育的发展及对人才的重视。在我国现阶段，许多有识之士都将素质教育看作教育改革、发展的总目标及人才培养的理想模式，教育界响起了重拾国学的呼声。例如，王财贵教授在北京师范大学的演讲中指出"国学复兴就是中国文化的复兴"，这为我国实施素质教育找到了一条途径。

三、国学教育和素质教育的契合

（一）国学教育和素质教育在知识上的契合

国学教育历史悠久，源远流长。据《礼记》记载，虞、夏、商三代都设置有大学、小学。古代国学教育不论教育制度如何变更，教育学说如何发展，总体上仍是以中华民族传统文化为架构的知识体系，其中又以儒家思想为主导，与道家思想、佛家思想以及其他思想相互借鉴、渗透、融合。例如：西周国学教育以"六艺"为基本内容；汉朝国学教育主要是儒家的"六经"；魏晋国学不外乎"五经"，间或有老庄思想；南北朝的宋文帝在京师开办太学，讲授玄学、史学、文学和儒学；唐朝国学教育以"五经"为主，还有《孝经》《论语》《老子》《庄子》《文子》《列子》；等等。中华民族传统文化一贯强调以人为本，因此，国学教育的显著特点就是尊重人性，教化人性，聚焦于人的人文素质培养。《大学》曰："自天子以至于庶人，壹是皆以修身为本。"这一国学教育主导思想代代相传并不断丰富和创新发展，理应成为当代大学生人文素质知识体系的重要内容。众所周知，人文的核心是"人"。"人文"是一个内涵丰富的概念。《周易》曰："刚柔交错，天文也。文明以止，人文也。观乎天文以察时变；观乎人文以化成天下。"从这个意义上说，人文就是指重视人的社会属性的文化养成。当代大学生的人文素质培养，就是要注重大学生思想素质、文化素质、审美素质的拓展和提升。对高校来说，就是要通过设计科学、合理、可行的人文知识体系，加强对大学生人文素质培养的正确引导，夯实大学生人文素质培养的基础，将中华民族优秀文化成果通过知识传授、环境熏陶以及社会实践，内化为大学生的人格、气质、修养，成为大学生相对稳定的内在品德，使大学生真正懂得如何做人，正确处理人与自然、人与社会、人与人之间的关系。

（二）国学教育与素质教育在实践精神上的契合

从本质上来说，国学是一门经世致用且实践精神很强的学问。国学之大用在先明其义，然后探究"人之所以为人"之道，诚如孟子所说"人皆可以为尧舜"。例如，西周国学教育以造就政治领袖人才为宗旨，而不研究高深学问，学生因之被称为"德行道艺"之士。春秋时期，孔子教育的目的是培养志道弘毅的志士和君子，强调"听其言而观其行"。汉武帝在"罢黜百家,独尊儒术"之后,用经学治世,国学教育、朝廷取士以经学为主要标准和基本内容。魏晋南北朝时期,儒学的正统地位一度受到质疑,后通过吸纳佛教、道教的思想成分,至隋唐时迎来了儒学的复兴。隋唐时期,儒家学说成了中华民族传统文化的核心,国学教育的思想和内容趋于统一,科举取士也有了统一标准。宋朝,程朱理学占据了国学教育的正宗地位:胡瑗倡导"明体达用"之学;张载主张"兴学校,成礼俗",以"敦本善俗";程颐要求学者"致知在格物"、"穷经将以致用";朱熹主张读书不仅要纸上求文理,还要"切己体察"。元朝,儒学定为"国是",科举取士以"四书"、"五经"为主。明初,程朱理学占国学教育的统治地位。正德年以后,王阳明倡导的心学逐渐兴起,并取得了国学教育的主导地位。天启年以后,以东林学者为代表的实学兴起,讲求经世致用。清末,随着洋务运动的兴起和维新变法思潮的发展,"中学为体,西学为用"的口号经张之洞等人的极力推崇,一时风靡朝野,成为洋务派与维新派在教育上的合流。从此,国学教育实践遭遇了前所未有的生死存亡的变革压力。马克思主义认为,实践是人改造社会和自然的有意识的行动。实践的主体是人,人只有在实践中才能体现人性和人格。实践精神既非一般意义上的实践行动,也非一般意义上的思想理论,而是一种介于实践和理论之间的观念,是从实践到理论或者从理论到实践的中介和桥梁。从这个意义上来说,要在观念形态上始终确立大学生人文素质的实践精神:一方面,要用理论的人文精神指导具体的人文实践,将掌握的知识转化为实际的行动,进而内化提高大学生的人文素质;另一方面,要从实际的行动中获取丰富的知识,将具体的人文实践上升为理论的人文精神,进而内化提高大学生的人文素质。大学生人文素质的实践精神在目标上是要实现主观和客观、必然和自由的辩证统一。人掌握世界的理论认识方式、艺术精神方式不失为达到这一目标的有效手段和适用途径。分别而言,理论认识方式有利于大学生通过人文实践,透过现象抓住本质,在"真"的意义上实现实践精神的主观和客观的辩证统一,进而构建正确的知识观。艺术精神方式有利于大学生通过认识美、创造美、欣赏美，培养审美能力，追求审美理想，传扬审美旨趣，在"美"的意义上实现实践精神的必然和自由的辩证统一，进而构建正确的审美观。

四、开展国学教育，培养大学生人文素质

笔者认为，当代高校国学教育与大学生人文素质培养的实践精神构建，在指导思想方面，应该贯彻中共中央、国务院《关于深化教育改革，全面推进素质教育的决定》，以构建与弘扬社会主义核心价值观为总目标，发掘中华民族优秀传统文化的思想资源，汲取国学教育的内容精髓和有效方法，促进国学教育与当代大学生人文素质培养的衔接与融合，使当代高等学校国学教育与大学生人文素质培养取得切实效果。此外，还要遵循如下基本原则：

（一）注重德育

在思想教育方面，要发扬国学教育注重德育的优良传统，实现以国学教育为主旨的现代转型。要以马克思主义人性论作为理论依据，转变教育观念，尊重大学生作为"人"的多重属性，进行国学教育"以人为本"思想内涵的提炼。此外，要认识到国学教育思想不断变革的积极意义，与时俱进，不断创新，探索与构建当代高校国学教育与人文素质培养的机制和模式；建设高质量的教师队伍，以教育大学生学会"怎样做人"、"做什么人"为一切工作的逻辑起点，教诲大学生正确处理人与自然、人与社会、人与人之间的关系，追求"尽善"与"和谐"的理想道德境界，达到修养与能力、实践与目的的有机统一。

（二）注重知行合一

在知识习得方面，要发扬国学教育注重知行合一的优良传统，实现国学教育思维方式和讲授方法的现代转型。要坚持运用马克思主义理论联系

实际的方法，善于学习，勤于学习，刻苦学习，尤其要深刻认识中华民族传统文化经典在国学教育中的重要意义，认真发掘和理解经典的实质。通过阅读经典知识，强化历史意识，在实践当中善于处理人与人、人与自然、人与社会之间的关系，传承和弘扬人文思想和人文精神，提高个人修养，塑造高尚人格。

此外，还要学习古代圣贤的思维方式，如整体思维、直观思维、类比思维、辩证思维等，了解这些思维方式及其特点，对于深入学习和把握经典的实质不无裨益。最重要的是，要掌握国学的学习方法。孔子所谓的"学而时习之，不亦说乎"，《中庸》所谓的"博学之，审问之，慎思之，明辨之，笃行之"，朱熹所谓的循序渐进、熟读精思、虚心涵泳、切己体察、着紧用力、居敬持志的"读书法"，均是值得当代大学生学习和掌握的有效方法。

但要真正做到知行合一，就需要采取多种多样、灵活生动的形式，使国学知识深入人心。课堂教学、主题班会、辩论赛、知识竞赛、文艺表演、诵读默读、专家讲座、媒体宣传、网络传播、课程实习、社会实践等，都是大学生感兴趣的学习方式。

（三）注重审美能力

在审美文化方面，要发扬国学教育注重审美能力培养的优良传统，实现国学教育真、善、美统一的现代转型。这就需要了解古代各门类艺术的起源、发展、形成和取得的成就，把握各门类艺术的本质、特点和创作规律，以创新思维洞察历代艺术家的审美趣味和整个时代的审美理想及其发展的一致性和差异性，对既往艺术的审美趣味和审美理想的扬弃和超越。把握中国传统美学真、善寓于美的审美文化真谛，可以使大学生对艺术和生活关系的体验和领悟更加深刻而全面，在生活艺术化、艺术生活化的互动和转化之间实现人生的价值。与此同时，要适当开设中国传统艺术鉴赏必修课或者选修课，运用国学教育的审美文化视角、立场和方法，讲授传统艺术审美知识，培养大学生的审美鉴赏能力。通过各种方式和途径提高大学生的审美能力，使大学生亲自感受传统艺术的隽永魅力，并且从优秀艺术作品的鉴赏中培养对真、善、美的热爱，丰富内心的情感世界，汲取积极向上、奋发进取的精神力量，塑造高尚的行为品德，并在心灵洗礼和净化之后，达到美好崇高的理想人生境界。

加强国学教育与大学生人文素质培养，是当前高校贯彻落实科学发展观的具体举措。探讨国学教育与大学生人文素质培养的意义，有利于推动国学教育进入现行高等教育体制；有利于弥补国学教育知识体系的现代阐释的不足；有利于促进大学生不仅认识到国学教育具有工具性，而且认识到要把国学知识内化为个人的思想意识和行为准则；有利于大学生在社会主义价值观指导下，真正做到知行合一，成为操守雅正、经世变通、融会中西的创新型人才。

本节参考文献

［1］郭齐勇．浅谈大学人文教育、国学教育的课程设置［J］．读书，2006（4）．

［2］史成明．国学热与当代中国文化的定位［J］．盐城师范学院学报（人文社会科学版），2004（3）．

［3］王宁．黄季刚先生与中国的国学［J］．群言，1996（6）．

［4］舒乙．国学传承，离不开有生命力的载体［J］．神州，2005（9）．

［5］赵淑梅．振兴大学国学教育的现实路径［J］．现代教育科学，2008（7）．

［6］王春玲，陈黔珍．国学传承与古汉语素养的培养［J］．贵州社会科学，2010（9）．

［7］谷建，周德田．"国学"已成为不可回避的教育课题［J］．教育，2006（16）．

[8]曾庆瑞.我们怎样面对"国学复兴"的浪潮[J].现代传播,2005(6).

[9]周勤勤.国学教育的内容与施教原则[J].中国社会科学院研究生院学报,2007(6).

[10]刘瑜."国学":为什么这样"火"?[J].民主与法制,2010(15).

[11]曲殿彬.论国学与国学教育[J].白城师范学院学报,2009(1).

[12]范涌峰.国学教育的理性探究[J].太原师范学院学报(社会科学版),2008(6).

[13]况晓慢,司学红.开展国学教育,提升大学生文化素质[J].河北大学成人教育学院学报,2008(1).

[14]高玉昆.国学与我国当代外交实践[J].国际关系学院学报,2011(2).

多维一体
立德树人

第二章

环 境 篇

第一节
善用新媒体"双刃剑"

新媒体技术是依托网络技术、数字技术、移动通信技术等新技术,以 Twitter 博客、4G 手机网络、IM 即时通信软件等为代表,向受众提供信息服务的技术。新媒体以新技术为支撑,如手机短信、移动电视、数字杂志等。自 20 世纪 90 年代末以来,随着科学技术的发展,互联网、手机媒体、数字电视等以新技术的应用、海量信息处理及充分互动为特征的新媒体在我国得以迅速发展,并深刻地影响着人们的社会生活。新媒体将成为主流媒体,新话语将成为主流话语,新思维将成为主流思维方式。

高校担负着传播社会主义先进文化和培育社会主义事业建设者和接班人的重任,而作为社会主义事业建设者后备军的大学生是"数字化生存"的最先体验者,新媒体已成为他们实现人际交往、表达个人意志的重要方式。新媒体的交互性和创新性为大学生提供了与世界同步发展和充分展示个人才能的空间,为他们成长、成才开辟了一条全新的道路。他们的行为方式、思想观念已深深地烙上了新媒体时代的印迹。在信息化时代,如何在新媒体的双重影响下,使得大学生能够及时获取有利于自身发展的信息,又能甄别新媒体中的混杂信息;如何及时掌握大学生思想政治教育动向,推动大学生综合素质教育提升,值得我们共同探讨。

一、新媒体对大学生的影响

2013年5月,河南财经政法大学学生宣传中心以"新媒体与大学生综合素质"为主题对全校四个年级的在校大学生进行问卷调查,共计发放问卷1000份,回收有效问卷968份,有效问卷回收率为96.8%。本次调研对河南财经政法大学的学生使用媒体种类、时长、用途等具体问题进行了调查。

表2-1 大学生使用新媒体的种类及频次调查表

媒介种类	使用频次	百分比(%)
互联网	982	100.0
手机	852	86.6
杂志	246	24.8
电视	140	13.6
报纸	503	52.1
校园海报	72	7.1
广播	271	27.5

第一,与以往相比,随着QQ、E-mail、智能手机、微博、微信、E媒体的兴起,大学生的交流方式发生了显著变化。通过调研,互联网和手机已经成为大学生使用最多的两种媒介(见表2-1),它们使大学生的人际交往更加方便快捷、自由,解决问题的方式也不只是单一的见面协商,也可以通过互联网进行交流。对于互联网,大学生可以进行互动式、创新式的交流,而且这种交流是互不了解、匿名式的交流。通过互联网的交流,也许只是一次短暂交谈,但对大学生来说,这种方式远比面对面更能激发人内心的诉求,而且更能使大学生敢于发出内心的声音。这种交流是单方面的、隐私的,减少了来自其他方面的侵扰,有利于保护个人隐私与言论自由。同

时，大学生也希望通过在线交流充分表达自己的想法和意愿，获得他人的尊重。

表2-2 大学生日均使用新媒体时长调查表

时长（小时）	人数（人）	百分比（%）
0~1	52	5.1
1~2	160	16.6
2~3	405	42.1
3~4	256	26.6
>5	86	9.3

第二，大学生使用新媒体的时间越来越长（见表2-2）。应当看到，以互联网为代表的新媒体是把"双刃剑"，其开放性、虚拟性容易使大学生摆脱现实社会诸多人伦、道德等约束，极易放纵自己，忘却社会责任，呈现出道德弱化现象。比如，药家鑫事件等使大学生道德素养有很大争议。此外，有些大学生热衷于虚拟交往而疏远了现实中的人际交往，造成了人际交往障碍，进而产生了逃避现实的心理倾向，甚至出现了严重的心理疾病。这些问题都需要大学生进行自我调节。

第三，新媒体的迅速发展改变了大学生的学习思维方式，交互式自主学习的分量加大。传统意义上的学习，大多是指学生在教师的指导下进行课堂学习，但在新媒体时代，这种学习方式就显得很狭隘了。大学生可以利用手机、电脑等从互联网上获得大量的教育资源，进行交互学习。对于大学生来说，互联网是一个丰富的知识库，这种新的学习方式帮助他们养成了主动探索未知世界，自主接受新知识、新技术的行为习惯。通过调查，我们可以看到大学生使用新媒体的目的也有差别（见表2-3）。

表 2-3　大学生使用新媒体目的调查表

目　的	频　次	百分比（%）
沟通交流	865	87.0
娱乐休闲	610	62.5
学习需要	403	40.9
猎奇刺激	334	34.0
获取信息	960	98.0
其他	153	16.4

但我们必须认识到，一方面，大学生自主学习能力的增强并不意味着他们已经学会学习，面对新媒体带来的海量信息，由于受知识、经验、思维认识的局限，他们看问题容易主观片面，批判力有余而鉴别力不足，急需老师们以及思政工作者正确有效的引导；另一方面，新媒体对大学生性格的塑造影响深远，大学生追求和展示个性的愿望日趋突出。在现代社会里，个性象征自信力、突破力和创新力。个性化使大学生还原为"自己"，并在"自己"的基础上突破和发展，而不是强调与他人"统一"。行为个体享有足够的选择机会和权利，这是促成个性化的不可或缺的条件。新媒体正是在这个意义上满足了当代大学生个性化的需要，它以不可计量的信息和强大的功能为大学生提供了无数可选择的机会，任何一个大学生都可以自由地参与信息的发布和传播。

现阶段，大学教育的一个主要目标就是要"努力提高大学生的学习能力、创新能力、实践能力、交流能力和社会适应能力"。一个人若没有充分展示自己才能的个性，就很难在这个强调竞争的社会中立足，新媒体显性地或潜移默化地影响当代大学生个性的形成与发展，这已是不争的事实。尽管对新媒体总体上表现出理性态度，但思想活跃、兴趣广泛、追求新奇而又缺乏自控能力的大学生也很有可能受到形形色色的诱惑，将新媒体视为各种思想情绪的宣泄途径而难以管制。另外，社会化是个人在特定的社会文化环境中,通过与他人的接触和互动逐渐认识自我,适时调整自我与他人及与社会的关系,成为社会合格成员的过程。总体而言,新媒体对大学生群体的社会化影响非常明显。

二、新媒体对思想政治教育的影响

大部分师生对新媒体及其优势的认同度很高。新媒体作为一种教学手段运用到信仰教育过程中,可以充分发挥其立体信息呈现的优势。网络的跨时空性缩短了教育者与被教育者之间的距离,打破了以往的思想政治教育中教育者和被教育者面对面接触的方式;网络匿名性的特点可使大学生更容易说出自己的真实想法,减少抵触情绪。不过,大学生热衷于新媒体的焦点集中在休闲娱乐上,对教育类的红色新媒体平台关注不多,思想政治教育工作者运用新媒体有一定难度。新媒体虽然能够丰富教育形式,但优化思想政治教育的效果还有待提高。新媒体对大学生思想影响调查表如表 2-4 所示。

表 2-4 新媒体对大学生思想影响调查表

影响(正、负)	频次	百分比(%)
了解社情和获得信息(正面)	852	86.8
休闲娱乐(正面)	866	88.0
便捷沟通(正面)	853	96.7
提升技能(正面)	892	80.7
不利于学习和生活(负面)	194	20.0
左右思想(负面)	146	15.3
暴力和色情(负面)	248	25.6

一方面,随着各种研究的不断深入,学者们看到了新媒体平台对大学

生思想政治教育或者说信仰教育的积极影响，随着新媒体的迅速发展，思想政治教育的载体从单一化走向了多样化和立体化，使大学生思想政治教育可以更加便捷、及时、有效。在新媒体时代，手机短信、博客、网络论坛、微信等灵活便捷的传播方式，使思想政治教育工作可以更加方便，形式也可以更加多样，思想政治教育工作者可以有效地整合新旧媒体中的各种教育资源，便捷地将思想政治教育的各种内容融入其中。以互联网为例，在网上，我们可以实现文字、声音、图片和动画的全部融入，可以做到图文并茂、音像并茂，从而使学生好像身临其境，看到的、听到的内容更加丰富、形象和生动。

另一方面，由于媒介素养教育开展不足，当前大学生的网络媒介素养亟待提高。随着媒介的发展，媒介素养的内涵不断丰富发展，网络媒介素养教育就是媒介素养教育的一个延伸，主要是指提高受众理解和判断网络信息的能力和有效地创造、传播网络信息的能力，让受众在网络媒介中能通过合法和持理性批判态度的方式有效地获取信息、辨别信息、利用信息、发布信息。网络是把"双刃剑"，尤其在迈向 Web 2.0 时代后，大量网络新媒体迅速得到应用，在扩大受众范围和提升传播效果的同时，也放大了网络的负面效应。在国内，网络新媒体掀起"信息革命"，如微博的广泛应用制造了"郭美美"等网络事件，引起社会的广泛关注，凸显出微博这类网络新媒体的力量，它们能在短时间内造成信息的大范围传播，形成舆论围观，使人们形成思想上的盲从和情绪的自由宣泄，给社会和谐稳定造成一定危害。在面对这些网络新媒体时，大学生的媒介素养，特别是其中的网络媒介素养，表现出较低层次的水平，在各种网络媒介信息的包围下，部分大学生只会简单围观、偏激地发表个人意见、无端谩骂指责，特别是在一些网络谣言和错误观点的蛊惑下，大学生容易将个人的情绪付诸行动，造成社会隐患，不利于个人的健康成长。

面对网络新媒体的发展，我国针对大学生的媒介素养教育明显开展不足。媒介素养教育尽管属于舶来品，但在我国已经有了大量的理论介绍和实践探索，在中小学教育中已经开始设置媒介素养等相关内容，但是针对大学生开展的媒介素养教育却是处于起步阶段，仅仅在复旦大学、浙江大学、中国传媒大学等高校尝试开展，并且授课范围相对较为狭窄，大部分高校是将媒介素养教育作为新闻类专业学生的选修课，或者是在通识选修课当中设置一部分与媒介素养教育相关的内容。可以说，媒介素养教育无论是在范围上还是在深度上，我国高校都开展得明显不足。然而，大学生群体有着不同于一般青少年的特殊性，特别是当下的大学生已经是"90后"，个性较强，缺乏责任感，追求时尚，盲目崇拜，相对封闭的校园生活让大学生处于"半社会化"状态，他们的生活方式和心理特征都决定了对他们培养网络媒介素养的重要性。

三、利用新媒体提升大学生思想素质的途径

（一）转变教育观念，了解新媒体的传播规律和特点

在新媒体时代，我们必须改变过去的思维方式及教育观念，着力构建"学会学习、学会做事、学会做人、学会创造"的育人氛围，改变过去教育中不合理、不科学的因素，建立富有伦理道德精神的民主、自由平等的新教育。"未来学校必须把教育的对象变成自己教育自己的主体"，"受教育的人必须成为教育他自己的人"。为实现教育与自我教育相结合的目标，使大学生成为高等教育的主体，思政工作者必须加强对新媒体的学习和认识，积极投入到新媒体的使用和学习当中去，提高自身运用新媒体开展思政工作的能力。在利用新媒体方面，教育者必须和大学生保持同步，而且在利用新媒体的行为规范方面，教育工作者要走在大学生的前面，起到带头示范作用。

（二）组织虚拟校园活动，抢占虚拟世界思想阵地

受新媒体的影响，高校办学更开放，大学生参与社会活动的内容更多样，

形式更灵活，渠道更广泛。他们的社会活动开始由有组织型向自发型转变，由集中型向分散型转变，由无偿型向有偿型转变，由专业型向社会型转变。思政工作者要及时认清大学生群体的这些变化，及时调整教育策略；要有意识地将校园特色网站由宣传型向引导服务型转变，加大人性化管理力度，充分尊重学生的自主创新精神，以平等对话的姿态赢得学生的信任和认可。教育工作者要善于帮助学生去发现、组织和管理知识，以引导的方式厘清学生学习生活中碰到的思想难题，和学生平等相处、共同探讨，真正成为学生成长成才的教练和伙伴。

（三）发挥新媒体优势，改进思想教育手段

传统的思想教育工作方式由于受时间上的同步性、人员上的个体性和集中性局限，容易使受教育者感到行动受到限制，甚至会在心理上产生抵触情绪，教育效果大打折扣。新媒体在这方面的优势非常明显。就教育手段看，利用QQ、MSN、E-mail、BBS、聊天室、微信、微博等新媒体，进行一对一、一对多、多对一、多对多等单向、双向、多向的相互型交流，既适用于思政工作者与学生进行对话谈心，也可以用来召开小型班会或进行理论探讨，这是传统思想政治工作手段很难做到的。就教育效果看，由于网络的虚拟性特征，容易使学生袒露心扉，毫无保留地表露自己的内心世界，这有利于思政工作者深入学生的心灵世界，了解他们的真实想法，从而有针对性地开展思政工作。因此，思政工作者要顺应时代的发展，充分利用新媒体有效地为思想政治工作服务，创造性地开展工作。并且要针对大学生追求个性化发展的特点，充分利用新媒体的优势解决学生的思想问题和生活问题，因材施教，关心每一个学生，充分尊重、信任他们，及时解决学生学习生活中遇到的困难。

（四）开展大学生媒体素养教育，提升驾驭新媒体的能力

高校是培养大学生的高地，具有学科及科研优势，能有效地实现科学

教育与媒体素养教育的结合，而大学生作为新媒体的使用者，既是信息的接收者，也是信息的发布者。高校扩展新媒体的教育资源，构建具有学科特色的媒介素养教育体系，有利于提高大学生的媒介素养水平，也有助于促进新媒体的健康发展。在新媒体环境下，大学生的参与往往表现为选择自主性、参与主动性、自发创造性、目标自控性，作为综合素质教育过程中主体化的客体，都表现出鲜明的主体性。高校教育应结合新媒体开放、互动、虚拟、隐蔽的特点，注重发挥学生在综合素质教育中的主体作用。

（五）多管齐下，打造家庭、学校、社会立体式新媒体环境

大学生综合素质教育的过程与其社会化过程同步，家庭、学校、社会分别扮演不同的角色，发挥不同的作用。在预防和削弱新媒体的负面影响时，三方更应该充分发挥各自的优势，齐抓共管，发挥"1+1>2"的优势。家长要主动学习网络知识，与孩子多交流，主动了解其上网情况，用成年人的经验帮助孩子远离网上垃圾。大学校园有着丰富的媒介资源，作为传播科学知识和先进文化的重要阵地，校园媒体的信息量大、作用面广、出现频率高，可以作为大学生接触媒介和实践活动的阵地和平台，高校应注重建设培育自己的大学精神，主动营造媒介素养教育的良好氛围。国家社会应对网络运行全过程进行诸如网络的注册、运行、监控、使用等的规范和立法，完善监控机制，规范网络行为，构筑信息防护墙，加强网络监督。

（六）接地气，提升校园媒体整体影响力

高校校园媒体主要包括校园网络、校报、校园电视台和校园广播等。高校校园媒体必须紧跟时代发展步伐，保持理性发展策略，致力于建立一个具有强大公信力的信息平台，以师生容易接受的方式传播和谐校园先进文化，沟通上下、服务师生，才能增强引领与辐射作用。校园媒体统一由党委宣传部门主管，但媒体之间相对独立，都有各自独立的系统，并建立了自己的学生记者队伍，分别采写稿件。新闻资源没有整合、缺少互通、新闻

撞车时有发生，容易造成校园媒体人、财、物资源浪费。积极探究校园媒体资源整合势在必行。高校教育工作者要深刻认识高校校园媒体在大学生素质教育中的作用以及在高校改革和发展中的舆论导向作用，运用校园媒体唱响主旋律，坚持贴近教学科研、贴近校园生活，对师生关注的热点问题，开设如创业教育、精彩课堂、心理咨询、社会实践、青年志愿者活动需要全体师生共同建设。校园媒体应注重既传达学校党委声音，也反映师生建议与社会对办学的要求及家长对学校的关心和希望。学校方要从管理体制入手，探索媒体联动新模式，运用校园媒体推动学生中心工作开展，打好主动仗，形成各具特色、优势互补、共同繁荣的局面，促进大学生的全面发展，为社会发展培养出更多优秀的综合型人才。

本节参考文献

[1] 教育部思想政治工作司，教育部高等学校社会科学发展研究中心.大学生思想政治教育"十个如何"研究［M］.北京：高等教育出版社，2007.

[2] 石磊.新媒体概论［M］.北京：中国传媒大学出版社，2009.

[3] 陈菊平.新媒体对高校共青团工作的影响及对策研究［J］.山东省团校学报，2010（3）.

[4] 薛荣生.新媒体对大学生社会化的影响及对策［J］.理论观察，2012（5）.

[5] 赵杨.新媒体背景下大学生思想政治教育工作的创新思考［J］.思想教育研究，2011（12）.

[6] 任湘怡."极速"时代的媒介文化——美国传播学者评媒介文化新动向［J］.国际新闻界，2000（2）.

[7] 李炳毅.网络思想政治教育［M］.兰州：兰州大学出版社，2005.

［8］高爱芬,高卫松.对大学生使用新媒体的调查分析及德育引导［J］.思想政治教育研究,2010（1）.

［9］徐蓉.高校德育教育要以学生素质发展为创新之本［J］.中国人民大学复印报刊资料（思想政治教育）,2003（9）.

［10］刘萍.素质教育理念下高校校园媒体效能的再思考［J］.黑龙江教育,2008（10）.

［11］朱方.以校园媒体为平台加强大学生媒介素养教育［J］.北京城市学院学报,2008（12）.

［12］姜恩来.新媒体环境下的大学生思想政治教育［J］.高校理论战线,2009（6）.

［13］李晶莹.充分利用校园传媒推进素质教育［J］.职业技术教育研究,2005（2）.

第二节
扎实推进校园文化建设

20世纪90年代以来,素质教育的观点被逐渐引入高等教育,全面推进素质教育,成为高等教育教学改革的主旋律。2004年中共中央、国务院《关于进一步加强和改进大学生思想政治教育的意见》颁布实施,标志着我国素质教育进入了一个新的阶段。大学校园文化建设与素质教育两者之间的相互作用,对加强大学校园文化建设在提高大学生思想道德素质方面起着积极作用。因此,独具特色的充满生机和活力的校园文化在培养全面发展的高素质人才中发挥越来越大的育人功能。

一、校园文化的内涵及价值

关于"文化"的定义,《辞海》的解释为:"从广义来说,指人类社会历史实践过程中所创造的物质财富和精神财富的总和。从狭义来说,指精神生产能力和精神产品,包括一切形式:自然科学、技术科学、社会意识形态,有时又专指教育、科学、文学、艺术、卫生、体育等方面的知识与设施。作为一种历史现象,每一社会都有与其相适应的文化,并随着社会物质生产的发展而发展。"从《辞海》的解释可以看出,教育是文化的重要组成部分。

校园文化自身的特性，决定了它在实施素质教育过程中具有其他教育形式所无法替代的独特优势。校园文化作为大学生全体成员共同拥有的价值观念和价值体系，既为大学生全体成员所创造，同时又塑造了包括大学生在内的这个群体。关于大学校园文化的定义，专家学者有多种解释，比较普遍被接受的说法是：大学校园文化是指大学在长期办学实践中所创造和逐步形成的集教育思想、管理制度、教学科研、课外活动和环境建设等多种因素于一体的群体文化，这种文化为全校师生员工所认同和遵循。校园文化是社会主义先进文化的重要组成部分。就其特性而言，校园文化是一种社会亚文化（又称"副文化"、"小群体文化"，是指因社会或自然因素而形成的，在某些方面有别于整体文化的地区文化或群体文化，既具有整体文化的基本特征，又具有其独特性），它与社会文化密切关联又有区别。校园文化的核心是大学生所特有的思想观念、心理素质、价值取向和思维方式。校园文化的本质是具有校园特色的人文环境和文化氛围。

校园文化的内涵可分为以下层次：物质文化、制度文化、行为文化、精神文化等。其中，物质文化是校园文化的外层表现，是以物质形态存在的"硬件环境"中所蕴含的文化，主要通过校园的建筑布局、建筑风格、物质设施、绿化美化等物质形态表现出来，包括教学科研设施、工作生活场所以及校园绿化环境等，这些是直观的校园文化构成要素。在发挥熏陶感染力的文化功能上，清澈芬芳、格调雅洁的大学校园环境绝不比空洞枯燥的说教效果差。哈佛大学文理学院前任院长罗索夫斯基说："我再强调一下我的论点，工作场所的物质环境，其影响是巨大的。对此，我每天早晨都能体会到，当我穿过市内肮脏的哈佛广场而进入庭院（哈佛大学校园）时，好像在沙漠中找到了一块绿洲，立即感到心旷神怡，使人清新地开始一天的工作。"

校园文化作为一种社会亚文化，在宏观上被社会主文化所控制和引导，处于从属地位。但是，校园文化对社会文化并不是简单的认同和被动的接受，而是根据社会发展与进步以及一个时期的社会生产、生活水平，进行新的选择、整合或排列，即吐故纳新。

二、新形势下校园文化的综合素质育人功能

学校教育的对象是学生,学校教育的目的是育人,而对学生文化素养的培育和精神世界的塑造是学校教育的应有之义。从校园文化的内涵和所具有的功能来看,它与素质教育的目标在根本上是一致的,即促进大学生的全面发展。

第一,从内涵上看,校园文化所具有的构成要素符合学生人文精神的构成需要。"人是一种动物,悬挂在他自己编织的有意义的网上。"大学生追求的是高品位的精神生活,他们的社会地位、知识水平及年龄心理特征,都使他们向往高尚的文化生活,寻求高层次的精神享受,形成高雅的文化生活氛围。优良的校园文化,必然是高尚、美好的,是积极向上、健康文明的,是充满青春活力、时代气息的。对大学生来说,校园文化可以娱乐其身心,陶冶其性情,潜移其品性,培养其情操,塑造其灵魂,从而有利于大学生文化素养和精神人格的形成和提高。

第二,从功能上看,校园文化可以促进人的全面发展。校园文化格调轻松高雅,形式丰富多样,教育目标明确。学生积极地组织和参与最适合自己的文化活动,既是参与者和受教者,又是创造者和教育者。时代要求有更多既掌握科学技术又具备道德品质,既有鲜明的个性和丰富的情感,又能快速适应社会改革的全面发展的创新人才。现有的教育方式把人分为教育者和被教育者,把教育过程与教室外的生活有意无意地隔绝开来,局限了学校教育对人的全面发展的作用。

三、加强校园文化建设的着力点

(一)转变观念,达成共识

加强政治引导,调控主流文化。校园文化是社会主义精神文明的重要内容,因此,用社会主义的意识形态来引导校园文化建设是社会主义高校办学宗旨

的应有之义。大学历来就是各种文化思潮的汇集地，高校不能搞无主题变奏，应该以马列主义、毛泽东思想和邓小平理论为指导，高举中国特色社会主义价值体系伟大旗帜，加强爱国主义、集体主义和社会主义教育，弘扬中华民族优良的思想文化，培养有理想、有道德、有文化、有纪律的社会主义公民。

（二）坚持校园文化建设基本原则不动摇

校园文化建设必须坚持以人为本的原则。以学生的需要和发展为前提，脱离了受教育者需要的校园文化也就偏离了校园文化建设的本质与初衷，校园文化建设不是为了建设而建设，它所起的教育作用、引导作用必须与素质教育的要求相结合，服务于素质教育；坚持知行合一原则，理论来源于实践，实践也要靠理论的指导。坚持精心设计重在建设原则，校园文化的建设不是跟风追潮，各高校必须在符合自己校园文化的内容上下功夫，总结典型，凝练特色；坚持发挥师生主体作用原则。师生是校园文化建设的参与者，更是受益者；坚持不断创新与发展原则，校园文化建设既要坚持传统，也要与时俱进，这样才能跟上时代的步伐。

（三）正确定位，加强校园文化建设

校园文化建设的根本目的是为了全面提高学生的素质，使其成为全面发展的人才。鉴于此，我们必须把校园文化建设作为全面贯彻党的教育方针、培养"四有"新人的一项重要任务来抓，积极自觉地把校园文化建设规划到学校总体性建设中，纳入正常的办学轨道。不仅要在物质上给予支持，而且要在思想认识上给予重视，还要组织力量进行理论研究，使校园文化建设成为学校发展的重要内容。

（四）充分发挥学生的主体作用和教职工的主导作用

学校的品位不是一两个人的品位，它与整个学校的每一个人和每一件物有关。校园文化建设的核心是广大青年学生的素质发展，必须确立以青年

学生为主体的观念，要教育引导学生在自我认识、自我教育、自我服务、自我管理的一系列过程中，逐步确立起主体意识，发挥主体精神，以主人翁的姿态投身于如火如荼的校园文化建设中；与此同时，还必须充分认识到教职员工对校园文化建设的主导作用，引导他们在校园文化建设中履行教育、管理、引导职责。

教师是校园文化的教育设计者，其本身的文化素养所体现出来的师德、学识水平、人格魅力及教学艺术是校园文化的重要组成部分，学生对整个校园文化的认识、体验就是从教师开始的。学校管理人员的素养从一个特定的角度影响着学校的品位。当管理人员通过他们的管理体现出与学校文化相协调的精神时，他们肯定能对学校的品位建设产生积极影响。因此，高校教职员工要充分发挥教育、管理、服务"三合一"功能，转变工作观念，由传统的管理型向新型的引导服务型转变，注重教育与服务相结合，尊重、关心学生，把自己的外在权威转化为内在权威，通过自身的人格魅力、精神境界、道德修养等去影响学生。

（五）校区共建，构建校园文化建设的大系统

校园文化是以校园为主要空间的一种群体文化，但校园不是"世外桃源"，校园文化不仅仅是"围墙"里的文化，它既受整个社会政治、经济等因素的影响，又反作用于社会。这就决定了加强校园文化建设，必须齐抓共建，充分调动一切有利因素，对社会大环境中的积极因素实行"拿来主义"，积极争取广大作家、艺术家、科学家、英雄劳模等参与到校园文化建设中来，积极争取社会对校园文化建设的投资，广泛建立青年教师和学生的社会实践基地，进而形成一个社会各方面通力协作、齐抓共建校园文化的大系统，促进大学生全面素质的发展。

（六）充分发挥网络在校园文化建设中的积极作用

信息网络技术的迅猛发展，使我国社会的政治、经济、科学、文化等

诸领域正在发生广泛而深刻的变化，这为我们在新形势下加强校园文化建设既带来了难得的机遇，也带来了严峻的挑战。信息网络不仅是一种高技术手段，而且是一种文化、一种潮流，校园文化要实现现代化，就不能落在时代潮流之后，被潮流"拖着走"，而应主动跃入其中，使其更好地为我使用，只有借助网络的优势，才能使校园文化建设与时俱进、拓宽阵地、增强能力、保持优势。校园文化建设要重视网上道德建设，面对信息网络的开放性，要教育引导大学生树立正确的道德观念。面对信息网络的共享性，要教育引导大学生培养高尚的道德情操。面对信息网络的虚拟性，要教育引导广大大学生建立严格的道德规范。

高校校园文化建设是实施大学生综合素质提升的前提条件和重要途径。校园文化是师生在长期实践中所创造的具有校园特色的文化活动和环境，直接影响着学校的教育质量，也关系到社会主义人才培养的大问题。校园文化较强的导向功能通过独具特色的活动内容和形式把政治思想教育渗透于校园文化的各种活动之中，直接地或潜移默化地引导学生健康成长。同时，高校校园文化建设的根本目的和最终体现是全面提高大学生的综合素质。高校素质教育是通过校园文化来实施的。校园文化与素质教育是形式与内容的关系。高校大学生诸多素质之中首要的思想道德素质是通过校园文化的导向功能所体现出的积极引导态势来形成和确立的，对大学生的信仰道德起到正确的导向作用，使学生掌握更多的生存与竞争本领，更能适应社会发展的需要。

本节参考文献

［1］孙庆珠.高校校园文化概论［M］.济南：山东大学出版社，2008.

［2］刘德宇.高校校园文化发展论［M］.青岛：中国海洋大学出版社，2004.

［3］张振智.谈高校校园文化建设［J］.政法论丛,1997（3）.

［4］袁贵仁.素质教育:21世纪教育教学改革的旗帜［J］.中国教育学刊,2001（5）.

［5］胡锦涛同志在全国加强和改进大学生思想政治教育工作会议上的讲话［N］.人民日报,2005-01-19.

［6］罗索夫斯基.美国校园文化［M］.谢宗仙等译.济南：山东人民出版社,1996.

［7］段伟等.大学生素质教育指南［M］.北京：科学出版社,2008.

［8］蔡元培.就职北大校长之演说［A］//蔡元培教育论著选［M］.北京：人民教育出版社,1991.

［9］刘清香.对加强高校校园文化建设的理性思考［D］.山东大学硕士学位论文,2008.

［10］许嘉璐.高校校园文化建设漫议［J］.求是,2004（18）.

［11］胡春晓.加强高校校园文化建设,营造良好人文环境［J］.江西农业大学学报,2005（2）.

［12］林英杰等.高校新校区建制与校园文化移植［J］.中国大学教学,2003（2）.

［13］刘鲁萍.构筑和谐校园文化中大学精神之思考［J］.理论探讨,2005（6）.

［14］田伟.试论当前高校校园文化建设的缺陷及对策［J］.黑龙江高教研究,2000（5）.

［15］麻丽.论校园文化建构与大学生文化素质教育［J］.甘肃联合大学学报（社会科学版）,2009（7）.

［16］陈建强.南开大学校园文化独具特色［N］.光明日报,1999-10-15.

第三节
将图书馆功能最大化

在信息大爆炸的知识经济时代,社会对人才的素质提出了更高的标准和更严的要求,以适应当今社会生活的节奏和步伐。教育是国家进步的基石,知识、人才、民族素质教育等越来越成为衡量一个国家综合国力的重要标志,大学教育尤为重要。大学教育是知识、能力、素质的结合,三者是相辅相成、互相关联的,是分割不开的。大学教育不仅仅是简单的素质教育,它还需要学科知识、实践能力、综合素质三者在内的全面教育培养。同时对大学生的素质教育不仅仅局限于教材内容和老师课堂上所传授的内容,最重要的是学生的自学能力。图书馆是自学的最佳去处,是当代大学生学习生活的主阵地。图书馆作为高校三大支柱之一,是精神文明建设的重要阵地,具有课堂教育不可替代的文化优势、资源优势、知识优势、环境优势,是许多文献、信息交流的汇聚地。

一、图书馆在大学生素质教育中的特殊地位

高校图书馆是大学生素质教育的重要阵地。作为知识和文献交流的信息中心,图书馆里收集着极为丰富多样的馆藏文献和图书资料,向学生们展示了无边无际的知识海洋,让学生们可以在这个营养丰富的海洋中汲取养分。在这个显著的特点和优势下,图书馆向学生们宣传、展示、传递科

学文化知识、提供文献服务，与此同时，对大学生的文化、思想、道德等方面的修养进行全方位教育，为他们树立正确的人生观、世界观以及价值观，这都是其他任何课堂都无法比拟的。在课堂教育、图书馆教育和实践教育共同发展的当代教育形势下，全面素质教育的提出，使学生的培养目标发生了较大的变化。在接受课堂教学后，大学生不仅能够在图书馆这个第二课堂上巩固在第一课堂上学到的知识，还可以根据自己的专业和兴趣爱好触类旁通，选读不同种类的文献资料来学习在第一课堂上学不到的知识，从而充实并丰富和提高自己的知识结构和综合素质。

二、图书馆是高校开展素质教育的硬件基石

据专家推算，对于一名大学毕业生来说，其一生所用的知识从课堂获取的仅仅只有11%。在大学期间，学生除了从课堂上获取知识外，还需要到图书馆查阅有关学习以及参考的相关资料，从中获取大量的知识，掌握科学文化知识以及最新的科学技术，以此来扩大知识视野并提高文化修养。在我国，随着市场经济体制的建立，大学生毕业之后的分配实行双向选择、自主择业。用人单位对大学生的素质和能力等各方面的要求越来越高，面对这样全方位的竞争，当代大学生必须要树立职业道德思想，做好就业准备。未雨绸缪、防患于未然的忧患意识能够不断增强当代大学生的综合素质能力，在将来的就业中增强自己的市场竞争能力。

复旦大学的蔡尚思先生在谈到读书治学的体会时说："我深信人要有两个老师，一个为活老师，另一个为死老师。""活老师"，不难理解，就是指那些面对面和你交流传达知识、授课的教师们，而"死老师"就是指我们所谈论的图书馆。高校图书馆历来有"大学生第二课堂"的美誉，是大学生们扩宽、加深专业知识的场所。专业是社会分工的体现，专业教育建立在专门化知识的基础上，是随着社会的发展、知识的专门化、学科的分化而产生的。专业教育是当代大学毕业生的必要素质，只有具备了足够的专业

知识，大学生们才能够有夯实的基础来深入地进行学术研究工作，将自己原来有限的专业知识通过再学习进行扩展，以增强自身的能力。因此，高等教育中专业教育占有很大的比重，据相关数据统计，学生学习专业知识的时间在 50% 以上。

作为 21 世纪人才最需要具备的能力素质，创造能力的发展依托于个性能力的充分发展。创新与个性密切相关。不同于过去的传统教育"一刀切"、教师主导、"满堂灌"的教学方法，创新教育更重视个体、以学生为中心、自主学习，这样调动了大学生们学习的积极性与主动性，激发了他们求新钻研的动力，从而不断提高自身的创造性思维能力。大学生们可以在图书馆里根据自己的兴趣爱好自主地支配时间。

当生活环境发生变化的时候，人的心理必将发生相应的变化，良好的环境是陶冶情操、提高素质必不可少的外部条件。环境的影响胜于说教，它潜移默化、润物无声，更容易被人们所接受，因而显示出其独特的功能。著名学者吴宓在论及牛津大学时，曾说自己虽"半载匆匆往"，却"终身系梦魂"，由此可知校园文化环境的重要性。高校图书馆是影响和决定校园文化特色的重要阵地，以其优雅的环境、美观的建筑和具有品位的装饰吸引着莘莘学子。在这样一种文化环境下，大学生们不知不觉陶冶了情操、美化了心灵、完成了理想人格的塑造，也提升了修养。

三、图书馆在大学生成长成才过程中的素质教育职能

（一）德育功能

图书馆作为大学生课外活动的主要场所，其本身就是最好的潜在课堂，在这个潜在课堂中，学生们可以随时随地地接受自己所需要的教育，查阅不同的文献资料，从而在自己查找的过程中丰富自身的文化知识。图书馆是知识的宝库，是汇集人们聪明才智的神圣殿堂。在这座知识的宝库中，大学生们能不断调整和完善自己的知识结构，夯实自身的基本素质，构建

自己坚实的专业基础，使自己的专业知识和综合素质得到全面的扩展和提高。尽管大学生有较高的学历，但他们的语言文字、文学艺术、文明礼仪、伦理道德、天文地理、历史哲学等文化修养并不一定达到相应的水准，尤其是当代的大学生，在文理分科的高考学习情况下，理科生对历史、哲学、地理等文化了解甚少，同时文科生对于理科内容也知之甚少。由于不受时空和内容限制，图书馆被人们誉为"没有围墙的大学"。在这座没有围墙的大学里，大学生们可以尽情地遨游。

除此之外，各高校的图书馆大多位于校园的中心，环境优美、建筑设计古典端庄、高端大气，馆内整齐地陈列着多种类别的书籍，书香四溢、清净整洁、文明有序，并有多媒体阅读和网上信息传递等设施，这些都在对于培养大学生气质、修养、情趣、美学等素养方面起到无法比拟的重要作用。良好的人文环境会净化读者的心灵，当代大学生在这样一个文明舒适的环境中享受学习，不会感觉学习是一种压力；相反，会有一种心旷神怡、豁然开朗的愉悦感，从图书馆中找到乐趣，从而形成良好的习惯，同时在美和高雅情趣的熏陶感染下，大学生自身的修养和气质也得到了提高。

然而，提高大学生素质教育不仅与图书管理员有关，与大学生自身也有极大的关系。图书馆这个高雅的场所，对大学生起着潜移默化、耳濡目染的影响，使大学生们产生学习的激情，不过同时也要注意对周边环境的保护。大学生应爱护书籍，保持个人环境卫生，同时不大声喧哗、不大声打电话等，共同营造一个良好的阅读环境和精神文明氛围。

（二）信息功能

高校图书馆是一种典型的信息集散地与信息资源中心，它是对大学生实施信息素质教育的主要承担者。高校图书馆应当充分发挥自身的优势，比如信息资源提供、查询等，利用信息网络、信息人才、信息教学等优势，采取多种多样的方式，全方位地推进当代大学生的信息素质教育。当然，高校图书馆也应当为大学生信息能力的培养提供硬件支持和良好的外部环境，其中包括：加快计算机信息网络的建设、建立多媒体信息中心、添置新的计算机……图书管理员也可以对学生进行使用指导，以提高学生获取信息和处理信息的能力。

（三）素质功能

21世纪是一个知识力量博弈的时期，在生产力突飞猛进的今天，国际竞争日益加剧，世界范围内的政治、经济、综合国力的竞争实际上是民族素质的竞争、人才的竞争和教育的竞争。高校图书馆在大学生素质教育的培养过程中发挥着无法替代的作用。

什么叫作素质教育？一种观点认为，素质教育以促进学生身心发展为目的，以提高国民的各种素质为宗旨的基础教育。其教育的重点在于帮助大学生形成创新思维，培养大学生的自信，挖掘大学生的创造潜能，培养当代学生的创新能力。在现代社会科学技术越来越走向综合化、整体化的今天，人文社会科学与自然科学技术的相互渗透与融合日益加速。社会对人才需求的多样性要求大学生的适应性以及自学能力不断增强，以适应这种发展趋势。在这种不断适应的过程中，大学生的综合素质得到和谐发展，自身素质得到提高。素质教育这种全面和谐的发展特征使图书馆在素质教育中的作用更为凸显。

另一种观点认为，素质教育并不是教育的分类，也不是教育的形式，它是一种教育思想、一种教育观念，它强调培养学生为人处世的能力。另外还需强调的是，这里所谈论的素质，不是一种学识，更不是某一种技术，而是人所具有的一种社会属性，是人的内在品质因素。人的这种内在素养，绝不能只通过单纯的知识教育、课堂讲课、名人讲座、专业教育来完成，素质教育是终身教育，没有时间限制，更没有范围的约束。

（四）创新功能

创新是一个民族进步的灵魂，是一个国家兴旺发达的不竭动力，也是一个政党永葆生机的不竭动力。随着全球经济、政治、科技、教育全球一体化进程的加快，各国之间的竞争空前激烈。当今的竞争不仅是综合国力的竞争，还有整个国家和民族创新力和民族凝聚力的较量，这就更加需要重视对学生创新能力的培养。创新素质主要由三部分构成：创新个性品质、创新思维品质、创新技能和办法。三者所构成的创新素质是一个不可分割的整体，其所强调的创新对于个体来说并不是天生的，而是通过成长中的教育与培养在后天习得的。图书馆内部阅读的环境应该重视艺术的创造力，其人文化设计应该为大学生营造良好的阅读氛围和高雅的书香气息，鼓励读者参与管理，充分发挥读者的主观能动性，公开地向读者开放，尊重他们的人格尊严、民族风俗习惯，让每一位读者都能平等地接受需求合理的服务，形成独立奋进、勤于思索的健康学习状态，更有利于其创新人格品质的塑造。

我国著名教育学家蔡元培曾说："教育不只是在学校，学校之外还有很多场所，第一就是图书馆。"高校图书馆不仅是学生发挥主动性和主动精神、培养个性的场地，更是拓展大学生视野的"放大镜"和"望远镜"，由此可见高校图书馆对于提高大学生基本素质的重要作用。

四、新形势下图书馆在大学生素质教育中的问题分析

图书馆不仅是一所大学的基础设施，也是学校校园文化的有效载体，更是高校发挥四大职能的助推器。但是在面对信息时代对创新综合型人才的需求、高校内涵发展改革等多重严峻形势下，我国高校图书馆工作也存在一些不容忽视的问题，主要表现在以下方面：

（一）在图书馆工作与大学生素质教育的关系上认识不足

高校图书馆在当代大学生素质教育中有着与生俱来的优势，它与乏味、沉闷的课堂教学相比，更能激发学生的学习欲望，学生们更能主动地学习，

从而提高综合素质,但是依然存在不注重图书馆教育的学校,它们忽视了高校图书馆对提高学生素质的重要作用。

(二)图书馆没有起到它在素质教育中应有的作用

图书馆拥有非常有利的条件去实施教育,其优势表现在传播知识过程中永远不会出现知识的枯竭。可以说,图书馆是一个巨大的知识宝库,里面有取之不尽、用之不竭的知识与信息。随着经济的不断发展,社会越来越需要全能型知识人才,而图书馆在提高大学生综合素质方面起着不可替代的作用。但就现实状况而言,许多图书馆对强化大学生素质教育方面普遍存在意识淡薄的现象,在大学生的素质教育中并没有注重开发和利用图书馆这座资源丰富的宝库。

一直以来人们都认为高校图书馆是读书学习的场所,很少有人重视图书馆对提高大学生素质的作用,这也就直接影响着学校办馆的理念以及重视程度。很多大学生除了在课堂上获得知识外,很多都是通过阅读来改善自己的知识结构、开阔眼界,所以说高校图书馆在提高大学生素质方面有着不可或缺的作用。

(三)图书管理员的整体素质有待提高

近年来,随着科技的发展,很多最前沿的技术都被用在了图书馆的软建设中,这就意味着对图书管理员的要求越来越高,但很多高校的馆长并没有跟上时代发展的步伐,以至于学生在利用图书馆软件设施的时候不能得到很好的指引与帮助,导致了资源的浪费。另外,和高校教师学历要求越来越高形成鲜明对比的是,图书管理员的素质偏低,这也就导致了图书管理员不能很好地与学生交流,更不能对学生需要的图书做到很好的反馈,这就必将会导致恶性循环,图书馆也将会逐渐失去它的重要作用。

五、多管齐下，力求图书馆各项功能最大化

随着经济社会的发展与时代诉求的增多，图书馆在提高大学生素质教育中的地位越来越重要。作为一种独特的群体文化，图书馆文化为大学生提供了人际心理交往的广阔舞台，使大学生有了更多的心理交流和心理适应的机会，因此，高校图书馆工作要坚持以促进学生成长成才为出发点，以广大师生为本，多措并举，不断提高服务水平与服务质量，为广大师生提供与时俱进的服务产品，在提升大学生综合素质方面发挥更大的作用。

（一）加强馆藏资源建设，改善藏书结构

馆藏资源建设不能一味地听从主管领导或购书员的建议或安排，而是应当定期地对读者进行调查，或者开设"意见箱"或"建议本"，把读者的意见融合在一起，了解读者的读书意向，民主性地购买书籍。当然，这也不是意味着只购买读者感兴趣的书籍，对于一些专业性、学术性的资料也需采购更新，这样不仅能够提高读者的学识修养，也能提高学生的专业知识水平和职业技能。

（二）积极营造安静、优雅的读书环境

对于大多数大学生来说，嘈杂的环境是无法安心学习的，更不用说思考、研究了。读一本好书就是和伟人进行思想与心理的交流沟通。读书本身就是用心在与作者交流，因此，读者只有在一种安静的氛围中才能够融入书中，去感受文字的魅力。高校图书馆必须从场地、设施、软环境、服务等各个方面营造一种书香氛围，使人一进入这样的环境就马上能静心，想读书思考。

（三）加快图书馆数字化、仪器化进程

随着当今科技的发展，图书馆的建设也必须与时俱进，及时更新设备，顺应数字化时代要求，为师生提供高端前沿的阅读服务。科技的投入使用，

不仅可以帮助大学生更便捷地阅读及查阅，也可以更方便地进行档案保存，而档案数字化的存储量大，占用的空间较小，获取信息也可以不受时间和空间的限制。

（四）结合实际开展多种形式的素质教育活动

比如，新生进校对他们开展图书馆利用教育，让他们知道图书馆对于他们的大学生活甚至是今后工作生活的重要作用，引导他们养成勤于读书、乐于读书的好习惯；还可以开展一些书评、影评、专题讲座等活动，这样不仅能够调动学生的积极性，对于推动大学生人文素质教育、活跃校园文化生活都起到了积极的作用；另外，还可以开展多种形式的活动来加强图书馆与大学生的联系，比如组织大学生定期到图书馆参加各种社会实践，参与图书馆组织发起的各种活动，而图书馆则为大学生提供一定的便利条件，这样就能实现共赢。

（五）为读者提供个性化的知识服务

图书馆的工作重心不应该仅仅停留在提供文献服务上，而是应该逐渐转移到提供知识服务上来。图书馆可以给大学生提供查新和咨询的服务，重视大学生提出的各种实际问题，并及时地进行答复与解决，引导大学生进入知识信息世界，使大学生成为知识信息的使用者和提供者，从而促进知识服务向多样化和多元化方向发展。

（六）积极开展志愿者服务和勤工俭学活动

高校图书馆利用课外时间组织在校大学生参加图书馆的各项工作实践活动，体验不同工种。比如让大学生整理书籍，按位置摆放，经过实地操作，真实了解和感受整理书籍的不易。通过活动，他们在以后的学习中就会潜意识地把书放在原来的位置上，这样就有助于增强大学生的责任意识。通过开展此类志愿服务及体验活动，也有助于培养大学生热爱劳动、艰苦奋斗、勤俭节约的好习惯，更有助于大学生身心的全面发展。

（七）提高图书管理员的业务素质

图书管理员被称为是"知识导航员"，他们在图书馆发展中起着不可替代的作用，因此，提高图书管理员素质能更好地发挥图书馆在大学生综合素质提升中的作用。一是，可以在稳定和加强图书馆专业队伍建设的基础上，通过各种途径尽快培养出一批具有高水平的图书管理员，因为随着科技的发展，社会对技术性人才的要求不断提高，如果图书馆本身质量不高就无法为学生提供技术性读书的引导。二是，要把"以学生为本"落实到实处，对图书馆管理员制定相应的激励机制和竞争机制，不仅对他们定期考核，也要征求和听取学生的意见，这样能形成图书管理人员的紧迫感，使其能够不断地以高标准要求自己，与时俱进，同时也为人才的脱颖而出创造一个良好的条件。

综上所述，高校图书馆在大学生综合素质教育中起着不可替代的特殊作用，虽然现在它仍存在着一些问题，但是我们有理由相信，随着社会的发展，图书馆在大学生培养中的优势也会越来越明显，为经济社会培养出越来越多的高素质人才。

本节参考文献

[1] 周三多，陈传明，鲁明泓. 管理学——原理与方法 [M]. 上海：复旦大学出版社，2009.

[2] 陈振明. 公共管理学原理 [M]. 北京：中国人民大学出版社，2003.

[3] 朱品燕. 传统图书馆的颠覆者 [N]. 全球财经观察，2005-03-07.

[4] 彭俊玲，张勤. 学习型图书馆的"研究"与"实践"内涵解析

[J]．大学图书馆学报，2004（6）．

［5］邱均平，段宇峰．论知识管理与竞争情报［J］．图书情报工作，2000（4）．

［6］盛小平，徐引篪．基于知识管理的图书馆管理模式探索［J］．中国图书馆学报，2005（6）．

［7］杨桂荣，李瑞萍．略论21世纪图书馆管理的发展趋势［J］．图书馆论坛，2000（3）．

［8］张晓林．走向知识服务：寻找新世纪图书情报工作的生长点［J］．中国图书馆学报，2000（5）．

［9］褚江玲．论高校图书馆员与读者的信息沟通［J］．图书馆工作与研究，2003（2）．

［10］余连新．高校图书馆电子阅览室的服务功能与管理［J］．农业图书情报学刊，2004（1）．

［11］李绍宁．论高校图书馆读者工作的多元一体化服务［J］．吉林工商学院学报，2008（4）．

［12］蒋萍，王欣欣．读者抱怨与图书馆服务补救策略［J］．内蒙古科技与经济，2007（11）．

［13］吉卫红．图书馆读者抱怨的激励机制［J］．图书馆工作与研究，2005（6）．

［14］陈桂林．图书馆正确处理读者抱怨的探讨［J］农业图书情报学刊，2005（7）．

［15］付立宏．论图书馆政策的内涵、类型与结构［J］．河南图书馆学刊，2004（12）．

［16］苏伯纯．读者心理研究在知识服务中的作用［J］．图书馆，2008（2）．

［17］欧兆虎，王朗．谈图书馆制度建设的人本理念［J］．图书馆，2006（1）．

[18]秦金聚.我国图书馆政策的发展及理性思考[J].图书馆建设,2007(4).

[19]李明华.世界图书馆文化史上的九大里程碑[J].中国图书馆学报,1996(4).

[20]陈廉芳,许春漫.嵌入式学科服务的信息伦理问题探析[J].国家图书馆学刊,2011(2).

第四节
"三育人"工作，德育为先

中共十七大报告指出，"教育是民族振兴的基石，教育公平是社会公平的重要基础"，要"优先发展教育，建设人力资源强国"。明确提出了"现代国民教育体系要更加完善，终身教育体系基本形成，全民受教育程度和创新人才培养水平明显提高"的小康社会教育发展目标，特别强调要"全面贯彻党的教育方针"、"提高高等教育质量"。中共中央、国务院《关于进一步加强和改进大学生思想政治教育的意见》中明确提出了"高等学校各门课程都具有育人功能，所有教师都负有育人职责"、"广大教职工都负有对大学生进行思想政治教育的重要责任"、要"形成教书育人、管理育人、服务育人的良好氛围和工作格局"。而提高民族素质和创新能力、深化教育体制改革、全面推进素质教育，既是21世纪我国教育改革的方向，也是高校做好"三育人"工作、培养高素质人才所面临的重要任务。

20世纪80年代初，"三育人"理念已经产生。所谓"三育人"，即教书育人、管理育人、服务育人。我国高校有"三育人"工作的优良传统和丰富经验，从产生到它的全部实践过程，都包含着对学生负责的精神，提倡对学生从思想到学习再到生活的细致的指导和无微不至的关心、帮助。鼓励先进扶助后进，给学生创造思想上进、学业有成、生活愉悦的环境，帮助学生走上成才之路。经过多年的不断发展，"三育人"工作已取得可喜的成绩，并为我国教育工作提供了宝贵的经验。然而，就目前我国教育形势而言，

"三育人"工作还须不断深入贯彻落实,以全面促进大学生素质教育,为国家培养合格的社会主义事业建设者和接班人。为此,我们应明确以下几点:

一、当前教育新形势与创新实践"三育人"工作的必要性

在我国,高校的主要任务就是育人,问题的关键就在于"育什么样的人"、"怎样育人"。2011年4月,胡锦涛同志在庆祝清华大学建校100周年大会上发表的重要讲话中指出:高等教育的根本任务是人才培养。要坚持把促进学生健康成长作为学校一切工作的出发点和落脚点,全面贯彻党的教育方针,坚持育人为本、德育为先、能力为重、全面发展,着力增强学生服务国家服务人民的社会责任感、勇于探索的创新精神、善于解决问题的实践能力,努力培养德智体美全面发展的社会主义建设者和接班人。改革开放以来,特别是中共十六大后,我国高等教育以邓小平理论和"三个代表"重要思想为指导,深入贯彻落实科学发展观,呈现出跳跃式发展的趋势,加快了从精英教育向大众教育发展的步伐。

二、"三育人"工作存在的问题及实施举措

"三育人"工作在不断的实践发展中也出现了诸多问题,例如,相当一部分教职员工对新时期"三育人"工作的重要性及其本质、内涵的认识和理解不到位,对如何开展"三育人"工作也缺乏全面深刻的认识和把握,"三育人"工作与思想政治工作趋同,教书育人、管理育人、服务育人三者相对分离,"三育人"考核评价体系严重偏颇等。这就要求我们不断创新实践"三育人"工作方法、完善"三育人"工作相关制度、不断提高"三育人"工作效果,推进全面素质教育的发展。我们要不断加强宣传工作,为"三育人"工作提供坚实的思想基础:强化教职工对"育人为本"办学理念的认

识；强化教职工对"三育人"本质内涵的把握；引导教职工积极参与"三育人"实践活动。同时，积极探索宣传思想工作路径、全方位构建"三育人"工作的长效机制：加强文化熏陶与环境渗透，积极探索构建高校"育人文化"建设长效机制；加强思想价值引导，建立把社会主义核心价值观融入育人全过程的长效机制；加强先进典型的示范作用，构建"三育人"的长效激励机制；发挥工会的教育职能，提高教职工的整体素质。

三、"三育人"中"三育"的具体内涵及相互关系

（一）"三育人"的深刻内涵

第一，"三育人"是一种整体教育观。教书育人、管理育人、服务育人几乎涵盖了学校的全部工作。这就昭示我们，学校的一切工作都是为了培养人、教育人，都是为学生的健康成长服务的。这是学校工作、办学、建设和发展的根本出发点和落脚点。强调"三育人"，首先要牢牢树立育人观念。

第二，"三育人"工作特别是教书育人工作的着重点是学生的思想道德教育。从原始的意义上讲，教书和育人、智育和德育是教育实施的同一过程，在教学现实中是不能分割的。但是，由于社会生活的复杂化、文化知识的把握与政治倾向及思想品德在人的精神世界中的相对分离，由于正确价值观导向的偏离，同时也由于教育原本的常态运行方式就是以智育为载体的，所以，从教书育人原则提出的针对性和指向性来看，其"育人"的着重点显然是指在教育教学过程中要加强思想政治和道德品质教育，其真谛就在于把教书和育人、智育和德育有机统一于教育教学实践过程中。

第三，以人为本，以帮助学生解决思想、学习和生活等方面的问题为重心，全面关心学生的健康成长，是"三育人"工作内涵的又一重要方面。

第四，"三育人"工作的根本任务，在于不断提高学生的思想政治素质。江泽民同志在谈到全面实施素质教育问题时明确指出：思想政治教育，在各

级各类学校都要摆到重要地位，任何时候都不能放松和削弱。思想政治素质是最重要的素质。不断提高学生和群众的爱国主义、集体主义、社会主义思想，是素质教育的灵魂。应当说，这也是我们"三育人"工作的灵魂。

（二）"三育人"的本质及相互联系

教书育人是学校育人工作的核心和主要途径，是指教师通过教学的全过程，把教书和思想教育结合起来，进行有计划、有目的地培育人才的活动。管理育人与服务育人是要把管理和服务工作与学生的思想政治教育联系起来，在管理与服务中实施素质教育，即有意识地以管理与服务为手段来达到育人的目的。

单纯的"教书育人"的观点是错误的。同样，对育人主体不分主次，也是错误的。教书育人是"三育人"的核心，管理育人、服务育人都是教书育人的延伸，并服从和服务于教书育人。要从单一的封闭式教学转化为多样化开放型教学的有效形式，要使学生全面发展、开阔视野、活跃思想，就需建立以课堂教学为主干、多渠道、多层次育人的多元化教学管理体系。"教书育人"的主体不等于放弃其他育人方式，对于管理和后勤这两个渠道来说，就是要搞好"管理育人"、"服务育人"，并将此纳入高校"三育人"工作总体规划。管理干部即管理系统各级党政干部，他们虽未在教学第一线，却负有领导和组织"三育人"工作的重大责任，同时，他们自身的思想觉悟、工作能力和工作作风也直接给广大学生以重要影响。后勤系统职工是办好学校的重要力量，他们的一切工作都是为教学和科研服务的，并且与学生频繁地接触，因此，他们的优质服务和文明风尚能对学生的思想道德形成和科学文化知识的掌握产生积极的影响。"三育人"工作要求管理与服务人员做好表率，严格要求自己，努力认真完成本职工作，通过言传身教使学生在接受管理与服务的同时，学到课本上学不到的知识，使得学校各个管理与服务部门都成为学生"主课堂"的延伸，因此，也可称为"辅助课堂"。

一所学校内，教书育人、管理育人、服务育人是相辅相成、不可分割的。

教学、管理、后勤三者之间是相互依存、相互制约的，谁也离不开谁，缺一不可。三者的任务虽各不相同，目标却是一致的，都肩负着育人的重任。只有教师、干部、职工三者形成育人工作的合力，"三育人"工作才能顺利开展，才能为建设和谐育人环境做出贡献。

四、"三育人"与素质教育的关系

（一）两者的实质

"三育人"首先是教书育人。教书育人是学校育人工作的核心和主要途径，教师可以凭借先天的优势条件把教书和思想教育结合起来，既教做事的本领，又教做人的道理，以此培养德才兼备、全面发展的高素质人才。教师要充分利用课堂并且把握课外教学实践活动的育人机会，传播唯物主义的科学世界观、方法论及爱国主义、集体主义和革命教育传统，同时要对学生训练智能，培养才干与创新精神，使学生在学习基础知识的同时，接受先进的科学思想的熏陶，开阔视野，提高辩证思维能力，更好地掌握创造性地运用知识、分析问题、解决问题的能力，以达到素质教育的目的。

"三育人"是在非素质教育的环境下发生和发展的。随着全面推进素质教育实践的发展，当以素质教育的要求和视角审视高校的"三育人"工作时不难发现，高校的"三育人"工作在内容和形式上是与非素质教育的要求比较和谐一致的，不可避免地同素质教育的要求存在或大或小的矛盾。如传统的"三育人"做法，与在学生中提倡"三自"精神、培养创造性在一定程度上相抵触。面对素质教育的新要求，高校"三育人"工作必须进一步创新与发展，以使其与素质教育的基本要求相适应。若不及时调整和变革，势必影响素质教育的全面推进。

要在高校全面推进素质教育，就要明确"三育人"工作的重要性。"三育人"既是实施素质教育的重要形式，又是促进素质教育的基本措施。高校通过全面推进素质教育，为国家培养具有创新精神、创新能力、创新思维、创新人格的创造性人才,同时不断提高学生的思想政治素质。我们要在培养创造型人才的过程中融入思想政治教育,以促进学生的全面发展。从根本上来说,"三育人"的最终目标也是不断提高学生的思想政治素质,从这个方面看,"三育人"和素质教育的目的是一致的。高校的目的就是育人,而育人的目的就是要培养学生的创新意识、创新精神,塑造学生的创造型人格,使其树立科学的世界观、人生观、价值观,从而成为合格的社会主义事业建设者和接班人。

(二)两者间的关系

要在"三育人"中全面实施素质教育。"三育人"首先是教书育人,教书育人是学校育人工作的核心和主要途径,在教书育人的过程中教师不仅要向学生传授各种科学文化知识,还要加强思想、政治和道德意识的教育。管理育人与服务育人要把管理工作和服务工作与学生的思想政治教育联系起来,在管理与服务中实施教育,即有意识地以管理与服务为手段来达到育人的目的。管理育人与服务育人不再以理论的灌输为主,更多的是实践,是现身说法,是身教,是逐步地渗透和潜移默化,因而能起到"实习基地"与"主课堂"优势互补、相得益彰的作用,达到育人的良好效果。

广大高校教育工作者要深刻理解国家"科教兴国,人才强国"的发展战略,要充分认识"学校的一切工作都必须以育人为中心,育人的主要对象是学生,这不仅是全面贯彻落实党的教育方针、加强学校德育工作的要求,也是全校教职工义不容辞的神圣职责"的深刻含义,增强大局和责任意识,充分发挥主观能动性,不断研究育人新情况,掌握育人新特点,拓展育人新思路,开辟育人新途径,探求育人新方法,创造育人新经验,将"三育人"工作落到实处,为培养具有创新精神和实践能力的高素质的高级专业人才做出积极的贡献。

本节参考文献

[1] 杨昱苾. 如何推进高校学习型组织建设 [J]. 企业导报, 2010（8）.

[2] 蔡亚峰. 论学习型组织理论在大学生思想政治教育中的运用 [J]. 现代商贸工业, 2011（6）.

[3] 钟炳良. 构建新时期高校"三育人"工作体系的思考 [J]. 今日科技, 2011（2）.

[4] 张宝成. "三型校园"建设中"三育人"工作探析 [J]. 思想政治教育研究, 2009（4）.

[5] 王景华. 论新形势下高校"三育人"工作的创新与发展 [J]. 石家庄铁道学院学报（社会科学版）, 2009（4）.

[6] 赵静霞, 高继成. "三育人"是高校德育实施的有效载体 [J]. 中国校外教育（理论）, 2008（9）.

[7] 王桂英. 浅谈高校"三育人"与素质教育 [J]. 哈尔滨金融高等专科学校学报, 2007（4）.

[8] 张建民, 卢巧丹, 徐斌. 新形势下"三育人"目标的制度化和量化研究 [J]. 教育探索, 2004（10）.

[9] 曲绍燕, 于学梅, 李克周. "三育人"是高校实施素质教育的基本措施 [J]. 教育探索, 2002（5）.

[10] 翟羽. 赏识教育在大学生思想政治教育工作中的运用 [J]. 中国电力教育, 2012（35）.

[11] 薛浩, 张桂华. 新时期高校校风建设探析 [J]. 学校党建与思想教育, 2006（2）.

[12] 郭尚维. 营造高校良好育人舆论环境须强化"四种理念" [J]. 求知, 2010（6）.

[13] 王德华, 陈妮娜. 基于自我教育功能的大学生非正式组织探究 [J]. 理论界, 2009（11）.

[14] 彭健. 高校思想政治工作与人文教育的互动研究 [J]. 广西警官高等专科学校学报, 2011 (1).

[15] 周远清. 素质、素质教育、文化素质教育——关于高等教育思想观念改革的再思考 [J]. 清华大学教育研究, 2000 (3).

[16] 孙殷望. 试论《在延安文艺座谈会上的讲话》对高校育人工作的指导作用 [J]. 清华大学学报（哲学社会科学版）, 1995 (4).

[17] 白国华. 抓准根本方向问题　做好高校育人工作——学习毛泽东同志《在延安文艺座谈会上的讲话》的体会 [J]. 民族教育研究, 1997 (3).

第五节
抓好教风、学风、班风建设

教风、学风、班风既是一所高水平大学校园文化的重要载体,也是大学深化教育教学改革、科学内涵发展的最主要着力点。丰富多彩的校园文化营造了自主、平等、和谐的校园氛围,创建了全面发展的育人环境,这不仅开阔了师生的视野,而且很好地诠释了学校未来发展的理念和特色。

一、教风、学风、班风建设是人才培养的客观要求

改革开放以来,为提高我国国民的整体素质,将庞大的人口数量转化为强大的人力资源,中共中央、国务院下发了《关于深化教育改革,全面推进素质教育》的系列相关规定,使社会各界尤其是教育界认识到提高教育质量、培养合格人才的重要战略意义和时代价值。在推行实施素质教育具体化过程中,在具体措施上,使社会大众认识到教风、学风、班风建设十分重要。一所好大学没有好的教风、学风、班风,就像无源之水、无本之木,就谈不上提高教育质量和培育社会主义事业合格人才,就会影响科教兴国和人才兴国战略的实施。

因此,高校加强学风、班风和教风建设是高校深化教育教学改革、提高人才培养质量的客观要求。

二、教风、学风、班风的内在关系

教风、学风、班风是集中体现某所高校学生和教师的精神风貌和综合素质，衡量学校办学思想、教育质量和管理水平的重要标志。教风，是教师的教学风气、学术氛围，是高校培养学生、提高教书育人质量的一个重要因素。学风，狭义上讲就是学习风气，是高校学生学习、生活、纪律等多种综合风貌的集中表现。良好的学风，是学校宝贵的财富，是提高教学质量、培养合格人才的重要保证，是衡量育人环境的重要标志，在高校发展中具有非常重要的作用。优良学风是优良教风的必然要求与最终结果。班风，指一个班的风气，主要包括学生的学风和教师的教风。

（1）教风。教师应该提高自身的素养和文化底蕴，为人师表，以身立教，关爱学生，乐于奉献。这就要求教师要具有强烈的责任意识，做学生的良师益友、成长的表率、人生的楷模，对学生施以潜移默化的影响。高校可以通过教学竞赛、教研成果评比、教学名师评选活动，建立教学管理信息系统，建立教师间的竞争体制。高校要严格执行课堂教学质量评价制度和教学事故认定制度，建立教育教学督导体系。执行和健全教师培训制度，让教师通过传、帮、带和自我努力提高教学履职能力。做好教师培训工作，让教师在钻研业务的同时加强政治思想、教师职业道德培训。

（2）学风。学风是学生认识个人或团体活动的一种表征，鉴于时代发展的要求，它诚然要受到社会这个大环境中各种因素的影响，然而，就教学本身来说，学风最主要是受教风的影响。教师是整个教学活动的总设计师、组织者和领导者，是学生精神思想和物质灵魂的引导员。学生是认识的客观主体，由于受其接触世面和周围环境的限制，在大学校园的生活学习中，学生主要是受老师的学识、人格素养以及所安排的教学内容的影响。学生作为在特定环境中的学习者，接触最多、受影响最深的自然是自己的老师。一言以蔽之，从一定意义上来讲，学生个人认知途径的发掘与发展，主要是由教师所决定的，而教风的好坏在一定程度上决定着学风的好坏，好的学风是由好的教风带出来的。

（3）班风。班风，即一个班级的风气，是由班级成员共同营造的一种集体氛围。班级是一个学校组成的基本单位，班风的好坏直接影响到班级每位同学的身心成长。俗话说"没有规矩不成方圆"，一个班级的班风形成，不仅取决于班级的某一位同学，而是整个集体的集中体现。良好班风的形成有助于帮助班级每一个成员良好形象的塑造，改变个人不良行为习惯，促进个人高尚品德的形成。班风建设是一个完整班级组成的基本要素之一，对整个班级学生在校期间的全部生活和学习都会产生相当重要的影响，一旦固定，就会形成持续性和稳定性。

综上所述，加强教风、学风、班风建设，尤其是教风建设，是提高教育教学质量和办学效益的重要途径，是一所好大学生存与发展的基础和前提。

三、深刻领会教风、学风、班风建设在人才培养中的重要意义

首先，地方高校必须稳固树立以人为本的管理理念，这是加强教风、学风、班风建设的关键。以人为本，是中共中央根据21世纪新时代、新形势和新任务的要求提出的一个重要的执政理念，这关乎我国的长远发展，是我国经济社会发展的长远指导方针，也是在各项实际工作中必须落实的重要原则。以人为本，从根本上讲，就要坚持以人为中心，把人摆在第一位，促进人的全面发展。这就要求我们在现代高校教育管理理念中，首先用人本观念凝聚人心，使人心得到稳固，同时用制度管理来规范人的行为，再由此引导教风、学风、班风从规范向培养成习惯方向发展，最后营造一个优良的教风和学风环境。

其次，要充分认识到优良的教风、学风、班风是提高教学质量的保证，是我国培养大量优秀人才的前提。提高教学质量是建设优良教风、学风、班风的根本出发点，是高等教育永恒的主题。教学质量是地方高校生存和发

展的生命线。在招生人数不断扩大的同时,如何确保高等教育质量是大家关注的焦点,因此对人才培养工作,对地方高校的教风、学风、班风建设提出了更高的要求。加强教风、学风、班风建设以提高教学质量,是地方高校教学管理工作的重中之重,是一项具有战略意义的工程。

再次,优良的教风、学风、班风是我国高校声誉之所在,也是其生存与发展的基础。随着我国经济体制改革的不断深化,高等教育也逐步走向市场化,各高校在招生中生源竞争日趋激烈。如果地方高校的教风、学风、班风败落,质量低下,必然会导致学校品牌地位下降,影响学生就业,从而直接影响学校的招生数量和质量,影响学校的办学规模和办学效益,学校的生存必将岌岌可危,其人才培养计划也将无法实施。同时,如果地方高校无法为国家培养出社会经济发展所需要的合格人才,国家也就不可能将有限的教育资源和财力对其作无产出的投入,通过评估而重新洗牌的结果可想而知。因此,在优胜劣汰的竞争规则下,优良的教风、学风、班风不但是地方高校提高教学质量的根本保证,而且是其生存与发展的基础和前提。

最后,班风建设是班级建设的核心,是校风、学风的具体体现,是构建和谐校园的必然要求。优良的班风是一种无形的力量,影响着班级成员的学习成绩、道德品质和人格素养。班风内涵丰富,具有凝聚、教育、约束、激励作用。高校要提高教学质量,就必须重视优良班风建设。在培育班风过程中,要通过思想教育、规章制度、教师的教风、班级的管理等途径,引导学生树立优良的班风,为学生创建广阔的发展空间,使大学生成为全面发展的优秀人才。

四、教学质量视域下促进教风、学风、班风建设的措施

(一)以人为本,严格管理

严格管理是教风、学风建设的前提。没有规矩,不成方圆。高校必须围绕教风、学风建设制定一套科学而又严格的规章制度,并狠抓落实。规

章制度体现了高校的治校思想，对师生具有一定的控制力和约束力，有助于培养师生良好的行为习惯，促进教风、学风建设。同时，高校要针对目前一些学生学习自觉性差、自制能力弱的情况，加强对学生的管理，建立科学合理的规章制度，规范学生的行为。在管理上要严格，是非分明，奖优罚劣，对于违反制度的学生要严格按照规定给予批评教育直至纪律处分，以端正学风，营造良好的学习氛围。特别是要重视考风考纪建设，加强考风管理，它是衡量学校办学水平、管理水平、教学质量和学生综合素质的重要标志之一，是学风的具体体现，对此要严肃对待，不能姑息迁就。

（二）以教风带动学风，发挥教师的主体作用

良好的教风是学风形成的重要条件，教风的好坏直接影响学风。教师是学风建设的主导，教师在学风建设中的主导地位是通过教风来体现的。江泽民同志在全国第三次教育工作会议上指出：教师是学生增长知识和思想进步的导师，他的一言一行都会对学生产生影响，一定要在思想政治上、道德品质上、学识学风上全面以身作则，自觉率先垂范，这样才能真正为人师表。抓教风，要广泛开展严谨治学、从严治教、教书育人的师德教育，重视师资队伍的建设，完善教师人才梯队的选拔和培养制度，发挥其骨干带头作用，完善教学科研奖励制度，注重人才交流，鼓励教师进修深造，积极为教师创造教学条件，并在学校中营造尊师重教的校园氛围，充分发挥教师教书育人的积极性，提高教学水平和教学质量，推动学风建设。

（三）对于市场经济的双重影响应趋利避害

市场经济对于教风、学风建设，既有积极的作用又有消极的影响，这已是不容置疑的客观现实。其积极的作用表现在：过去，"教"是主动，"学"是被动；如今，受市场经济的影响，"学"转变为主动，给教风、学风建设注入了许多全新的观念，增强了教师、学生的竞争意识和成长动力。其负面影响的表现在：片面追求经济效益、实用论的观点逐渐在师生中渗透并且

范围越来越大。市场经济的正面效应有待很好地加以发挥,同时其负面影响正在影响学生的健康成长,应正确地加以引导,做到趋利避害。

(四) 加强对互联网的管理

互联网的发展促进了科技、经济、教育的发展,推动了人类社会的文明进步,也丰富了校园的文化生活。与此同时,互联网给教风、学风建设所带来的挑战令人始料不及。信息全球化的大潮中夹杂着形形色色的内容,淫秽下流的、低级趣味的、反动的等不健康内容混杂其中,这给教风、学风建设带来了不利的影响,对此学校应予以高度重视,尤其应加强校内的网络管理。

(五) 重视和加强对外扩招后的办学环境

近些年来,我国的高等教育实行了扩招政策,从精英教育到大众教育,在校大学生的人数大幅度增加,生源质量下滑,这也增添了教风、学风建设的难度。比如,学生人数成倍增加,教师编制大体不变,这直接影响到教师的授课质量。扩招后生源情况差异凸显,学生进校时的学习能力、自我约束能力相对降低,而他们对于校园环境、生活设施、文化活动场地等硬件的期望很高。因此,教风、学风建设必须根据这些具体情况有针对性地采取措施。

(六) 理想信念、人生观、价值观教育

大学时代是人生自我意识发展的关键时期。大学生普遍具有认知水平较高、自我体验复杂、自我表现欲望强烈,但涉世不深、阅历较浅、感情偏激的特点。因此,学风建设必须依据当今的时代特征和大学生特有的身心特点,增强针对性,既要强化积极效应,又要努力克服负面影响,从而增强大学生的全面发展意识和自我成才意识,有效地调动大学生的学习自觉性。总之,要提高地方高校的教风、学风建设,需要全体师生对问题的紧迫性有充分

的认识，对建设优良教风和学风达成共识，并且做到制度落实、措施到位、工作作风踏实，这样才能使地方高校的教风、学风建设踏上一个新台阶。

（七）扎实做好学风培养工作

良好学风的培育应该做好以下几点：①在学校的各项活动中强调"以学生为本"的价值取向，充分尊重学生，发挥他们在学习和实践活动中的主体作用。②要继续完善教学管理中有关学籍管理、优秀学生培养及学生作为教学信息员参与教学管理等制度，使其逐步符合素质教育的要求，同时要严明学习纪律、严格考试管理、严肃考场纪律，坚决杜绝考试作弊现象，对于违反学校纪律的学生要按照有关规定严肃处理。③要针对新形势下大学生的思想实际，加强大学生思想政治工作，营造健康向上的校园文化，通过各种学术讲座及优秀共产党员的先进事迹教育，引导大学生树立正确的世界观、人生观、价值观、学习观、成才观和就业观。④高校要排除社会不良风气的干扰，努力营造良好的校园环境，同时尽可能增加教学的经费投入，改善办学条件，为广大学生的学习提供较好的软硬件条件，从而创造精神文明和物质文明双丰收的育人环境。以优良的党风带校风，好的校风带教风，好的教风带学风。只有经过不断的尝试、不断的完善，再加上扎实的工作，这个良性循环关系才能得以形成。所以，高校要坚决清除党政干部队伍中存在的各种消极现象的影响，进一步树立密切联系群众、勤政务实、廉洁奉公的优良党风，要通过优良的党风建设带出优良的校风、教风、学风，这既是高校工作的一项基础工程，也是高校校风建设的关键所在。

（八）多管齐下，携手打造扎实"三风"建设

教学班的学风建设能不能循序渐进、保持旺盛的势头，关键是抓好管理。因此，从校到系都要从管理育人的高度足够重视学风管理工作。校学生工作委员会、教务部门和学生工作部门要经常研究学风建设，拿出具体的教育和管理办法来，要制定优良学风创建规划和考评、奖励条例，实施必要的检查，掌握第一手资料。基层教学院系要抓好教学班优良学风创建计划的制定和落实，深入教学班搞好学风调查，制定相应的管理细则。各教学班要积极组织创建优良学风的主题班会，开展专题讨论，把"创建优良学风班"的活动转化为每个学生的自觉行动。

综上所述，教风、学风、班风的建设是校园文化的内涵，处处彰显着校园精神文化的特征。丰富多彩的校园文化既营造了自主、平等、和谐的校园氛围，创建了全面发展的育人环境，又开拓了师生的视野，诠释了学校发展的理念和特色。建立良好的教风、学风、班风是整个教学活动的基础，它将直接影响到教师的教学效果与学生的学习兴趣和综合素质的培养。良好的"三风"建设不是一朝一夕的事，"三风"建设任重而道远，需要学校、教师和学生的共同努力。

本节参考文献

［1］李久生．环境教育论纲［M］．南京：江苏教育出版社，2005．

［2］John Huckle，Stephen Sterling．可持续发展教育［M］．北京：中国轻工业出版社，2002．

［3］潘学锋．高校校风、学风方面存在的问题及对策研究［J］．科技信息，2010（32）．

［4］李海容．加强校风、学风、教风建设，构建和谐校园［J］．希望月报（上半月），2007（12）．

［5］吴开杰，李孝华．刍议教风、学风与校风的良性互动［J］．教学与管理（理论版），2007（2）．

［6］谷雨．在推进教学改革过程中实现教风与学风的转变［J］．中国科技创新导刊，2008（36）．

［7］高燕．转变教育教学观念加强教风学风建设［J］．重庆科技学院学

报（社会科学版），2007（1）.

［8］陶丽，李志春，潘瑞．浅析学风建设内涵［J］．沈阳建筑工程学院学报，2001（3）.

［9］郁振明．学风、教风、领导作风及其相互关系探讨［J］．上海电机技术高等专科学校学报，2002（3）.

［10］李振跃．学风建设中存在的矛盾及对策［J］．教育评论，2003（2）.

［11］徐可明．高校学风建设长效机制的构建与研究［J］．思想政治教育研究，2008（4）.

［12］李琼飞等．教师在学风、教风、校风建设中的作用研究［J］．高等农业教育，2003（7）.

第六节
和谐文化新思考：创新大学文化，构建和谐社会

2006年5月胡锦涛同志在云南考察时首次提出和谐文化的概念，同年10月召开的中共中央十六届六中全会进一步指出："建设和谐文化，是构建社会主义和谐社会的重要任务。"在中共十七大报告中，胡锦涛同志再次提出了"建设和谐文化，培育文明风尚"的文化建设任务，强调"和谐文化是全体人民团结进步的重要精神支撑"。所有的这些都反映了和谐文化在当今建设富强、民主、文明、和谐的社会主义现代化国家过程中的重要作用。"和谐文化"的提出，表明我国文化转型进入了一个新的阶段，是我们党在社会主义先进文化建设上的一次新的觉醒，标志着我们党对社会主义文化建设规律的自觉认识和把握达到了新的历史高度，同时，"和谐文化"的提出也是加强社会主义和谐社会建设的重大举措。高校是传播知识、培育人才、服务社会、建设社会主义精神文明的重要阵地，也是和谐文化建设的重要阵地。"和谐文化"的提出对高校的人才培养提出了新的要求，为我们重新认识大学生素质教育提供了一个新的视角。

一、和谐文化的内涵和作用

（一）和谐文化的内涵

从马克思主义文化观的哲学内涵来看，文化是人类所创造的物质财富与

精神财富的总和,是人们在改造客观世界和主观世界的过程中所形成的成果。这些成果又为人们改造自然和社会提供思想引导、精神动力和智力支持。文化的基本存在形式有物质文化、制度文化和精神文化,体现整个社会的价值取向、文化水准、精神气质和生活质量。和谐文化是以和谐为思想内涵、以文化为表现形式的一种文化系统,它融思想观念、理想信仰、社会风尚、行为规范、价值取向为一体,包含着对和谐社会的总体认识和评价。和谐文化的本质在于用和谐思维方式来思考问题,建立以和谐为核心的价值体系,将和谐作为整个社会精神文化的思想内核,在全社会形成崇尚和谐的价值取向。和谐文化最核心的内容是崇尚和谐理念,体现和谐精神,大力倡导社会和谐的理想信念,坚持和践行互助、合作、团结、稳定、有序的社会准则,也就是以和谐理念贯穿于相关的文化形态和文化现象之中,以和谐作为该类文化的基本价值取向,并以此影响其他各种文化形式,促进整个和谐社会的建设。

(二)和谐文化的作用

1. 和谐文化有利于人的全面自由发展

在社会转型、体制转轨的时期,落后文化、腐朽文化的冲击导致人们某种程度的心理浮躁、信仰缺失、信念动摇、行为失范,这迫切需要先进理论发挥武装全党、教育人民、激发活力、以民族精神和时代精神凝聚力量的功能,迫切需要发挥正确思想舆论的导向作用,唱响主旋律,从而在社会上形成弘扬正气、疏通民意、引导热点、化解负面情绪、凝聚人心的正能量。建设和谐文化有利于促进人的自由全面发展,为全面建设社会主义和谐社会提供源源不断的精神动力。

2. 和谐文化是社会健康发展的调节器

和谐文化是一种优秀的道德文化,它通过讴歌真善美,谴责假丑恶,强调良心、责任的作用,借助人们的自省、自警、自律等道德修养手段来强化人们的社会公德意识、职业道德意识与家庭美德意识,在全社会培育知荣耻、讲正气、守信用、促和谐的良好风尚，形成男女平等、尊老爱幼、扶贫济困、礼让宽容的健康人际关系。和谐文化是人与人之间和谐、人与组织和谐、人与社会和谐，人与自然和谐、人自身内心和谐的调节器，具有教育预防、约束惩治的功能。

3. 和谐文化促进法律文化建设

和谐文化也是先进的法律文化，维护安全、秩序、正义、公平、自由。保护基本人权是它的核心价值理念，它让人们知晓什么是禁止的行为，什么是必须履行的行为，养成敬畏和遵守法律的行为习惯；同时，通过制裁、制止违法行为、惩治犯罪行为来预防违法犯罪，维护社会的持续稳定与和谐。可以说，先进的法律文化是社会和谐的守护神和忠诚卫士。

4. 和谐文化反作用于政治和经济

任何特定的文化，都要依附于特定的经济和政治；反过来，特定文化中的某些因素，对于特定经济和特定政治的发展，具有极重大的历史推动作用。和谐的经济和和谐的政治并不一定只能产生和谐的文化，但不和谐的文化却往往能够在很大程度上破坏和谐的经济和和谐的政治局面。人们常说，经济基础决定上层建筑。这个上层建筑既包含政治制度,同时也包含文化思想。经济基础往往并非直接决定上层建筑中的政治制度，而是通过其对文化的影响来作用于政治制度。同样的道理，政治制度对于经济基础的干预，也在很大程度上需要借助于文化的力量。

建设社会主义和谐文化，既是顺应时代要求应运而生的产物，也是中国文化自身发展的历史选择。建设具有社会主义特色的和谐文化，顺应了构建社会主义和谐社会的时代要求，是中国特色社会主义文化建设的现代走向。它为实现全国人民的共同理想，实现中华民族的伟大复兴提供精神导向和智力支撑。

二、和谐文化对和谐社会的推动作用

（一）和谐文化推动中国特色社会主义的建设

和谐文化，是和谐社会的基本条件和重要内容，建设和谐社会，必须建设和谐文化。建设和谐文化，可以进一步明确和谐社会建设的方向，为推进社会主义现代化建设、构建社会主义和谐社会提供精神动力、思想保证、舆论支持和文化条件。和谐文化的建设有助于我们充分认识和谐对于中国特色社会主义事业的重要价值，充分认识在新的历史条件下构建和谐社会的必要性、重要性和紧迫性，有助于我们用中国特色社会主义的共同理想教育人民、凝聚人心、振奋精神，巩固和加强构建社会主义和谐社会的思想基础，把全国各族人民的思想和力量都引导到中国特色社会主义的建设上来，引导到构建社会主义和谐社会的具体实践上来。

（二）和谐文化支撑起和谐社会中的各种元素

作为一种信仰和理想，它指明社会发展的方向，支撑起人们的精神世界，给人们以建设和谐社会、和谐世界的目标和力量，引领现实社会向着更加和谐的方向发展；作为一种价值体系，它对社会生活发挥着评判功能、凝聚功能、教化功能和定向功能，给和谐以赞扬和倡导，鼓励一切和谐事物的发展，促进各种和谐因素的增长；作为一种规范体系，它对制度、法律、道德的建设发挥着指导的作用，约束和规范着社会生活的秩序，促进各种制度机制的优化，保障现实社会在更加和谐的轨道上运行；作为一种文化形式和文化产品，它又能通过有血有肉、生动感人的艺术形象，真实地反映丰富的社会生活，表现时代前进的要求和历史发展的趋势，不仅给人们以美的享受，而且能用和谐之美陶冶人们的心灵，激发人们建设和谐社会的热情。

正因为和谐文化对于现实的社会生活有着巨大的影响和推动作用，所以建设和谐文化，既是构建和谐社会的重要内容，又是构建和谐社会的必要条件。只有最大限度地统一思想认识，和谐社会的建设才有牢固的思想保证，构建民主法治、公平正义、诚信友爱、充满活力、安定有序、人与自然和谐相处的和谐社会的目标才会真正实现。

三、大学和谐文化建设

（一）大学文化内涵

1. 大学文化的含义

大学文化源于大学，大学与文化具有天然的联系。大学文化在中世纪大学诞生时就已经应运而生，伴随大学生存繁衍至今，并以其特有的方式影响着大学本身以及社会的发展。

通常情况下，大学文化包括多个层次的不同含义，即精神文化、环境文化、社团文化。其中，精神文化不仅包括学生与老师的精神风貌，还包括学生与老师之间相处的亲密和谐关系，同时，精神文化中还包括该校的校风与校貌等方面；而高校的环境文化不仅包括该校的整个建筑自身的特点，还包括校内的基础设施的建设情况；社团文化则是指该校自行创办的各种社团，例如剪纸社、象棋社以及音乐协会等，此外还包括各种晚会、运动比赛等。

综上所述，大学文化是以大学为载体，通过长期办学实践的发展，经过历届师生创造和传承，经过历史的积淀、选择、凝练、发展而形成的精神成果。这种无形的精神成果是大学区别于其他社会组织的标志，是大学的精神，是一所大学的价值追求和内在灵魂。

2. 大学文化中的人文精神和科学精神

大学文化既深藏于大学之中，也游离于大学之外。大学创造的文化已经不局限于大学，而是成为引导社会的先进文化。大学文化作为社会文化的子文化，作为社会文化的重要组成部分，在培养人才、知识创新和服务社会方面发挥着巨大作用，引领着社会文化前行的发展方向，支撑和推动着社会经济的不断发展。大学文化的本质内涵应该包括人文精神和科学精神。人文精神充分体现人文关怀，培育人的高尚情操，促进人的身心和谐与个性的良好发展，是学校和谐理念与和谐精神的实质所在。人文精神体现对人的主体尊重和人性关怀，以人为核心，提高人的精神素质，关心人的全面发展和健康成长。人的精神素质是由真、善、美等因素构成的，其根本任务在于全面地培养人、塑造人的健全人格。人的德、智、体、美的和谐发展是学校人文精神追求的人格理想和价值追求。科学精神代表着一种普遍的文化特质和价值追求，包括崇尚真理的精神、无畏探索的精神及独立的主体精神、科学的实践精神和执着的创造精神。科学精神的本质在于求真务实。哈佛大学的校训生动地反映了这一点："以柏拉图为友，以亚里士多德为友，更要以真理为友。"

3. 大学文化的作用

大学文化承担着辐射和示范社会先进文化的使命。大学文化在吸收社会文化养分的同时，又把自己所具有的前瞻性、先进的观念输送给社会，在繁荣社会文化的同时，又在提升社会文化。大学文化以自身特有的文化辐射方式作用于周围环境，为社会文化建设作出贡献。大学文化所包含的科学精神、人文传统、创新意识、崇尚独立自由的理念对外界社会产生着辐射和影响，引领社会文化向更高层次发展，促进社会物质文明与精神文明建设的发展，为社会文化的进步与发展增添新的内容。

大学文化为和谐社会建设增强创新活力。创新是一个民族的灵魂，是一个国家兴旺发达的不竭动力。构建社会主义和谐社会，必须最广泛、最充分地调动一切积极因素，发挥各方面的创新活力，不断推动经济社会的发展。作为知识的集中地，从大学中流溢出的科学文化精神，从大学中走出的富有创造能力的人群，其自身所带有的创新活力，传播到社会的各个角落，将在很大程度上提高一个国家、一个民族的创新能力。

（二）构建以和谐文化为内核的大学文化

构建以和谐文化建设为主题的大学生素质教育，可以从多个视角着手，构建全面、系统的文化体系。

1. 和谐文化视域下的高校大学生廉洁教育

大学生廉洁教育属于大学生思想政治教育的范畴，是大学生思想政治教育的重要组成部分。大学生廉洁教育主要是用廉政文化的理论内涵和社会道德规范对大学生施加影响，使敬廉崇洁的价值观内化为人格的修养，培养大学生具备廉洁、诚信、公正的素质。因此，廉洁教育是高校思想政治教育不可或缺的内容，它和大学生思想政治教育是相辅相成、有机统一的整体。开展大学生廉洁教育不是脱离高校思想政治教育体系"另起炉灶"，而是在全面渗透廉洁教育中积极推进高校思想政治教育体系。所以，开展大学生廉洁教育，既要遵循高校思想政治教育的一般规律和原则，总结和运用高校思想政治教育的成功经验，又要结合廉洁教育的内涵、目标和特点，合理构建廉洁教育的理论体系和工作体系，在一体化的德育管理模式中实现"双赢"。

大学生廉洁教育是我国廉政建设的重要组成部分，是构成社会主义核心价值体系的基石。在开展大学生廉洁教育工作中，我们必须在和谐文化的理念指导下，既将大学生廉洁教育作为廉政文化建设的系统构件来进行通盘考虑，同时，又要看到大学生廉洁教育的特殊性，坚持"和而不同"的规律，创造性地开展大学生廉洁教育。只有如此，才能在大学生群体中形成"以廉为荣，以贪为耻"的良好风尚，营造敬廉崇洁的道德环境和文化氛围。

2. 高校艺术教育在和谐文化建设中的实践

近年来，艺术教育成为高校学生、教育工作者以及广大家长关注的焦点，艺术教育带给学生、教师、学校以及整个社会积极的影响，促进了我国和谐社会的发展。我国大部分的高校最显著的特征就是根据本校的实际情况建设具有本校特色的校园文化，这也是在优胜劣汰的社会大潮下高校增强自身竞争力的有利条件。艺术教育对于各大高校形成和谐文化氛围的促进作用及其深远影响，加快了我国构建和谐社会的步伐。

目前教育体制改革越来越普及，教师与学生的关系也越来越亲密和谐。

如今，教师的工作内容不仅是讲授科学知识，还要鼓励学生积极参加各种社团文艺活动。通常教师也会积极参加表演，以此来带动学生的踊跃性，在丰富多彩的文化活动中更加促成了师生良好关系的形成。例如，教师节、联谊会都是教师展现才艺、放松身心的最佳机会，与学生们在一起还能方便了解学生的生活状态及艺术天赋，从而能够因材施教，提高学生的学习效率。教师在文艺活动中也容易发现自身的优缺点，进而思考在以后工作中的努力方向。与此同时，教师在这一过程中能掌握学生目前的艺术教育水平，也可以与其他院校进行差异比较，从而针对本校存在的不足进行专门的强化培养和练习，以此来促进和谐文化氛围的形成。总之，开展各种各样的文艺活动，不但能够使师生的身心得到放松，使他们多才多艺，对于培养他们积极向上的精神状态也意义匪浅。

由于我国受传统的教育模式影响，艺术教育工作起步较发达国家晚，而对大学生进行艺术教育却意义重大，所以我们需要树立正确的艺术教育观念，明确其对和谐文化建设的重要作用，培养高素质的教师团队，组织丰富多彩的文艺活动，相信高校艺术教育工作的开展一定会为和谐社会的进步贡献力量。

3. 和谐文化背景下高校社团文化的建设

（1）处理好主导文化与多元文化的关系。高校学生社团是深受青年大学生欢迎的学生组织形式，在建设和谐校园文化中发挥着重要的作用。研究和理解和谐文化背景下高校社团和谐文化的现代理论内涵，对于我们构建青年大学生社会主义核心价值体系，建设校园和谐文化有着重大的指导意义和现实意义。

（2）处理好主流文化与非主流文化的关系。当前，由于社会经济、政治、文化等诸多因素的影响，在高校普遍存在社团文化非主流文化的现象，并对主流文化产生了不可忽视的影响。一方面，高校要坚定不移地以先进文化作为校园文化的主流与方向，继续唱响主旋律；另一方面，要尊重非主流文化存在的现实性与合理性，肯定其在繁荣校园文化、促进校园和谐中起到的积极作用，促进它与主流文化的融合。对于非主流文化的消极作用，高校教育者要敢于批评和指正，特别是对其中容易引发思想困惑、道德失范、与主流价值观截然对立的价值主张，要及时引导和纠正，促进形成有利于人才成长的健康向上、文明和谐的校园文化氛围。

（3）处理好学校管理与自主发展的关系。大学生自发组成的社团是高校社团文化形成的基础，是高校社团文化的基本组织单位，没有学生社团的存在就没有高校社团文化。作为高校社团文化基本组织单位的学生社团，是处于学校与学生之间的中间层次的学生之间的自愿结合体，属于学生自我管理、自我教育的团体，学生社团的自主发展是社团文化的吸引力和活力所在，但这并不意味着学生社团就不需要学校有关部门和老师的指导。恰恰相反，为了保证学生社团能健康发展，学校必须加强对社团的管理和指导，特别是党团组织必须加强对学生社团的思想领导、组织领导，这是建设和繁荣学生社团文化的关键。要按照"大力扶持理论学习型社团、热情鼓励学术科技型社团、积极倡导志愿服务型社团、正确引导兴趣爱好型社团"的原则，构建社团发展的合理结构。要通过思想政治工作进社团、党团组织建设进社团等措施，加强对学生社团组织目标的调控，特别是要引导学生社团坚持正确的政治立场和政治方向，围绕学校育人这一工作中心，设定社团组织的性质、目标和任务，完善学生社团管理的制度建设，进一步推动社团文化的健康发展。

（4）处理好社团文化继承与文化创新的关系。任何一种文化都不是孤立的存在物，都是对某一种文化的继承和创新。在建设和谐文化背景下，社团文化也是如此，是继承与创新相融合的和谐文化。目前，众多社团中存在着这样的发展瓶颈：成立较早的社团容易进入文化照抄照搬、停滞不前、僵化保守的怪圈，缺乏文化创新；而新成立的社团有朝气，但又缺少应有的沉稳、干练和经验，往往搞活动一阵风，也不注意总结经验教训和文化积累，结果通常只是昙花一现，慢慢地销声匿迹，欠缺文化承袭。

实践证明，学生社团在高校建设和发展中扮演了越来越重要的角色，社团文化在高校和谐校园文化建设中起到了不可替代的作用。在建设和谐文化背景下，高校要重视社团的作用，关心社团的内涵发展，积极探索学生社团的管理体制，切实发挥学生社团在高校育人工作中的重要作用，建设和谐校园文化，构建和谐校园。

四、建设和谐校园文化，促进学生成长成才

和谐校园文化对大学生成长成才的促进作用表现在以下几方面：

（一）有利于塑造大学生的健康人格

当前，随着改革进程的不断深化，我国社会经济、政治、文化等都发生了深刻的变化，这些变化导致"经济成分和经济利益格局多样化、社会生活多样化、社会组织形式多样化、就业岗位和就业形式多样化"即"四个多样化"。"四个多样化"给大学生健康人格的塑造带来了史无前例的冲击，部分大学生在思想观念、价值取向、行为方式等方面产生了困惑与迷茫，有一小部分人甚至出现了人格缺陷和人格障碍。健康人格是大学生健康成长、和谐发展的基石。大学生处在青年期的中后期，是人格完善与定型的关键期，而校园文化对大学生的人格塑造起着潜移默化、润物无声的熏陶和感染作用。因此我们要通过建设和谐校园文化，以优美的校园环境启迪学生思想、陶冶学生情操，升华学生精神；以优良的校风、教风、学风感召学生脚踏实地、勤奋好学、崇尚科学、追求卓越；以和谐的校园人文氛围帮助学生形成和谐、友爱、宽容的人际关系，实现大学生健康人格的塑造。

（二）有利于提高大学生的思想素质

当前，大学生思想道德滑坡现象令人担忧，加强大学生思想政治教育面临着严峻挑战。中央16号文件指出：加强和改进大学生思想政治教育，提高他们的思想政治素质，把他们培养成中国特色社会主义事业的建设者和

接班人,对于全面实施科教兴国和人才强国战略,确保我国在激烈的国际竞争中始终立于不败之地,确保实现全面建设小康社会、加快推进社会主义现代化的宏伟目标以及确保中国特色社会主义事业兴旺发达、后继有人,具有重大而深远的战略意义。因此,我们一方面要积极发挥思想政治课的主渠道作用,另一方面要高度重视校园文化的载体和平台作用,充分发挥其强大的辐射力和育人功能。通过建设和谐校园文化,开展丰富多彩、格调高雅、寓教于乐的校园文化活动,实现德育、智育、体育、美育的互相交织、和谐统一,帮助大学生树立科学的世界观、人生观、价值观,加强思想道德规范,促进思想素质提高。

(三)有利于培养大学生的创新能力

创新是人类永恒的活动,也是人类不断进步和发展的源泉。当前,社会急需大量高素质创新型人才,所以高等学校要积极承担起自己的重要历史职责,切实加强大学生创新能力的培养。而科学、合理的知识结构与和谐、民主、开放、自由的校园氛围是大学生创新能力培养必不可少的条件。因此,我们要通过和谐校园文化建设,丰富校园文化活动,弥补专业教育的不足,促进文理渗透、学科交叉,拓展知识,开阔视野,为大学生创新能力培养构建合理的知识结构。同时,要通过和谐校园文化建设努力营造一个"百花齐放、百家争鸣"、"和而不同"的校园学术氛围,提倡师生平等探讨、自由交流,鼓励学生积极探索、追求创新,从而促进对学生创新能力的培养。

(四)有利于培养大学生的实践精神

大学生既是校园文化的主要客体,又是重要主体。校园文化的建设发展离不开大学生的自我实践,大学生成长更离不开校园文化这样的实践舞台。和谐校园文化建设是一个在实践中创新、在创新中实践的过程,其本身就弥漫着强烈的实践精神。因此,高校要鼓励学生积极参与和谐校园文化建设，通过各种校园文化实践活动，让学生身处实践活动、感受实践精神，从而培养学生立足实际、积极探索的实践精神。

总之，高校要努力建设和谐校园文化，积极营造和谐的育人环境，促进大学生和谐发展、成长成才，为和谐社会培养优秀人才。

本节参考文献

［1］郑伦仁，周鸿.高校教师专业发展及其自我实现途径研究［J］.河南理工大学学报，2009（3）.

［2］胡益波.地方性高校教师专业发展的内涵、阶段及特点探析［J］.煤炭高等教育，2008（6）.

［3］林杰.大学教师专业发展的内涵与策略［J］.大学教育科学，2006（1）.

［4］朱宁波.论教师的专业精神［J］.教育科学，1999（3）.

［5］韦晓宏.高校教师素质与能力［J］.甘肃科技，2008（18）.

［6］朱训玲.现代教育技术对高校教师素质与能力的要求分析［J］.商丘师范学院学报，2007（7）.

［7］杨耀田.高校教师素质现状的几点思考［J］.山西高等学校社会科学学报，2003（8）.

［8］郭国红.试论新时期高校教师素质的核心竞争力［J］.学术论坛，2005（5）.

［9］吕维萍.浅谈提高高校教师素质的途径和措施［J］.中国成人教育，2004（12）.

［10］蔡中宏.论新时期高校教师的素质及其修养［J］.西北民族大学学报（哲学社会科学版），2006（5）.

［11］安超，曾华.高校教师素质现状分析与对策思考［J］.中国科技

信息,2006(15).

[12] B.A.苏霍姆林斯基.学生集体主义情操的培养[M].杨楠译.长沙:湖南教育出版社,1984.

多维一体
立德树人

第三章

内 涵 篇

第一节
疏通人才社会对接渠道
全面提升大学生核心竞争力

"核心竞争力"这一概念最早是由美国经济学家普拉哈拉德和哈默尔于1990年在《哈佛商业评论》上首次提出的。相对于企业的核心竞争力,个人同样具有核心竞争力问题。大学生核心竞争力是以其拥有的知识和技能为基础,在不断学习中创新,在不断创新中整合各项可供利用的资源,充分凸显资源要素的效用而使自我获得持续竞争优势的能力。

一、大学生核心竞争力的内涵

核心竞争力理论是当代经济学和管理学相互交融的最新、最高成就之一。核心竞争力主要指以企业的技术能力为核心,通过对战略决策、生产制造、市场营销、组织管理等因素的整合而使企业获得持续竞争优势的能力,其本质是"让消费者得到真正好于竞争对手的不可替代的价值、产品、服务和文化"。如果将这一定义应用于个人核心竞争力,可以这样理解:个人核心竞争力是个人以其拥有的知识和技能为基础,在不断学习中创新,在不断创新中整合各项可供利用的资源,充分凸显资源要素的效用而使自我获得持续竞争优势的能力。个人核心竞争力是个人综合素质的集中体现,而综合素质是人文精神、科学素养、创新能力和创业精神的有机结合。因此,我们可以认为：大学生的核心竞争力是以个人专长为核心的知识、技能、能力、素质等各方面的综合体。

总的来说，大学生核心竞争力是指一名大学生以其拥有的知识和技能为基础，通过对其战略性资源的创造、获取、整合从而使自我获得持续竞争优势的能力。

二、大学生核心竞争力的特点

（一）时代性

经济社会的发展日新月异，人与人之间的竞争也越来越激烈，要想在竞争中取胜，必须拥有明显超越他人的素质和能力，而这种超越他人的素质和能力还必须能够很好、很快地顺应时代潮流和现实社会发展的需要，否则就没有什么优越性可言。因此，时代性是大学生核心竞争力的重要特征之一。

（二）稳定性

坚强的意志品格、专心致志的科学精神、诚信明礼的生活态度、良好的心理素质等都不是一蹴而就的，需要长时间的磨炼和培养，也最不容易被别人赶超，因此拥有这样的稳定性就具备了一定时期内的竞争优势。稳定性由此成为大学生核心竞争力中不可缺少的因素。

（三）创新性

在成熟的市场经济条件下，人与人之间的竞争越来越激烈，要在竞争中取胜靠的是人的内在素质和发展后劲，这种内在素质和发展后劲又必然外化为一种创新的能力，一名大学生如果没有自己独特的不可替代的创新能力和潜力，没有"你无我有"的优势，就很容易在工作和生活中成为可替代的人。大学生要想在激烈的市场竞争中一显身手，就必须注重自身的独立性，这种独立性与创新意识和能力是相辅相成的，正是从这个角度，我们认为创新性是大学生核心竞争力的重要要素。

（四）实践性

实践能力有广义与狭义之分。狭义的实践能力一般指改造自然、改造社会的能力，如实验能力、管理能力、操作能力等。广义的实践能力还包括认识自然、认识社会的能力，如生活能力、社会交往能力等。对大学生实践能力及其构成要素的认识应该从广义的角度去考察，其中包括学生的生产实践能力、社会实践能力和科学实验能力等。

（五）专业性

牢固地掌握自己的专业知识是对大学生的基本要求，在此基础上学习外专业的基础课程，或参加各种相应的资格证书考试对拓展自己的知识面、开发自身潜能和改善知识结构有很大的帮助，也是增强大学生竞争力直接和有效的途径。

（六）异质性

个人所拥有的核心竞争力应当是其他人所不具备的，或者是其他人暂不具备的，即个人拥有的在某一项工作中的思维能力和实践能力至少应当领先于或区别于其他人，才能成为其成功发展的关键因素。这种核心竞争力的异质性决定了每个人之间的能力和为企业创造效益的差异性。

三、大学生核心竞争力的发展必要性

（一）有利于促进经济社会的发展

大学生是国家重要的人力资源，是未来各行各业重要的建设者，是社会主义现代化建设的中坚力量。如果大学生的核心竞争力不强，他们就很难顺利就业，而成为社会中的"就业难"群体，无法发挥自身的优势为国家和社会服务，反而会影响经济社会的发展。另外，如果大学生的核心竞争力不强，他们也很难在工作中创造出良好的业绩，同样不利于经济社会的发展。

（二）有利于缓解就业压力，增强高校竞争力

高校竞争力的强弱取决于其软硬件条件的好坏，其中人才培养质量是重要的条件，而人才培养质量的衡量标准就是大学生的核心竞争力。大学生核心竞争力的培养和提升，不仅可以提高大学生的综合素质，增强大学生在就业时的个人优势，而且也能带动高校竞争力的提升。

（三）有利于大学生自我意识的培养

当代的大学生多数是独生子女，他们的依赖性较强，但自我意识较欠缺。而人的一生始终都在寻找自我，实践自我，超越自我，对于处在自我意识迅速发展时期的大学生来说，更应该积极主动地去认识自我，塑造自我，完善自我。高校应该在培养大学生核心竞争力的过程中，积极引导大学生更关注自己的内心世界，引导他们正确地自我认识、进行自我评价和自我调控，而大学生自我意识的培养有助于高校培育全面健康发展的人才。他们为了保持自身在激烈的人才竞争中的持久优势，必须随时根据社会的需求变化及时调整自己的核心竞争力。面对迅速变化的环境，尽量比竞争对手学习和适应得更快，以保持自己持久的竞争优势。

（四）有利于大学生未来职业生涯的发展

一个拥有核心竞争力的人，在组织中容易被发现和重视，能够获得更多的发挥作用和展示才华的机会，从而拥有良好的职业发展基础。另外，机会是为那些有准备、综合素质高的人提供的。核心竞争力强的人，往往可以脱颖而出，容易把握发展机会，乃至创造发展机会；相反，即便机会来临，

他也无法抓住，只能处于被动选择和濒临被淘汰的尴尬地位。

四、大学生核心竞争力面临的问题

（一）教育体制和培养模式存在的问题

国内高校由于多种原因（如就业市场无序、考研冲击、教学计划教条等）的影响和冲击，导致学分制名存实亡，培养模式和学制单一（本科四年），大量的实践教学难以落实，尤其是第七学期的正常教学和第八学期的毕业实习与论文设计质量难以保证。另外，现有的教育体制存在文理分割、专业划分过细、学生自我选择专业的自由度过低，被动学习的现象仍然存在，学习的积极性得不到充分的激发，影响了学生质疑精神的培养和创新能力的提升。

（二）大学生能力与社会需求之间存在差距

现在的高校教育存在重专业课轻公共课（通识教育课）、忽视学生综合素质和能力培养的现象，这必然会导致学生的能力跟不上社会经济发展的需要。笔者发现，在上公共基础课时学生旷课、不认真听讲的现象比较普遍，有一些学生来上课了也是"身在曹营心在汉"，但是在上专业课时这种情况就很少。我们应该认识到，核心竞争力是一种综合能力，而不仅仅是专业知识的掌握。只重视专业课教育而忽视综合素质和能力培养的后果是，大学生的能力与社会需求之间的差距越来越大。

（三）大学生个性发展问题突出

目前，高校教育存在重智力因素发展、忽视非智力因素培养的现象，导致部分大学生人文素养缺失、人格障碍凸显、个性发展问题突出。个性发展问题具体表现为：在价值观的选择上越来越趋向于实用化；政治信仰平淡化；在人际关系方面表现为过分强调自我、团队意识淡薄等。

（四）社会评价标准走向极端

现在社会上对大学生核心竞争力达到什么样的水平，最直观的判断标准是专业成绩和资格证书。现在社会流行的是"证书至上"，好像怀揣证书就可以走遍天下，这种现象已经步入了一个极端。证书固然是缩短企业识别人才周期的一个有效途径，但证书只能说明一个人在某一领域达到了一定水平，证书对知识储备有一定的考察，但对能力的考察严重不足，比如对一个人是否具有可持续发展的潜能、是否具有创新、开拓性思维等方面的考察，通过证书是看不出来的。就英语四六级考试来说，很多通过英语六级考试的学生，其口语和听力能力都比较差。

五、大学生核心竞争力如何提升

部分高校在培养大学生创新能力和创新思维方面存在明显的不足，导致培养的人才与社会要求相差甚远。所以，要通过教育改革及科学、有效的教育实践，调动教育者和被教育者双方的积极性，完善和实施素质教育，使大学生的创新潜能获得最大限度的开发。

（一）构建人才培养新模式

随着我国教育呈现出大众化、国际化的发展趋势，要培养具有创新精神的高素质专业人才，必须转变观念，引入现代教育管理模式，不断进行教学目的、目标、内容、方法和手段的改革，逐步构建起注重素质教育，融传授知识、培养竞争能力与提高素质为一体、适合创新人才成长的教育培养模式。

1.构建符合社会需要的人才培养模式

第一，要把对学生创新精神和创新能力的培养作为首要任务，满足学生个性发展的需要。培养创新人才的个性特征，就是使学生有高度的自觉性和能动性，有旺盛的求知欲，有强烈的好奇心，有广泛的知识面，有执着的事业心，有丰富的想象力。高等教育对学生不是一种单纯的知识传授，而是一种哲学思维训练，通过灵活多样的教育形式，充分启发和调动学生的形象思维，引导学生的抽象思维。通过自我概括、自我升华，加深学生对自然、对人生的认识和理解。通过思想政治教育引导学生围绕某一现实社会问题从不同侧面、不同角度进行分析、思考，培养他们的求异思维和求同思维，提高他们思维的独立性、批判性和灵活性，引发他们思维视角的转换，从而为创新思维的形成奠定基础。

第二，根据不同层次人才的培养目标确定教学特色。例如：大专层次教育应以突出专业、实务操作、培养专门人才为重点；本科生的教学应以掌握基本理论、基本知识、基本技能和初步的分析研究方法为重点；硕士研究生应以开设研究型课程、培养自主性学习能力和专业研讨能力为重点；博士研究生应以深层次理论研究、科技攻关、培养原创型科研能力为重点。其中，本科教育是高等教育的主体和基础，是创新人才培养的关键环节。

2. 构建具有竞争优势的人才教学模式

第一，加大通识教育的比例。当前大学生知识的广度不够，不同学科、体系从知识上来说总是相互联系的，拓宽知识面无非是从不同学科中汲取不同的方法，形成交叉或多向性的思维方式，相互借鉴，即广博才能精专；尤其是人文科学是目前学生感到难以满足的，人文科学中的社会知识、文化知识、历史知识、心理知识、美学知识等，是完善的知识结构的重要基础。作为一名大学生，这种广博知识的积累至关重要；同时，高校还要注重对大学生创新能力的培养，如自学能力、研究能力、表达能力和组织管理能力等。

第二，创新教育方法，构建复合型人才的能力结构。培养大学生创新精神及创新能力不仅需要完善健康的人格特征，也要求其具有完善的能力结构。知识的传授，应在有限的时间内给学生描述出或者在脑海里构建出基本知识的框架，然后给学生一定的自学时间，让其在基础知识的架构下不断充实。高校要真正改变说教式、填鸭式教学方式，建立教学民主观。

教学民主就是在教学上教师和学生要处于平等地位，把教学当作师生双方相互学习的过程。教学方法要由以老师讲授为主改为以学生自学为主，在教学过程中充分发挥学生的主体作用，激发他们的学习潜能和学习兴趣。在这一模式下，任课老师作为教学的辅导者和推动者，需要结合实际情况和学生兴趣提出一些问题，调动学生学习的积极性，通过自学培养他们独立思考、分析问题、解决问题的能力，当学生有疑难时指导同学们讨论，帮助他们找到解决问题的方法。此外，任课老师还要有敏锐的观察力和对所授知识更透彻地理解及对课堂节奏更好地把握，不仅要传授知识和技能，更重要的是，传授给学生一种学习方法，使其在以后的学习中甚至终身都有益处。教师要为学生营造民主的学习氛围，引导学生畅所欲言，积极参与课堂讨论。加强教学的互动性，即在专业课讲授之前先给学生一些典型的案例，让学生带着问题查阅资料、去预习。这样的互动教学既生动、深刻，能学以致用，又可以培养大学生的自学能力、对知识的加工能力和综合能力。

（二）培养复合型人才，优化教师队伍结构

1.培养具有创新优势的复合型人才

人类的创新越来越依赖于哲学社会科学和自然科学的交叉、人文精神和科学精神的融合，离开了对知识的学习和积累，创新就会成为无本之木、无源之水。因此，构建创新人才的培养模式，必须深化教育体制改革，坚持文理学科的相互渗透、科学与人文的相互统一，加快培养大批适应社会发展需要的、具有较高素质的、可以融会贯通地应用多学科知识的复合型人才。

（1）注重培养大学生的健康人格。独立性、坚韧性、克制性、适应性等心理品质，是大学生日后创新必不可少的心理基础。拥有积极乐观的人生态度、艰苦奋斗的精神，适应环境及社会生活，有自我调节控制情绪的能力、人际交往的能力等，是创新必备的心理素质，同时也是创新人才成长中所需培养的重要内容。因此，从心灵深处形成创新人格，并促进大学生创新人格的内化是高等教育不可忽视的重要内容。

（2）充分尊重学生个性。允许学生根据爱好、志向选择自己的专业。通过压缩必修课学分并扩大选修课范围，实行并完善选课制、学分制、双学位制和主辅修制。鼓励学生跨专业交叉选课和报考研究生，推行本硕连读、硕博连读的制度，给学生创造一个全面发展、提高综合素质的良好育人环境。

（3）必须及时调整和改革课程体系。调整和改革知识面过窄、专业过于单一的课程体系，完善人才的知识结构，实行宽口径、厚基础的通识教育。让学生系统接受人文社会科学、自然科学与技术、艺术等基本知识的教育，引导学生自觉用人类最先进的文化知识充实、发展和提高自己，在掌握扎实的专业知识的基础上进行深层次的学习与研究，以克服在人才培养上过窄的专业教育、过重的功利性的缺陷。

2. 优化教师队伍结构

着力营造良好的育人环境。教师作为先进文化的传播者和科学精神的倡导者，在教育创新中承担着重要的使命，在人才培养中占据主导地位，培养大学生的核心竞争力离不开创新型教师队伍的建设。作为教师，首先要更新知识观念，突出其现代性，避免滞后；其次要有强烈的创新意识和创新精神，具备获取和加工创新信息的能力、科学研究的能力和极强的语言表达能力；最后要能遵循创造教育的规律，积极启发和引导学生对创新产生兴趣和激情。

（1）要深化高校人事制度改革。完善教师队伍的选拔培训与考核聘任制度，引入竞争机制，形成优胜劣汰、人才辈出的良好局面。在注重基础理论、基础知识教学研究的同时，加强重点学科建设，高起点地选拔优秀学术骨干，把培养学术带头人与提高队伍的整体素质结合起来，改善教师的工作、学习和生活条件，加大科研奖励基金和拔尖人才培养基金的投入，资助中青年学术骨干参加国内外学术交流活动，建立教师学术假期制度，为造就一批真正能站在科技前沿的学术带头人创造宽松的外部环境。

（2）鼓励有创新经验的学术带头人到教学第一线。把教育创新成果运用于教学科研，建立人格平等、关系融洽、民主和谐、教学相长的教育氛围，用知识智慧启迪学生，用人格魅力感染学生，用渊博学识征服学生，用淡泊明志、求真务实的精神影响学生,通过教师的言传身教,努力造就一大批科技创新的后备力量。

(3) 着力提高教师队伍整体素质。教师有没有独到的见解和创新的思想,敢不敢坚持真理、修正错误,是否具有严谨治学、认真执教、乐于奉献、尽职尽责的精神品格,有没有实事求是的科学态度和对工作高度的责任感,直接关系到育人的质量。因此,高校必须着力提高教师队伍的学力水平、学术水平、文化素养等整体素质,造就一支政治思想过硬、勇于创新实践、学术科研能力强的高水平教师队伍。

六、当代大学生如何提升自我核心竞争力

(一) 正确认识和分析自我

"知己知彼,百战不殆。"大学生需要对自己及所处的环境进行全面深入的分析,正确定位人生,提高自我认识和自我反省的能力。自我认识是培育个人核心竞争力的基础,一个人只有对自己有清楚客观的认识,才可能扬长避短,树立自己个性鲜明的特色。环境的分析包括宏观的国际国内形势、社会需求、企业组织发展现状、行业特点,学校的基础设施和特色,家庭可以给予的支持和帮助;自身的分析包括自己的专业、性格、爱好、能力、优势、弱势等方面。只有清楚自己具有哪些优势,才能合理有序地整合这些优势,才能形成自己的核心竞争力。

(二) 开发与获取核心专长和技能

一名大学生可能具有多方面优势,但这些优势在其核心竞争力中的地位是不同的,在所有优势中居于主导地位,对核心竞争力的形成起决定作用的优势,就是大学生的核心优势。大学生的核心竞争力即是围绕核心优势,整合协调资源和能力,形成综合素质统一体,这一整体的功能大于局部功能之和,即核心竞争力的功能大于所有优势功能的加总。

开发与获取核心专长和技能的途径很多,结合大学生实际,一是学好自己的专业,我们强调扎实的基础知识的重要性,但并不否认专业知识的核心作用。专业知识应是大学生知识结构的核心部分,也是高级应用型人才结构的特色所在,大学生的专业往往成为其核心竞争优势,成为其实施差异化战略的关键步骤,成为其自身赢得竞争的特色。二是参加职业资格考试。目前,我国的职业资格考试种类繁多,外语类、财会类、保险精算类、经贸类、法律类、金融证券类、房地产类,其他如导游资格考试、心理咨询师考试、职业指导人员资格考试等有很多,其中,外语和计算机对于当代大学生尤为重要,通过这些考试,大学生可以提升自己的专业能力,形成自己的竞争优势。

(三)围绕核心优势形成自身核心竞争力

大学生要有整合意识,在整合自己优势形成核心竞争力的实践过程中,要充分发挥意识的能动作用,综合运用自己的知识和技能。通过自己的实力来体现、锻炼、铸造核心竞争力,并不断总结自己,根据自身具体情况形成自己特有的核心竞争力,这种最终形成的核心竞争力是较为稳固的、难以被别人模仿的。同时也应该注意,应用发展的眼光看待问题,核心竞争力在形成过程中及形成后并不是一成不变的,现在是核心竞争力,并不能保证以后还是,它要适应社会的变化而不断地发展。大学生应该经常检查,不断更新,这样,自己的核心竞争力才会得到不断的提升和完善。

未来的竞争,是思想、知识、智慧、创新的竞争,只有具备了核心竞争力,大学生才能具备正确观察世界风云变幻的世界观和方法论,才能有应对各种复杂局面的政治头脑和科学思维,才能站在时代前列,树立与时代相适应的观念,才能有抓住机遇和争得优势的本领和方法。大学生一定要强化对素质和本领的危机感和恐慌感,切实把获得核心竞争力作为人生的第一需要,使核心竞争力真正成为坚定信念之举、立身做人之本、提高素质之径、建功创业之基。

本节参考文献

[1] 袁贵仁. 在中宣部等六部门举办的热点问题形势报告会上报告摘要 [N]. 中国教育报, 2011-12-25.

[2] 乔海曙, 李远航. 大学生创新能力培养研究综述 [J]. 大学教育科学, 2008（1）.

[3] 姜智彬. 浅谈大学生能力教育的几个问题 [J]. 毛泽东邓小平理论研究, 1999（4）: 87-93.

[4] 汪应洛, 陶谦坎. 系统工程及应用 [M]. 北京: 科学出版社, 1990.

[5] 丁文仁. 工业企业实用系统工程 [M]. 南京: 东南大学出版社, 1990.

[6] 刘磊, 傅维利. 实践能力: 含义、结构及培养对策 [J]. 教育科学, 2005（2）: 28-32.

[7] 杨其滨. 高校毕业生就业核心竞争力体系的构建 [J]. 黑龙江教育（高教研究与评估）, 2007（10）.

[8] 王玉敏. 刍议大学生个人核心竞争力的培育与提升 [J]. 现代教育科学, 2003（3）.

[9] 周光礼. 高校人才培养模式创新的深层次探索 [J]. 中国高等教育, 2012（10）.

[10] 朱科蓉. 应用型大学的核心竞争力及其提升策略 [J]. 北京联合大学学报（人文社会科学版）, 2006（4）.

[11] 王丽桃. 邓小平理论课教学对高校学生人格教育的思考 [J]. 太原大学教育学院学报, 2007（S1）.

[12] 杜才平. 地方本科院校专业设置: 现状、问题及结构调整策略 [J]. 黑龙江高教研究, 2011（8）.

第二节
心理健康教育：大学生对接社会的减震器

纵观当代大学生的求学史，从小学到大学，孩子们面对的不仅仅是繁重的学习任务，还有来自社会求职方面的竞争压力，进而产生了一系列关于大学生心理健康方面的问题。大学生在心理上存在的多方面压力一般总结为以下几点：一是来自社会责任的压力；二是来自生活本身的压力；三是来自择业竞争的压力；四是来自整个社会不断加快的节奏所带来的压力。当今的社会是飞速发展的社会，对人才的要求也是多方位的。高等教育最终要为社会输送合格的、身心健康的人才。当代大学生思想活跃，渴求知识，追求进步，积极向上，但是不能否认，大学生所出现的心理问题也日趋严重，因此对大学生心理健康的关注与教育工作至关重要。

一、心理健康的含义及作用

第三届国际心理卫生大会对心理健康是这样定义的："所谓心理健康，是指在身体、智能以及情感上与他人的心理健康不相矛盾的范围内，将个人心境发展成为最佳状态。"心理健康的人的认识、情感、意志、行为、人格均完整协调，能顺应社会，与社会同步，大学生的心理健康与德、智、体、美诸方面的发展有着密切的关系。美国教育家戴尔·卡耐基调查世界上许多名人后认为，一个人事业上的成功15%是靠他们的学识和专业技术，而

85%靠的是良好的心理素质和处理人际关系的能力，可见心理健康关系到人生的成败。一名大学生，在学校里的首要任务就是学习。学习是智力活动，也是一个复杂的心理活动。大学生学习的过程就是一个不断调整心理机制以不断挖掘自身潜能的过程。在漫长而艰苦的学习过程中，人的内心机制无时无刻不在起着支持调节的作用，并随时从心理上调整修正个人和现实的关系，保持以最好的心理状态、最大的心理潜能去学习新的知识，探索新的未知领域。心理健康也是良好心理素质的基本要求，其与大学生的健康成长有着十分密切的关系：其一，健康的心理素质有助于提高身体健康水平，对于预防疾病和延缓衰老有积极的作用；其二，心理健康是大学生实现人生理想和成才目标的前提，因为人生观的形成必然包含了许多心理成分，如对社会的认识、价值观念、理想、意志、情感等。有了对社会和自身的正确认识、对人生的价值和生活意义的正确评价、远大的理想和为理想百折不挠的信念和意志，才能正视现实，对周围的事物有客观的认识和清醒的判断，才能建立起正确的价值观和高尚的道德感，从而保持积极向上的心态，既有高于现实的理想，又有合乎实际的考虑，眼界开阔、头脑敏锐、积极开拓、朝气蓬勃地学习和生活，向成才目标迈进。所以，大学生要确立正确的人生观和理想，必须首先具备健康的心理。

二、心理发展的特点

（一）心理发展的时间性

大学生心理发展的过渡阶段一般是在18~22岁。从生理发展看，他们接近成熟或达到成熟。多数的大学生认为自己已经长大了，具有成人感，强调独立和自尊，希望家长和社会把他们当作成人来看待。从心理发展看，人成熟的历程需要一段相当长的过渡期，不是简单而迅速地完成由孩童到成人的转变，几乎要伴随青年期的大部分时间，然而，现在的大学生多数是独生子女，他们不愿更多地受他人约束和干涉，经常以成人的姿态出现在公共场合，希望得到成人的同等待遇，但是，他们身上的那种孩子气仍时时表现出来，从而使大学生的心理发展明显地表现出带有孩童与成人心理特征的双重痕迹，具有过渡性的特点。

（二）心理发展的突变性

处于青年时期的大学生，其心理发展是人生中任何一个时期都无法比拟的，他们在兴趣、爱好、情绪、意志和价值观等方面表现出一系列变化。他们乐于开发自己内在的主观意识，迅速彻底地改变过去的一切，开始重新组合。对此，心理学家席勒认为，到了这一时期，青年人第一次有了自然的体验，并且打开了一个辽阔而有价值的世界。这些必然促使他们向着积极的方向转变，从而具有精力充沛的满足感和生命自身的运动、自由、动力感等。大学生在对内认识自我的同时，对外他们迅速扩大自己的生活空间和交往范围，世界上的各个方面都为他们所注意，并迅速发展为进行自己的逻辑社交生活和探索创造，从而不断更新自己的社会化的基本内容和方式。这充分表现出大学生心理发展的突变性。

（三）心理发展的矛盾性

1. 独立性与依赖性的矛盾

大学的入学竞争相当激烈，家长为了保证孩子能上大学，往往把学习之外的一切事情都统统包了下来，为孩子创造良好的条件和腾出充足的时间来学习，从而使他们形成了依赖心理，造成他们上大学后既缺乏独立生活的心理准备又缺少为人处事的经验和能力，这样就形成了大学生独立性与依赖性的矛盾。

2. 理想性与现实性的矛盾

大学生对自己的未来充满了信心和希望，但由于他们对现实生活缺乏深刻的体验，因而他们的理想常常带有幻想乃至空想的色彩。特点是刚刚迈进大学校园的学生，对所学专业、生活环境、人际关系等都有一个重新认识的过程，在认识过程中就会产生理想性与现实性的矛盾。

3. 交往性与闭锁性的矛盾

随着年龄的增长，大学生逐渐开始发现自我、认识自我、设计自我，但他们对自己内心世界的认识还处于模糊不清、很难把握其实质的阶段。他们把一些事情看得很神秘，对人羞于启齿，因此把自己的心灵之门关闭起来，常常莫名其妙地陷入孤独寂寞的心境之中。同时，他们又愿意与人交往，想把自己内心的想法向别人倾诉，从而去寻找友谊和同情。这些显示了大学生的交往性与闭锁性的矛盾。

三、心理问题的主要表现

（一）自我评价障碍

大学生自我意识迅速发展，思维的独立性有所提高。从理论上而言，大多数大学生能客观地评价自己，认识到自己的优点和不足，但是存在心理障碍的大学生往往不能正确认识自己。大部分存在心理障碍的大学生都有自卑心理，有些时候是因为自己某种条件不如别人造成的，如家庭情况、个人长相、学习成绩等方面；也有些时候是他们在得知自己存在心理问题之后产生的，因为他们感觉到自己的想法跟其他同学不同，或是自己认为其他同学得知自己的病情会低看自己，这都造成了心理障碍学生的自卑心理。少数存在心理问题的学生则是有些自负心理，总觉得自己比别人强，高别人一等。这类学生往往曾经是非常优秀的学生，每当他们谈起自己，经常说道"我读小学的时候获过什么大奖"、"高中的时候学习多么优秀"。回到现实，当他们对自己的要求非常高但是又达不到的时候，往往会在一种特定的时间内暴发心理疾病。这类学生往往掩藏得比较深，不到暴发的时候我们看不出他们有什么症状。

（二）攀比心理

有些存在心理障碍的学生非常要强，常常为自己制定非常高的目标，而且他们总是有一个比较的对象，或是同学，或是朋友，有的还会是自己的兄弟姐妹。有时候目标的设定会随着他们年龄的增长而经常更换，但常常是目标越换越高，越换越比不上，当他们一旦发现自己确实比别人差，怎么比也比不过的时候，就像突然从高空降下，心理很难接受，长期下去，心理疾病越来越严重。

（三）人际关系障碍

良好的人际关系是大学生获得心理健康的重要途径。大学的集体生活为学生们提供了培养人际交往能力的条件。通过朝夕相处，学生们可以去了解其他同学的优缺点；通过语言交流，可以增长自己的知识面；通过互帮互助，可以培养他们的良好素养。然而，有的大学生就不会处理人际关系，不会与人交往：自卑孤傲，部分学生由于贫困或自我表现能力所限而产生自卑心理，也有部分学生自视清高而产生孤傲心理；自私自利，部分学生为获得个人私欲的满足或对功利的追求而产生自私自利的心理；羞怯闭锁，有些学生在人际交往中因胆小、孤僻、害怕而自我封闭；猜疑防御，部分学生在人际交往中对人不信任，总是以怀疑的眼光看人看事，对人处处设防；嫉妒报复，有些大学生在人际交往中嫉贤妒能，对他人的长处或取得的成绩心怀不满，抱有嫉恨，甚至因一点点小事而对自己嫉恨的人加以报复。

（四）情感障碍

对于大学生来说，大学生活是一段非常美好的时光。在此期间，很多大学生选择了恋爱。大学时代的青年人人格尚未定型，其生活经历和社会环境对他们人格的完善将会产生重要作用。男女大学生因学习朝夕相处，相互之间会渐渐产生爱慕之情，进入恋爱阶段是很正常的现象。然而，大学生恋爱行为有时会影响其心理健康。大学生的恋爱有很多不确定性，因为双方对未来都没有把握，所以这个时段的恋爱往往是不稳定的。当今的大学生中，因为恋爱的波折造成心理疾病的数不胜数，其主要原因还是心理不成熟。

（五）意志障碍

意志是人在完成一种有目标的活动时所进行的选择、决定与执行的心理过程，它体现了人们在实践活动中的主体性、自觉性、能动性和自制力，是战胜困难和挫折必备的心理品质。当今大学生多为独生子女，过惯了娇生惯养的生活，未经历过艰难困苦的磨炼，意志薄弱，有些学生对学习和生活中遇到的困难，努力一下很快就会放弃。大学生产生心理问题的原因有很多，有时可能是很多事情交织在一起而促成了问题的产生。

四、心理问题的克服策略

（一）优化各种环境

大学生是祖国的未来，全社会都要高度重视、关心、支持大学生的成长，优化校园周边环境，提倡有利于大学生发展的教学观、教育观和人才观，为大学生健康成长营造文明、进步的社会氛围，帮助大学生树立自尊心、自信心，获取应对各种困难的有效方法和内在动力。

（二）家长教育观念的转变

家庭教育是不可或缺的。家长应改变一贯的呵护做法，从小培养孩子面对挫折的能力，使他们提前接受挑战，这样有利于孩子优良品质的形成和性格的塑造。还有些家长应该改变一贯的训斥态度，不妨跟孩子试着做朋友，维护孩子的自尊心和自信心，这都有利于孩子的心理健康。

（三）学校应多关注学生的心理健康问题

不可忽视的是，在高校生活中，很多大学生可能出现不适应，或是出现心理障碍倾向，这就需要辅导员和老师随时掌握学生的心理状态，对有心理障碍倾向的学生多接触、多谈心、多为他们排忧解难，把这种倾向扼杀在萌芽之中。必要的心理健康教育是不能缺少的。有的学生存在心理疾病，但是他们自己不知道。如果学生有这方面的常识，自己就已经发觉自己的某些想法不正常，这时应主动找老师或同学谈心，请他们帮助排解，这样能够对他们有所帮助。此外，高校中的心理普查也是我们及时发现心理障碍学生的一种很好的方法，而且还可以把有心理问题倾向的学生排查出来，对大学生心理健康工作有极大的促进作用。心理健康是大学生健康成长的一个重要方面，也是高校教育的一项重要工作。高校应该重视心理健康教育，为每一位学生提供人性化的关怀与帮助，促进学生在各方面积极健康成长。

根据大学生心理发展的特点，针对当前大学生的思想实际，高校要结合社会发展现状可能对青年学生身心成长所带来的实际影响，科学有效地开展大学生心理健康教育，预防大学生心理问题及心理疾病的发生，促进其心理健康水平的提高。当前各高校应重点做好大学生心理预防工作，从专门课程讲授、学科渗透、专题讲座以及活动开展等环节构建大学生心理健康教育预防模式，有效避免大学生出现的各种心理问题。

本节参考文献

［1］赵亮.论大学生心理健康的现状和教育对策［J］.东北财经大学学报，2005（5）.

［2］李磊.大学生心理健康教育的定位分析和途径探索［J］.中医教育，2005（4）.

［3］贾德民，项新求.为大学生筑就心理健康的坚强屏障［J］.中国高

等教育，2005（12）．

［4］程喜中，张建中．推进大学生心理健康教育［J］．中国高等教育，2005（9）．

［5］齐允峰．大学生心理健康教育实施途径的研究［J］．西安体育学院学报，2005（1）．

［6］叶丹红．拓展大学生心理健康教育的思考［J］．学校党建与思想教育，2005（1）．

［7］戴兴玉，汪洪梅，宫勋，白晓薇．谈大学生健康心理素质的培养［J］．吉林化工学院学报，2004（5）．

［8］黄希庭等．当代中国大学生心理特点与教育［M］．上海：上海教育出版社，1999．

［9］樊富珉．大学生心理健康与发展［M］．北京：清华大学出版社，1997．

［10］王玲等．大学生心理手册［M］．广州：暨南大学出版社，1999．

［11］王登峰，张伯源．大学生心理卫生与咨询［M］．北京：北京大学出版社，1992．

［12］戴晴晴．高校心理健康教育"三梯队"网络工作机制的建立与完善［J］．江西财经大学学报，2005（5）．

第三节
重视感恩教育 提高道德修养

感恩是中华民族的传统美德，是和谐社会的基本道德价值取向，感恩教育是高校德育工作的切入点和思想政治工作的着力点。在构建社会主义和谐社会的过程中，感恩这一传统美德应成为每个公民的基本道德修养，尤其作为当代大学生，更应懂得感激父母的养育之恩、老师的教诲之恩、社会的关爱之恩，懂得感恩是大学生人文素质的重要组成部分。当前，当代大学生的整体素质是积极的、健康的，但是感恩意识缺失现象越来越明显，且表现出与主流价值观偏离的"忘恩"现象。这种现象的根源是大学德育实效性的弱化、大学生道德人格的缺陷和感恩意识的缺失。所以，加强大学生的感恩教育刻不容缓。

一、大学生感恩教育的内涵

进行大学生感恩教育的实践，必须充分认识感恩的内涵和大学生感恩教育的内涵，只有真正了解了感恩教育的实质，才能将其深刻内涵融入人文素质教育的实践当中。所谓"感恩"，顾名思义，就是"感谢别人给予自己的恩惠"的意思。《现代汉语词典》解释为，"对别人所给予的帮助表示感激"。也就是说，对自然、社会和他人给自己的恩惠和方便由衷认可，并真诚回报的一种认识、情感和行为。《说文解字》把"恩"解释为"惠"。所谓恩惠，自然有施之方和受之方。恩是用"惠"将施受两个方面的情感紧密联系在一起的。感恩是每个人都应该具有的基本道德准则,也是做人最基本的修养,大学生作为肩负着历史使命的社会特殊群体,更应该学会"感恩"。

感恩教育既是情感教育,也是道德教育。"情感是道德的卫士",情感是在道德认知的基础上产生的,是关于人的举止、行为、思想、意图是否符合社会道德而产生的情感体验,情感使人的道德认识处于动力状态,影响着道德认识的形成及其倾向性,从而在一定程度上保证道德认识和行为的统一。苏联教育家苏霍姆林斯基曾说,"善良的情感是良好行为的肥沃土壤",而感恩教育即是使人产生善良情感的"内化"教育,是一种以情动情的情感教育,也是一种以德报德的道德教育,更是一种以人性唤起人性的人性教育。感恩能净化心灵,涤荡世间一切尘埃,使人内心变得恬静而柔和。

感恩是一种生活态度、一种境界。感恩是弘扬民族精神,继承中华传统文化,加强思想道德建设的重要内容。感恩是一种生活态度、一种洒脱豁达,也是善于发现美并欣赏美的一种高雅情趣;感恩是一种精神境界、一种人生高度,也是对命运的一种美好回应;感恩是一种道德观念、一种思想修养,也是构建和谐校园、和谐社会的一种有效途径。

感恩是一种生活方式、一种风尚。大学生只有树立了正确的感恩观,才能对周围的人、事和物心存感激。提倡感恩并不在于回报什么,而是在人与人之间倡导一种友善、责任、关爱、宽容的社会风尚。从身边的小事做起,父母的养育之恩、老师的教育之恩、单位的知遇之恩、社会的关爱之恩……都是我们触手可及的感恩之源。懂得感恩,就能够使我们在失败时看到差距,在不幸时得到慰藉、获得温暖,激发我们挑战困难的勇气,进而获取前进的动力,这样我们才会有一个健康乐观的心态和积极的人生。

二、感恩教育缺失的现状及原因

在物质文明高速发展的时代,每个人都紧跟时代的步伐,被强大的物质主义思想蒙蔽头脑,广大大学生面对社会环境的急剧变化,生活和就业压力剧增,导致感恩意识的缺失,对于父母的养育、社会的关爱等缺少回报与反馈,因此,感恩教育就显得十分必要。

大学生感恩意识的缺乏主要体现在以下两个方面:一是缺少感恩情怀,对于父母、老师和朋友给予的帮助缺乏最基本的回报意识,甚至认为这是理所当然的;二是不知道如何感恩。感恩体现在行动上,要在实际行动上表达对他人的感激之情。

一些大学生以自我为中心,把父母和他人付出的关爱视为理所当然,既无感恩意识,更无回报意识,而只知受惠和索取,不知感谢。部分大学生缺乏孝心,认为父母对他们的无私付出,是天经地义的事。在学校期间,除了要钱之外,很少打电话给父母,更不会主动问候和关心父母的健康状况。甚至有些大学生在和同学攀比名牌服装、名牌化妆品等奢侈品时,怨恨父母"无能",要求父母为其提供更多的零花钱。广西师范大学的陈军弟曾做过一个调查,统计数据显示,7.9%的大学生感恩意识严重匮乏,对父母的养育之恩无动于衷。

目前,我国正处于社会转型和多元文化的碰撞时期,道德的缺失、信仰的危机、弄虚作假等种种丑恶现象,不断影响着人们的价值观。改革开放以来,旧的传统价值观由于不适应社会的发展产生了种种矛盾。大学生受到社会上不良风气的影响,对父母、对老师、对同学、对社会、对他人缺乏感恩的心,对社会缺乏奉献的思想,对祖国缺乏荣誉感。现在的高校过于急功近利,以"成才"为评判高校质量高低的唯一标准,导致学校感恩教育严重欠缺。各高校比拼的是考研率、就业率和各种名目排行榜等,而对感恩教育并不十分重视。感恩教育过于形式化,如利用"思政课"的课程设置来教育学生感恩,课程内容脱离实际,内容单调枯燥,重灌输政治教育，轻感恩教育，教育方式呆板，学生只是被动地接受，感恩教育效果不好。大学生处于生理、心理成熟的过渡期，在这个特殊的时期，认知经验不足，对事物、社会现象认识片面、绝对化，且容易冲动，不顾及他人的感受，虚荣心、攀比心也较强。另外，大学生面临着许多的压力和诱惑，体现在学习、经济、就业和人际交往等方面。各种各样的压力易使大学生产生心理冲突，形成不良的心理素质，心浮气躁，觉得自己得到的太少了，忽略他人感受，以自我为中心，造成感恩之心缺失。

三、加强大学生感恩教育，提高大学生人文素质

（一）加强感恩教育，是对大学生成长成才的基本要求

对大学生实施感恩教育，可以让他们了解做人最起码的道德修养，转变过去以自我为中心的心理倾向，让大学生重新审视父母、老师、同学、他人对自己的帮助和关爱，理解善良、平等、尊重、关怀、礼貌、互助、合作、竞争这些人际交往中最基本礼仪的深刻内涵，将心比心、礼尚往来，培养出良好的道德品质。对大学生进行感恩教育，在提高思想道德水平的同时，他们的社会交际能力也相应地提高，学生会得到更多的朋友，学生之间相互信任和尊重、相互竞争与合作，与人交往、参与实践，能力得到锻炼，行为得到认可，适应社会的能力也会大大增强，为未来进入社会参加工作做好充分的准备。实施感恩教育，让大学生懂得孝敬父母是为人之本、尊敬老师是为生之根、感恩是快乐生活的源泉，从我做起，从小事做起，从一点一滴做起，理解宽容朋友的过错，体贴关爱父母的艰辛，珍惜享受老师的劳动，从而提升对父母、老师、同学的责任感，让生命更有意义。感恩教育要贯穿一个人生命过程的始终，在这个过程中，每个人都会接受到不同人施与的恩惠与帮助，我们以感恩之心给予回报，对于人生的顺利进行将发挥巨大作用。

（二）加强感恩教育，是继承和弘扬感恩思想文化的需要

在中国传统文化中，感恩思想源远流长，中华民族有着悠久的感恩传统。"谁知盘中餐，粒粒皆辛苦"，"投之以桃，报之以李"，"一日为师，终身为父"，"鸦有反哺之义，羊知跪乳之恩"等古训和谚语集中反映了人们对感恩文化的认同和崇尚。诚然，优秀的感恩文化既可以消弭隔阂、催生诚信、增进共识，又可以激发潜能、营造和谐、维护稳定。"重拾"感恩文化，是人性的需要与回归，也是现代文化与传统文化的对接和传承。假如每一个人在需要帮助的时候都得到帮助，假如每一个得到过帮助的人都记得感恩，假如人与人之间这种付出与回报的链条永不中断，那么人们就永远生活在爱的链条中，那时人间便处处充满温情，而人生则时时都会相遇奇迹。

（三）加强感恩教育，是人文素质教育的重要组成部分

感恩教育应该在很大程度上矫正当前高校教育重科学知识传授轻人文精神培养、重理论灌输轻情感培养的单向教育的弊端。很多高校在教育教学的实践当中，将培养学生的重点放在专业知识的传授上，人文素质教育仅仅用一些政治理论课来代替，这样并不能起到人文素质教育的作用，而感恩教育作为人文素质教育的重要组成部分，契合了以以人为本为核心的科学发展观对高等教育的现实要求，即教育必须要建立一个人与人、人与社会高度协调、高度和谐的系统，以促进人的健康、全面、和谐发展。在提高大学生感恩意识的基础上，加强人文素质建设，依托理论与实践对大学生进行感恩教育，帮助学生理解人文精神的内涵，从而更好地引导大学生提升个人的人文素质，也使他们在未来的工作中更具竞争力。

（四）加强感恩教育是引导大学生树立正确价值观的关键

感恩教育能够促进大学生自身的和谐发展，有助于唤起大学生的感恩之心，培养大学生与人为善、助人为乐的品德，改善社会风尚，保持内心的祥和宁静。大学生作为祖国未来的接班人和社会主义事业的建设者，只

有常怀感恩之心，才会更有动力为祖国未来的发展贡献出自己的力量。感恩不是仅仅局限于人与人之间对于恩惠的回报与反馈，而是应该用实际行动表达对整个社会的付出与回报，树立正确的世界观、人生观、价值观，对人类行为与社会环境充分认识，既要认识到国家和社会对于大学生的付出，也要使他们意识到肩上的责任，并形成高度的责任意识，怀着一颗感恩的心，我们便会更加感激和怀念那些有恩于我们的人，甚至是逐渐原谅那些曾经和我们有积怨或者伤害过我们的人，由此我们便能生活在一个和谐的社会里。

本节参考文献

[1] 万光侠等.思想政治教育的人学基础[M].北京：人民出版社，2006.

[2] 李瑶.高校感恩教育探析[J].科教导刊（上旬刊），2011（3）.

[3] 张志新.社会转型期大学生感恩意识缺失的多维成因分析[J].党史文苑，2009（18）.

[4] 黎红梅.文化视角下的大学生感恩教育[J].湖南人文科技学院学报，2010（3）.

[5] 吴华岳.大学生感恩意识的现状调查及分析[J].文教资料，2010（17）.

[6] 仇忠海.学校感恩文化的内涵及形成机制[J].上海教育科研，2010（6）.

[7] 李术红，董广芝，郝大勇.高校感恩教育实施策略探索[J].东北农业大学学报（社会科学版），2010（5）.

[8] 郭屹.大学生感恩教育问题对策探析[J].长春教育学院学报，2011（5）.

[9] 吴红.社会转型期大学生感恩教育体系的多维构建[J].贵州民族

大学学报(哲学社会科学版),2012(6).

[10]付喜凤.心理疏导研究[D].武汉大学博士学位论文,2010.

[11]胡厚福.德育学原理[M].北京:北京师范大学出版社,1997.

[12]萧家芳.大学生感恩教育研究[D].南昌大学硕士学位论文,2007.

[13]郝大勇.当代大学生感恩教育研究[D].西南大学硕士学位论文,2007.

[14]杨波.当代大学生感恩教育实效性研究[D].东北林业大学硕士学位论文,2009.

[15]吴殿峰.大学生感恩教育理论与实践探讨[D].哈尔滨工程大学硕士学位论文,2007.

[16]马庆波.当前高校感恩教育研究[D].西南大学硕士学位论文,2009.

第四节
顺应终身学习潮流　健全终身教育平台

终身教育作为一种教育思想和新兴的教育体系，是对传统教育思想和教育体系的重要发展，有着鲜明的时代特征和深远的现实意义。高等教育的可持续发展要求高等院校在未来的终身教育体制中找准位置。

一、终身教育思想的含义

"终身教育是人们一生中所受到的各种培训的总和。"这是目前对于终身教育最普遍的看法。它始于人的生命之初，止于人的生命之末，包括人发展的各个阶段及各个方面的教育活动。其最终目的在于维持和改善社会生活的质量。《教育——财富蕴藏其中》将终身教育定义为"与生命有共同外延并已扩展到社会各个方面的连续性教育"。它的本质特征就是终身性与整体性。它的形式范围广泛，涵盖学校教育、家庭教育和社会教育，正规教育与非正规教育，学历教育与非学历教育，普通教育与专业教育，职前教育与职后教育等，但不是各个部分的简单相加，而是整体大于部分的总和。终身教育反映了当代科技进步的要求，适应当代社会对人才素质的需要。在世界范围内，终身教育是对整个人类提出的要求，而非某个人。对国家来说，终身教育的对象是所有的公民。其特点包括：

（一）终身性

知识的更新和时代的发展需要人们不断地学习，直到生命结束。人类积极进取的本性也要求人们不断地进行学习。

（二）自主性

终身教育包括学校教育和离开校园后的自主学习。在学校教育中，学习具有一定的强制性和约束性；而离开学校以后学习则在很大程度上依赖自己的主动性。

（三）全面性

随着时代的进步，数字化、信息化的发展要求个人不仅要精通专业知识，还要熟练掌握相关学科的知识。只有具有综合素质，才能在激烈的竞争中脱颖而出。

（四）快速性

科技的发展推动时代日新月异。知识的更新和发展以我们想象不到的速度在进行。因此，具有敏锐的辨别知识的能力和学习的快速性显得尤为重要。

二、终身教育和学习型社会理念的历程

我国伟大的思想家、教育家孔子说过："吾十有五而志于学，三十而立，四十而不惑，五十而知天命，六十而耳顺，七十而从心所欲，不逾矩（《论语·为政》）。"我国另一位大思想家庄周也曾说过："吾生有涯，学也无涯。"这些都是终身学习和终身教育思想的源头。

西方许多教育家认为终身教育思想的起源可追溯到柏拉图和亚里士多

德。柏拉图认为，一个人如果不经过漫长而艰苦的训练和以"严格科学的方式忍苦地学习"是绝对不会有收效的，这已经是"终身教育思想"的萌芽。而亚里士多德则提出更加明确的主张："儿童和需要教育的各种年龄的人都应受到训练。"1965年12月在联合国教科文组织第三届成人教育会议上，教育家保罗·朗格朗作了《论终身教育的报告》，并指出受教育的时间应该贯穿于"人生命的全过程"，成为终身教育最直接的含义。他指出，教育应该是每一个人从出生到死亡永不停止的事情。"把人生分为两半，前半生用来学习受教育，后半生用来工作"，这样的理论毫无科学依据。1968年美国芝加哥大学校长罗伯特·哈钦斯在《学习型社会》一书中提出了学习型社会理论的主张。他认为学习型社会就是能够为社会成员提供各种教育机会，并促成所有社会成员最大限度地发展自己的社会。

三、终身教育和学习型社会理念提出的背景分析

（一）知识经济是当今和未来社会发展的最主要动力

21世纪是知识经济的时代，即以智力资源的占有、配置，以科学技术为主的知识的生产、分配和使用（消费）为最重要的经济。其核心是科学技术，是高新技术产业。它的特征有：①知识剧增，信息爆炸。②知识经济时代产品同以往产品相比，由劳动含量转为科技含量，产品由劳动密集型转向科技密集型。③在知识经济条件下，生产的社会化程度越来越高。④国际经济竞争主要表现为商品的技术水平和知识含量的竞争，产品的高价值量决定了智力资源的重要作用。在知识经济背景下，知识日渐成为一种潜在的力量，并在人类社会中扮演着越来越重要的角色。这也决定了人力资源的开发有赖于教育。知识经济是一种教育型经济和学习型经济，我们必须顺应时代的发展潮流，重视终身教育和学习理念。

（二）人的全面发展的需要

人的全面发展有两个方面的含义：从人类的角度来看，其实质是人类社会从必然向自由的过渡，他强调人的社会化程度，即整个人类社会在经济政治、文化各个方面的全面发展，社会物质文明和精神文明的高度而又协调的发展；就个体而言，全面发展强调的是人的个性化程度，即作为个体的人在各个方面的全面发展，物质生活和精神生活的全面协调发展。人们渴望世界和自身不断良好发展的愿望决定了人们需要不断地学习，学习前人的经验以获得更快更好的发展。

四、终身教育的必要性

（一）适应社会的发展

1998年，我国教育部颁布的《面向21世纪教育振兴行动计划》提出要开展社区教育试验工作，构建终身教育、终身学习体系，努力提高全民素质，并明确提出到2010年基本建立起终身学习体系的目标。中共十六大把"形成全民学习、终身学习的学习型社会，促进人的全面发展"作为全面建设小康社会的一个重要目标。积极践行终身教育，顺应了未来社会的发展。

（二）满足自身发展的需要

21世纪是一个科技信息化的时代，知识在不断地变化和完善。一个人不可能只通过在校阶段性的学习，储备终身所需要的知识。只有不断学习才能更新知识，才能适应时代的要求。知识的更新和科技的发展要求我们只有不断地进行学习才能顺应社会的需要，使自己在社会竞争中处于优势地位。

（三）与时俱进

知识、技术的发展呈现多元化、交叉趋势，而且更新的速度非常快。不断学习新的知识和掌握新的信息,才能赶得上知识、技术的多元化和交叉发展的速度。

五、终身教育对大学生的要求

(一)扎实而丰富的理论知识

理论知识包括专业知识和非专业知识。一个优秀的大学生应同时具有这两种知识,并最终形成自己的知识体系。作为大学生,应在不断学习自己专业知识的基础上,不断扩充自己的知识面,开阔视野。无论在工作、科研等任何领域,理论知识都是必不可少的。

(二)适应环境的能力

适应环境的能力包括思想品德、创造能力和知识技能等多方面。时代的进步、社会的发展,导致很多工作领域都在不断发生着变化。只有不断培养自己的适应能力,才能在日新月异的社会中游刃有余。

(三)社会交往能力

人际交往存在于社会的每个角落,是人类实践经验的结晶。这直接关系到大学生以后工作的问题,在我们每个人的生活中扮演着重要的角色。

(四)语言表达能力

有人际交往的地方就有语言表达。这对大学生而言是很重要的能力。要有话说、敢说,并说得得体。

(五)动手能力

动手能力是将理论转化为实践的过程。动手能力的强弱直接关系着学生的发展前途。因此,勤动手、重实践、多做实事,是大学生迫切要培养好的行为习惯。

（六）竞争能力

竞争能力是人们顺利完成某项活动的一种心理特征。大学生首先要认识到竞争能力是自身发展和社会发展的需要；然后不断学习知识，并能够把自己的实力展示出来，懂得抓住机会。

（七）沟通能力

沟通能力是社会交往的关键。大学生要学会运用同理心，在面对冲突和矛盾的时候抓住问题的关键进行及时沟通，提高自己的沟通技巧。

六、树立终身教育理念，践行终身教育的策略

（一）强化终身教育的理念，激发自觉学习的积极性

21 世纪是知识经济的时代，知识是个人和社会发展的基础。国家和社会应通过各种教育形式强化终身教育，使全体社会成员深刻认识到学习知识是终身之事，不学习就没有发展。

（二）改变教学模式，注重学习能力的培养

大学教学应由教师主导型向学生主导型模式转化，以学生为主体，实行老师与学生互动，注意调动学生兴趣，改变单纯以考分评价学生的标准。考试内容应注重能力的考察和素质的检测，以此引导学生去除考试前临时"抱佛脚"，死记硬背某些知识，对所学知识不深入理解和灵活应用，就能轻松得到高分的陈旧观念。

（三）打造规范与创造性的教师生存环境和文化

高校应创造适宜教师规范而创造性生存的环境，让教师在创新思想的

指导下去规范，让规范有利于教师创新，并改变教师的生存状态。规范成为教师文化的重要内涵和特征。教师讲授课程是丰富的、高尚的、深刻的，而丰富、高尚、深刻离不开教师规范的形象和品质。建设教师文化，必须着力开发教师的创造潜能，鼓励其创造性地工作，提倡教学风格和形成教学流派，让创造成为教师最优的生存状态，成为教师文化的核心和最高境界。

（四）用人单位自身应注重知识求发展，给大学生发挥所学留足空间

用人单位处于竞争激烈的知识经济时代，应善于发现和利用人才，尊重知识、尊重实践，以求做大做强。对于刚就业的大学生应让其多动手，给予相应的指导、引导，使其有更多的机会、更大的空间展示自我，认识自我。这一方面可以更快为实业单位培养骨干，另一方面可以让他们认识自身存在的差距，增强压力感、紧迫感和使命感，卯足为解决实际问题而意欲不断学习的动力，养成时时学习、处处学习、在实践中求学的好习惯，并通过他们的影响促使其他人认识到学习知识的重要性，从而养成将主动学习作为一种生活方式的良好习惯。若实业单位对将知识学习创新成为某方面的技术革新的能手给予物质利益鼓励，以利益机制作为引导，定能极大地刺激和调动职工的学习积极性和热情，也能更快地促使自觉学习氛围的形成。

七、终身教育体系中高校成人教育的定位、功能与转型

基础性的学校教育和提高性的校外教育是构建终身教育体系的两大支点。高校成人教育则是连接校内、校外教育形态的桥梁和纽带，对终身教育理念的践行起着至关重要的作用。

（一）高校成人教育的定位

成人教育的意义在于弥补由于基础薄弱而导致的高等教育的空白，满足社会在职人员的实际需要。然而很多年来，我国的成人高等教育一直扮演着补充普通高等教育的角色，尤其是高校成人教育，在整个教育体系中一直处于边缘状态。

高校成人教育作为融合两者的继续教育形态，平行于普通高等教育，是社会成人全面发展的重要渠道，是不同类型的教育形式的桥梁和中介，也是教育结构均衡化的主要载体。它具有社会性和专业性的双重价值，连接着学校和社会两大系统，是个体社会化的重要着力点，也是个体内在性的重要来源。

（二）高校成人教育的功能

1."加热器"

高校成人教育作为专业的教育形态，拥有对经济、社会、文化领域变革及其内在规律的宏观认知和微观把握的能力，是基础的个体接受职业教育、技能培训、文化熏陶的"加热器"。学校教育虽然能向个体提供知识、技能和能力，但却具有一定的片面性，而且个人能真正学习到的东西也是有限的。另外，随着时代的进步，很多的行业、职业标准以及工作的内容会发生一定的变化，这就要求个体不断地进行继续受教育来满足环境和自身的需要。

2."转化器"

高校成人教育连接着高校和社会两个领域，通过与社会机构、企事业单位对接，承接、转化、实践这些实验和创新成果，推进创新成果的社会化、公共化进程，提高创新成果的应用范围、效率，从而为创新型国家的建立提供智力支持。高校成人教育是社会教育的重要着力点，是理论创新的"转化器"。

3."桥梁和纽带"

成人高等教育、职业教育、非学历培训、专业资格证书教育、网络教育等都有自身独特的覆盖领域，因此，高等成人教育相对割裂的教育形态之间如何建立紧密的联系起到重要的作用。高校因其深厚的文化积淀、先进的培养平台和多样的培养手段，可以在终身教育体系建构过程中发挥桥梁和纽带作用。高校成人教育通过自身职业化、社会化的改革，能够建立更加贴近就业市场和职业需要的培养体系，通过开展与社会教育机构的广泛合作，使社会教育共享高校的教育资源，建立不同类型继续教育形态之间的"立交桥"，进而促进终身教育的发展。

4."试验区"

终身教育体系的建构是一项综合性、系统性的工程。高校成人教育具有继续教育的社会性和市场化，又具有高等教育的学术性和专业性特征，是进行教育改革极佳的"试验区"。在稳中求进的前提下探索成人教育的开放办学制度、学分银行、弹性学制以及教学方式的更新实验等，一旦取得重要成果，就可以将其推广至其他社会教育领域，使不同类型的教育形态不断发展，并逐渐融为一体，从而为终身教育体系的建构奠定坚实的基础。

（三）高校成人教育的转型

1. 从依附性向独立化转变

国家应出台终身教育的相关政策，重视成人教育在整个教育体系中的作用。从中央到地方设立各个层次终身教育的专门管理机构，明确宏观管理职责，将成人教育作为独立的继续教育形态，制定专项发展规划，出台专项管理办法，发挥各方面的积极性，确定社会力量开展成人教育的条件、机构设置和运行要求。设立专门管理机构和教学部门，扩大成人教育办学自主权，结合学校特色和地域优势，制定发展规划，探索有特色的成人教育形式。教育主管部门要发挥主导作用，建立政府、企业和个人合理分担成本的终身教育经费保障制度。提高社会各个部门、组织和企业对教育培训的投入水平。高校要加强成人教育的地位，建立专职和兼职的成人教育教师队伍和专门管理队伍，推进成人教育的顺利发展。

2. 从单一性向多元化转变

建立多元化的教育形态，制定多样化的人才培养方案和教育项目，打造多类型的办学综合体。由于高等教育发展的不平衡性，成人学历教育仍有一定的市场空间，加上随着经济结构的调整和社会的转型，市场产生了对新知识、新技能和新文化的多元需要，成人教育在全面合理开发人力资源等诸多方面，起到了充分提高个体知识水平和技能的作用。高校开展基础性的学历教育、提升性的非学历技术培训、普及性的人文教育等多类型成人教育成为必要，这是多元时代语境下成人教育的必然选择。高校成人教育根据行业变动、职业结构的调整、区域性需求和文化变革的趋势，确立多形态的教学内容，除了选用标准教材外，应根据社会需要，开发形式多样、内容丰富的实践性教材和文化课程；应用专题培训、专家讲座、视频教学、现场模拟等多种教育形式，对受教育群体实施分类指导；打造品牌专业和特色教育项目，扩大教育知名度和影响力；针对不同的受教育人群，实施不同的监管和评价体系，做到有的放矢、多元取向、分类推进，既保证高校教育的专业性，又保持成人教育的灵活性。

3. 从功利主义向人文化转变

终身教育不只是单纯的知识积累，而且也包括对社会成员的文化提升，最终实现自我的全面发展和人格的完善。因此，高校必须纠正单纯功利性的教育理念，在文化建设过程中发挥重要作用。一方面，高校开展成人教育，应尊重成人学员的人格，高度重视对学员的心理启发，不断加强对学员的情感教育、精神教育、道德教育；另一方面，高校应专门开设文学、文化学、艺术学、教育学方面的人文课程或项目，使学员不断地感受文学艺术的熏陶，提升个体的文化感悟力，促进个人的精神健康和人格健全，使高校成人教育成为提升国民文化素养的重要渠道。

4. 从现场式向网络化转变

成人教育可以有效弥补成人面授教学的空间缺失和时间限制，有利于扩大教育的覆盖面，也可以有效地解决工学矛盾，吸引社会成员广泛地、及时地参与到继续教育过程中来。从继续教育的形式、特点以及社会的需要来说，建立课内与课外、现场与网络一体的教学空间是必然选择，信息化、网络化将是高校成人教育的重点发展方向。成人教育的网络化教学，需要高校利用自身技术优势，建立体系性的网络教学和管理系统，开发形式多样、内容丰富的网络课程。此外，需要通过加强教育部门与社会软件机构合作，开发有广泛应用价值的成人教学和管理软件，建立跨地域、跨学校的一体化的教育信息传递与共享系统，通过建立学分累计、学分转换、学分互认、成果认证等管理与运行机制，加强成人教育与其他类型教育形态之间的衔接与融合，从而不断地完善终身教育体系。

本节参考文献

[1] 肖绍清.终身教育思想指导下的高等教育改革和发展[J].学术探索，2009（1）.

[2] 梁柱.论高等学校在未来终生教育体制中的地位和作用[J].北京大学学报（哲学社会科学版），1997（3）.

[3] 孙士宏.论大学生终身学习能力的提高[J].石油教育，2007（5）.

[4] 章车飞.金融危机影响下大学生厌学的原因分析及对策[J].教育探索，2009（9）.

[5] 蔡苗.终身教育视野下高校成人教育发展的若干思考[J].集美大学学报，2013（1）.

[6] 何爱霞.终身教育体系中各类教育协调发展论析[J].高等函授学报（哲学社会科学版），2010（7）.

[7] 孙诚.终身教育体系建设的若干思考[J].中国成人教育，2010（21）.

[8] 常忠武.我国终身教育的特色实践与思考[J].教育理论与实践，2010（34）.

[9]南海,王星星.中国大陆终身教育体系构建中的问题与对策——基于大陆部分省市终身教育体系构建实践的研究[J].职业技术教育,2011(22).

[10]周西安.我国终身教育体系的内容结构与建构原则[J].职业技术教育,2011(22).

[11]陈乃林.关于构建终身教育体系若干问题的探究[J].江苏广播电视大学学报,2011(4).

第五节
扎实推进育廉课堂　提高大学生人格本位

中共十八大报告指出，要"加强反腐倡廉教育和廉政文化建设"。国家教育部《关于在大中小学全面开展廉洁教育的意见》明确要求"从2007年起，在全国大中小学开展廉洁教育"。贯彻落实中共中央《建立健全教育、制度、监督并重的惩治和预防腐败体系实施纲要》（以下简称《实施纲要》）和《教育部关于在大中小学全面开展廉洁教育的意见》，进一步加强和改进大学生思想政治教育工作的重要内容。青年是民族的希望、国家的未来，大学生的廉政教育对未来国家的政治风气起着非常重要的作用。在新形势下，加强大学生廉洁教育既是对党十八大号召的及时响应，也是提高当代大学生廉政素养的有效途径。

一、大学生廉洁教育的基本内涵

廉洁，即不损公肥私，不贪污。东汉著名学者王逸在《楚辞·章句》中注释为："不受曰廉，不污曰洁。"大学廉洁教育是指教育者通过一定的手段和措施，帮助大学生提高廉洁认识、锻炼廉洁意志、树立廉洁信念、陶冶廉洁情操，养成廉洁行为的一种教育实践活动，是知、情、意、行统一的过程。大学生正处于世界观、人生观、价值观形成的关键时期，其廉洁教育的基本内容是：以社会主义核心价值体系为引领和主导，加强法制和诚信教育，加强社会公德、职业道德和家庭美德教育，学习党和国家关于党风廉政建设和反腐败方面的方针政策、法律法规等，引导大学生树立报效祖国、服务人民的意念，逐步提高大学生廉政意识，提高职业素质和人格本位。

二、我国大学生廉政教育的现状

尽管大学生廉政教育引起了各级的高度重视和关注，并且纷纷开展了形式多样、内容丰富的廉政教育活动，对于培养大学生的廉政观念、增强廉政意识起到了积极作用，廉政教育也取得了一定的成就，但是，当前大学生廉政教育与社会主义廉政建设的要求还有较大差距，影响大学生廉政教育实效性的各种问题依然存在，甚至在某些方面表现得还很突出。

在市场经济条件下，随着经济的快速增长、人的主体地位的确立，个人价值实现多元化，这使许多传统的道德、理论受到冲击，大学生的价值观也相应受到了影响，不同程度地出现了价值取向扭曲、诚信意识淡薄、社会责任感缺失等问题，这些问题体现在大学生日常生活的方方面面。比如，学生干部贿选、考试作弊、抄袭论文、提供虚假证明等。大学生日常行为中的不廉洁现象引人深思，这对大学生廉洁教育提出更为迫切的要求。

下面是调查结果及简要分析。

1. 多数大学生对不廉洁现象持反对意见，认为廉洁教育很有必要

此次问卷调查主要针对大学生群体。问卷调查显示，有57.38%的在校大学生"坚决反对"身边的不廉洁现象，19.63%的同学认为"有时情况复杂，可以理解"。毕业生中，有58%的同学认为"很有必要"，有36%的被调查者认为"一般需要"，由数据分析可得：多数大学生对不廉洁现象持反对意见，可见廉洁教育很有必要。

2. 当前大学生廉洁教育现状令人担忧，不廉洁行为依然存在

调查发现，在大学生群体中，不廉洁现象依然十分严重。"考试作弊"、"作业抄袭"、"大量引用资料、拼凑文章、抄袭论文等学术不端的行为"及

"在学生干部选拔、评优评奖和入党过程中的贿拉选票的不公行为"以及学生干部倚仗某些"特权",徇私舞弊,为谋私利向老师及其他人员送礼等不廉洁行为在大学生群体中存在。此外,还有更为严重的不廉洁行为,如"申请贷款无故不按时偿还利息或毕业后不按时偿还本息"、"就业应聘中有信息隐瞒和信息欺骗行为"、"找工作时走后门拉关系"等。由此可见,大学生廉洁教育成效并未达到预期目的。

3. 大学生对不廉洁行为的监督、举报力度不够

面对不廉洁行为,不同的人有不同的看法。76.85%的在校生选择"内心谴责",10.07%的学生选择"漠视",选择"网络等渠道批评反映"的占7.05%,3.18%的学生选择"向有关部门、人员举报";而毕业生中,同样71%的人选择了"内心谴责",而"向有关部门,人员举报"的比率只有1%。由此可见,大学生对不廉洁行为监督、举报力度不够。

4. 大学生廉政教育的长效机制尚未建立健全

目前,虽然各级都不同程度地在大学生中开展了廉政教育工作,但由于各校的重视程度不一,开展教育的深度和广度也有较大差异。许多学校主要的方式还是以纪检部门开展的阶段性教育活动为主,学生的受教育面不够广,学校各教学和管理部门参与教育活动的程度也不够。因此,从制度上形成高校大学生廉政教育的长效机制还需进一步建立健全。

5. 当代大学生廉政意识比较淡薄

一方面由于体制不完善,管理制度存在漏洞,腐败易发多发的土壤和条件尚未从根本上消除,监督机制不健全,社会上的不正之风不可避免地刮进高校,使高校也相继出现了不正之风。社会上的腐败分子为谋取私利力求在高校寻求搭档,将权钱交易、行贿受贿、投机诈骗等腐朽文化带进高校,严重败坏了高校风气。这些消极不良现象不仅损害了"象牙塔"廉洁清正的形象,损害了教师"学为人师、行为世范"的形象,还直接影响到大学生廉政教育实效性的提高。另一方面当代大学生关心政治,关注社会的热点问题,他们对各种腐败现象和社会上的不正之风非常痛恨,但是,

同时他们却对发生在身边的不正之风、不良现象见怪不怪。

三、国外大学廉洁教育的现状

　　西方发达国家在德育修身方面具有扎实的理论和社会基础，与此相应，西方发达国家的大学廉洁教育以政治社会化、政治心理学、社会控制论、品格教育等为理论指导，通过教材和课程来增加人文科学的比重。牛津大学、爱丁堡大学等许多高校都建立了道德研究和实验机构，这些机构的理论与实践研究极大地推动了学校道德教育的深入发展。由此可见，学科支撑是大学廉洁教育的基础保障。

　　较之于我国廉政理论研究的历史，西方发达国家具有更为坚实和详细的理论和实践基础，具有较为深厚的廉洁教育的历史背景和客观环境，这使得廉洁教育的开展和创新毫无阻力地进行。另外，国外大学生廉洁教育的体制和方法较为成熟，学校与社会的有效衔接是其进行廉洁教育的保障，其开展教育活动的方式也多种多样。

四、大学生廉洁教育的目标

　　大学廉洁教育是党和国家反腐倡廉中的一项基础性工作，反腐败的实践表明，只有建立健全教育、制度、监督并重的惩治和预防腐败体系，才能从源头上防治腐败。教育涉及的范围很广，不仅包括针对社会大众的廉洁教育，也包括对公职人员的廉洁教育，因此，大学廉洁教育具有举足轻重的地位，直接关系到中国反腐倡廉建设的未来。

　　大学生廉洁教育的目标应着重体现在以下三个方面：首先，要使学生理性地认识腐败问题，认识到腐败问题贯穿于人类社会发展的各个时期，不论是和平年代，还是动荡年代；不管是社会主义国家，还是资本主义国家，都存在腐败问题。腐败问题无可避免，我们要树立战胜腐败的信心，尤其是青年群体。其次，要培养大学生树立廉洁意识，并在此基础上，把理论与实践相结合，使学生的廉洁意识与自觉规范自己的行为相结合，做好廉洁自律的表率，自觉地与腐败行为作斗争。最后，大学生应该"掌握一定的廉洁技能，使自己能够在今后的工作岗位上有效地拒腐防变"，这一目标也是今后高校开展大学生廉洁教育的主方向之所在。

五、开展大学生廉洁教育的必要性

面对国内外廉洁教育现状，我们深刻认识到开展大学生廉洁教育的必要性。

（一）廉洁教育是大学生健康成长的必然要求

高校培养的大学生质量对于科学发展观战略的全面贯彻落实，确保党和人民的事业长盛不衰、后继有人，具有重大而深远的战略意义。蔡元培先生曾经说过："欲知明日之社会，先看今日之校园。"由此可见，大学生是祖国的未来。大学阶段是大学生世界观、人生观、价值观形成的关键时期。这个时期开展廉洁意识教育，能够培养大学生多元思维并锤炼品质意识，树立良好的法制意识和诚信意识，使他们在学习期间养成自我调节、自我约束、自我培养、自我监督、自我管理的良好品质，进而做一个廉洁、正直的人。通过廉洁教育，也可以使大学生远离投机取巧的幻想，使他们清醒地认识到，只有具备真才实学的人，才是合格的人才。

（二）廉洁教育是高校教育工作的职责所在

高校承担着为社会输送高素质的专门人才的使命。开展大学生廉洁意识教育是高校思想政治教育工作的重要组成部分。高校思想政治教育直接关系到党的基本路线能否坚持，关系到国家发展前途的大计。通过廉洁教育，能使大学生正确看待中国的反腐败形式，增强对党和国家的信心，从而确立马克思主义的坚定信念。此外，开展大学生廉洁教育有利于发挥大学生在校园文化建设中的主体作用，对于建设积极向上、和谐兼容的校园廉洁教育文化具有重要作用；更有利于师生间的互动交流和教学相长，从而促进高校校风、学风、教风的转变。

（三）廉洁教育是构建社会主义和谐社会的内在需要

开展大学生廉洁教育是廉政文化建设的一项重要内容，对于社会廉洁氛围的形成具有重要意义。廉政文化是关于廉政的理念、信仰、知识、规范和与之相适应的生活方式、社会评价的总和，是廉洁从政行为在观念和文化上的反映。大学生廉洁意识教育活动的目标就是深刻理解廉政的理念，树立廉政的信仰，具备廉政的知识，养成廉政的规范和与之相适应的生活方式。开展大学廉洁教育意识有利于促进社会和谐。经过多年的反腐倡廉工作的经验积累，我们已经认识到，只有坚持标本兼治、综合治理、惩防并举、注重预防的方针，建立健全教育、制度、监督并重的惩治和预防腐败体系，才能从源头上防治腐败。总之，大学生廉洁教育符合社会发展的主体方向，对于社会未来的发展有着重要作用。

六、高校德育与大学生廉洁教育相结合的实践途径

高校德育与大学生廉洁教育耦合机制实践路径就是充分实现两者的有机结合，并最终达到"一体两翼"的模式。同时，将二者系统地结合起来，再构成新形势下广义的德育系统，从而实现"1+1>2"教育实效。而这是一个融合渗透、合作互惠的持续过程，需要一定的目标和措施去保证。

（一）教育目标层面：注重融合，形成一体化

高校重在育人，育人重在育本。要改变目前不容乐观的廉政气氛，高校应该把廉洁教育完全纳入德育的培养体系，将培养学生将廉洁观和完善完美人格作为高校首要的教育目标；把廉洁教育融入学校课堂教学、教育管理、

生活社区中去，实现全方位教育、全过程教育，从而达成教育育人、管理育人、服务育人，逐步形成第一课堂与第二课堂、显性课程与隐性课程、理论教育与实践体悟、校园教育与社会教育、自我教育与榜样教育等紧密结合的合力教育机制，建立健全调研、检查、考核、监督、评估、反馈等工作机制，形成一体化廉洁教育机制。

（二）课程教学层面：注重渗透，形成层次化

廉洁教育的主要渠道是课堂教学，要把廉洁教育纳入思想政治教育理论教学计划，不断地改革创新，分步分层实施。第一步，在原有思想政治理论中列出一定课时，专题讲授廉政知识；第二步，针对不同层次学生的需要，在大学生中开设《大学生廉洁教育》选修课；第三步，高校根据自身实际情况设置廉洁教育的必修课程，组织专家学者编写精品教材，实施课程化管理，让每一个在校大学生都有机会系统学习廉洁教育理论。在紧抓课堂教学的同时，不断拓展"第二课堂"，发挥"隐性课程"的熏陶作用。另外，注重学科教育与教育实践活动的有机结合，提倡"开放教育"，让学生更多地了解现实、社会、主动关心时政、国家大事、世界动态，培养学生在实践中懂得做人的道理，树立"以廉为荣，以贪为耻"的意识，培养正确、积极、健康、向上的理想信念、道德观念、法制意识和社会责任。

（三）社会实践层面：注重熏陶，形成长效化

社会的本质是实践。因此，廉洁教育生活化要充分利用课外活动、参观学习、暑期社会实践、军训、主题党（团）日活动等载体，大力开展形式多样，寓教于乐的"健心"活动，使大学生提高对廉洁教育的认识，养成廉洁的习惯，并将其运用在实践活动中。在新形势下，大学生成长既具有普遍性又带有个体差异性，因此，要注重廉洁教育的层次性。对于大学生普遍性的发展问题，可以通过开展一些廉洁教育辅导与练习，如素质拓展性联系、廉洁性境剧表演、廉洁影片观摩、廉洁个体的发展问题，基地参观等帮助大

学生完善个性，提高社会的适应能力。而对于个体性的发展方向问题要根据大学生的个性特点来对症下药。同时加强沟通交流，加强跟踪教育，制定专门的教育方案，有针对地挖掘"校园围墙"外的廉洁教育基地，搭建法制教育基地、爱心教育基地、红色教育基地等活动载体，让大学生身临其境，注重在真实实践中体悟，在鲜活的典型案例和生活场景中熏陶转化，提升自身认识的深度、思想的厚度和精神的高度。

（四）校园文化层面：注重引领，形成生活化

大学生在特定文化氛围中活动，受到特定群体意识的熏陶和影响，就会在社会化过程中形成与群体一致的文化意识和文化品格。因此，高校应把廉洁文化建设纳入校园文化建设之中，把廉洁教育作为校园文化建设的重要内容，并根据大学生身心发展规律和成长成才规律组织开展灵活多样的廉洁教育活动，通过"廉洁文化进校园"活动，传播廉洁知识，弘扬廉洁精神，营造良好的校园廉洁文化氛围，充分利用好各种宣传平台，宣传媒介。

七、大学生廉洁教育的"三全育廉"范式

如上所述，大学生廉洁意识教育已成为整个廉洁教育战略的重要组成部分，特别是随着《纲要》和《意见》的颁布，经过几年的实践，各校形成了各具特色的教育和教育方法。在总结各种先进经验与做法的基础上，"三全育廉"的范式构想已出炉。

（一）全员育廉

大学生廉洁意识教育是一个复杂的系统，不单是政府思政教育部门要发挥作用，学校其他职能部门以及科研教师队伍都要参与到廉洁意识教育工作中来。学校各级党政干部要做好廉洁行政的表率，常修为政之德，常思贪欲之害，常怀律己之心，自觉加强党性修养，保持廉洁自律，要秉公办事、

规范行政,用实际行动对全校师生进行廉洁教育。

(二)全程育廉

邓小平同志曾指出:"我们过去发生的各种错误,固然与某些领导人的思想、作风有关,但是组织制度、工作制度方面的问题更为重要。这些方面的制度好可以使坏人无法任意横行,制度不好可以使好人无法充分做好事,甚至会走向反面。"当代世界各国廉政文化建设的一个重要经验就是重视制度建设,强化法制,以"法"治"廉"。针对大学生廉洁教育的特点,制定相关的教学制度,这套制度具备以下三个特征:一是针对性,大学生廉洁教育具有很强的理论性、实践性,我们要在开展廉洁教育的过程要把反腐倡廉思想同大学生心理特点结合起来。二是规划性,要把廉洁教育作为一种过程性教育来看待,根据大一、大二、大三、大四各年级学生的不同情况,设计一套完整的教学计划,要确保每个阶段教学目标的实现。三是预防性,四年的大学生活也会存在一些"寻租"机会,我们要从学生参与校园生活的角度制定一些预防"寻租"的工作制度,让学生在阳光下享受丰富多彩的校园生活,切切实实地感受到制度建设对于反腐倡廉的重要性。廉洁教育作为一种改变人们价值观或文化理念的反腐战略,由于价值或文化变迁具有长期性、缓慢性的特点,廉洁教育必然是一个长期的战略,不可一蹴而就。而必须按照廉洁教育的规律,予以全程的关注,使成效能够得以持续提升。

(三)全方位育廉

开展大学廉洁意识教育,必须积极加强舆论阵地建设,构建廉政文化建设的"大宣教"工作格局,注意把反腐倡廉宣传教育工作纳入宣传教育工作的总体部署中,整合各方面力量,形成强大声势,共同完成宣传任务,取得最佳宣传效果,进而营造一种"畏廉"、"敬廉"、"崇廉"的良好氛围。"畏廉"是要学生充分认识到"不廉洁"是一种违法行为,是一种要遭到法律制裁的行为。所以在大学生廉洁教育中要加强法制教育,帮助学生树立法制意识，分清善恶。"敬廉"是让大学生看中名节而不随便索取，使他们形成"以廉为荣，以贪为耻"的荣辱观。"崇廉"是指在正确的理想信念和伦理道德指导下，把廉洁当成一种修为，自觉做到廉洁自好。根据"畏廉"、"敬廉"、"崇廉"三个不同层次，在开展廉洁教育过程中，针对不同群体采取不同方式和内容。唯有如此，廉洁教育才有可能顺利达到预期效果。"教育的终极目的在于和谐性、人性的完善和提高社会的发展两个方面。"大学廉洁教育是一项非常复杂的工程。它受到学校、社会、家庭、个人等各方面的影响，也是需要多部门、多阶段、多投入、长期关注才能有所成效的工作。但是它意义深远，可谓是功在当代、利在千秋，它是减少和预防腐败行为的重要手段。加强和推进大学廉洁教育，要把来自各层面的共同努力，把统一的部署、决策与具体的行动方案联系起来，并进行长期的不懈努力。对于大学廉洁教育的研究也需要我们跟随现实情况不断转变思路，在实践中探索、提升。

本节参考文献

［1］任建明，杜治洲.腐败与反腐败：理论、模型和方法［M］.北京：清华大学出版社，2009.

［2］吉喆.权力腐败与权力制约［M］.济南：山东人民出版社，2009.

［3］马海军.大学生廉洁教育的社会化探讨［J］.继续教育研究，2010（12）.

［4］张利生.廉政文化建设要论［M］.北京：中国方正出版社，2008.

［5］彭怀祖，姜朝晖，成云雷.榜样论［M］.北京：人民出版社，2002.

［6］邓小平.邓小平文选（第二卷），［M］.北京：人民出版社，1994.

［7］中共中央马克思恩格斯列宁斯大林著作编译局.马克思恩格斯选集

（第一卷）[M]．北京：人民出版社，1972．

　　[8] 李赟，杨多智．大学生廉政教育探讨[J]．科技信息，2008（28）．

　　[9] 苏健涵．浅议大学生廉政文化教育[J]．长春理工大学学报（高教版），2008（2）．

　　[10] 王志健．关于加强大学生廉政教育的思考[J]．山西高等学校社会科学学报，2007（11）．

　　[11] 顾玉才．校园廉政文化建设刍议[J]．文教资料，2005（31）．

　　[12] 许国彬．对廉政文化进校园和大学生廉洁教育的思考[J]．国家教育行政学院学报，2005（8）．

　　[13] 杨礼宾，杨建新．文化素质教育学导论[M]．南京：江苏教育出版社，2009．

第六节
大学生创业教育：我国素质教育改革的方向与途径

素质教育是依据人的发展和社会发展的实际需要，以全面提高全体学生的基本素质为根本目的，以尊重学生主体和主动精神、注重开发人的智慧潜能、注重形成人的健全个性为根本特征的教育。在当今知识经济时代，需要终身学习的时代背景下，素质教育以培养学生的创新精神和实践能力为重点，以提高其生存能力及实现自我的能力为特征，以造就有理想、有道德、有文化、有纪律的德、智、体、美等全面发展的社会主义建设者和接班人为目标。创业教育是指以创造性和开创性为基本内涵，以课程教学与实践活动为主要载体，以开发和提高创业主体综合素质为终极目标，培养其未来从事创业实践活动所必备的知识、能力与心理品质等素质教育。

一、素质教育的内涵

素质教育是一个成长中、成熟中的概念。教育理论界对这一概念的含义进行不同的界定。归纳起来目前关于素质教育有以下四方面定义。第一，强调素质教育是以全面提高全体学生的基本素质为根本目的的教育；第二，强调素质教育要依据社会发展和人的发展的实际需要；第三，强调充分开发智慧潜能；第四，强调个性的全面发展，以及心理素质的培养。

二、素质教育与创业教育的联系

我国面向全体学生创业教育的直接目标并不是让所有学生都走上自主创业之路，只是培养其具有创业者的素质，开发其创业潜能，为其走上自主创业之路的可能做好准备；着重培养与创业品质相关的独立意识、主动精神、创新精神、冒险精神，自主选择能力和动手能力。也就是说，我国的创业教育在一定程度上首先是要弥补传统的教育方式所带来的弊端。可以说创业教育与素质教育二者主体相同、目标同向、内容同质、功能同效，创业教育是素质教育的继续和深化。

我国高等院校开展创业教育必须创新，以教育创新带动教育改革，使教育运行机制适应创业人才的培养。高校在人才培养目标上，不应定位于培养被动的就业者，而是要培养有主动创业意识和具有创业精神的学生；在人才培养模式上，不满足于学生仅仅掌握专业知识，还要使他们掌握运用知识和进行知识转化的能力；在教育体系上，不满足于通识课与专业课的简单结合，还要拓展以实践为目的的教育服务环节；在教学和内容方法上，不满足于固有的理论教学内容和课堂教学方法，还要加强教学的实践性内容和实践方法。总之，要转变观念，打破常规，通过创新，建立教育对社会需求的创业人才培养的适应性和灵活性。

三、素质教育与创业教育的具体关系

（一）目的与手段的关系

素质教育是目的，创业教育是手段。创业教育的根本目的是提升学生的综合素质，而创业教育又是素质教育在动态、复杂环境下具体实施的一种手段与方法。素质教育以培养个体综合素养为目标，个体综合素养包括精神和物质两个层面，精神层面包括个体的思维方式，即对世界和人生的看法。物质层面是指个体所拥有的知识、能力和技巧。个体素养在动态、复杂的环境下集中体现为创业精神和创业能力。创业精神代表一种以创新为基础的做事方式与思考方式，具体包括创新创业意识、协作意识、进取意识、风险意识等；创业能力是指善于发现机会，并创造性地整合资源，将机会转变为价值的能力，具体包括创新能力、资源整合能力、风险防范能力等。因此，开展创业教育最早的目的是为了提高受教育者的综合素质，而创业教育又是素质教育在动态、复杂环境下的一种实施途径。

（二）整体和部分的关系

素质教育是整体，创业教育是素质教育的一部分。素质教育以培养个体综合素养为目标，是国民教育的最终目标，也是提升国家竞争力的重要途径。素质教育的性质和战略地位已经提高到实施科教兴国和可持续发展战略的高度。创业教育只是开展素质教育的一部分，开展素质教育应该由众多内容和形式构成。从整体和部分的关系，笔者认为创业教育必须服务于素质教育的整体目标，即以培养受教育者综合素养为根本目标，这也是评价创业教育绩效的重要参考标准；同时，开展素质教育有很多内容，但创业教育是在动态、复杂环境下素质教育的重点与核心。

（三）素质教育与创业教育的内在统一性

素质教育与创业教育都有着相似的社会背景，素质教育是相对于应试教育提出的，应试教育培养的是一种被动的学习知识和接受知识的能力；创业教育是相对于就业教育而提出的，就业教育是培养学生一种被动适应工作的能力，因此素质教育和创业教育提出的背景具有相似性。素质教育是以提高国民素质为根本宗旨，以培养学生的创新精神和实践能力为重点，造就有理想、有道德、有文化、有纪律的德、智、体、美等全面发展的社会主义建设者和接班人的教育；创业教育是开发提高学生创业的基本素质，培养创业意识，形成创业初步能力的教育，两者主体同一、目标同向、内容同质、功能同效、殊途同归。围绕创业实践，通过多种途径，使创业教育有机地融合素质教育的要求,是未来教育的基本方向。

创业教育包括了产业背景和概述、市场调查和分析、总体进度安排、关键点的风险、管理团队、企业经济状况,财务预测假定、假定公司能够提供的利益等,培养了学生利用相关专业技术知识与市场营销系统知识以及开拓性创新思维、团队精神、表达能力及表演能力并采用交互式因素集成法组织教学,充分调动学生的学习积极性和能动性,由学生参与、互动,更多地发挥学生的能力,集中多种教学方法为一个有机整体。教学过程具有专业性、趣味性、启发性和实操性。该教学模式已在阳泉职业技术学院形成一定的影响力并起到示范作用。

四、素质教育与创业教育的相同点

(一)主体同一

素质教育要求充分发挥学生的主体性,让学生主动地学习,生动活泼地发展。"来到学校为什么?成人、成才。到了学校做什么?求识、求技。将来离校做什么?立业、创业。""三个什么"告诉我们,应该尊重学生的主体性,重视学生情感体验和社会实践环节的锻炼。"以人为本"是教育发展的出发点,学校不论开设什么专业,都应以人为本,重视人的基本素质的提高;创业教育重视培养学生的创新意识和创业能力,重视开发思维,启迪智慧,形成健康的心理和完整的人格,在学好专业的同时,还要学会求知、做人、生存和与人共处。两者的主体是高度同一的。

(二)目标同向

教育的终极目标不仅仅是培养就业者,还要培养更多有创造力的创业者。素质教育目标可定为:贯彻党和国家的教育方针,坚持社会主义办学方向,使中小学生在身体素质、心理素质、文化素质、社会素质等方面均得到全面和谐地发展,为提高全民族素质,培养社会主义事业的建设者和接班人奠定了基础。教育目标对内是教育工作的出发点与归宿，对外是教育与社会、个人相互联系的纽带。培养创业者是高等学校实施素质教育的应有之义，有效地培养未来人才的创业能力，也是我国顺应时代要求和世界竞争发展趋势的必然选择。从某种意义上说，创业能力强弱反映了一个人的创新精神和实践能力的强弱，而这恰恰是实施素质教育的重点。因此说创业教育与素质教育在人才培养的目标上是高度一致的。

（三）内容同质

素质教育内容广泛，而且随着社会的发展，对人才的要求也不断变化和丰富。素质教育内容可划分为五个方面，即思想道德素质教育、文化科学素质教育、身体素质教育、劳动技能素质教育、审美塑美素质教育。其目的是培养高素质的全能型人才。

在现阶段，对新一代实施的素质教育既要适应时代的要求，又要适合新一代成长需要，应包括下列主要内容：第一是思想道德素质。思想道德素质在人才的素质结构中具有定向作用、动力作用、支配作用和调节作用，可以说是人才素质中的灵魂。培育一代新人首先应该重视思想道德素质，其主要包括政治素质、思想素质、道德素质、品格素质等。第二是文化科学素质。现代生产、科技的发展，要求人们不断地提高文化科学水平，文化科学素质是现代人素质结构中的主要内容。其主要内容包括基础知识素质、基本技能素质、智力和能力素质、审美素质等。第三是身体素质。身体素质是人才素质结构中的物质基础。重视正在发育成长中年轻一代的身体素质，是为了保证现实学习任务的完成，并为将来从事劳动提供体力条件。第四是劳动技能素质。培养社会主义劳动者是素质教育的出发点和落脚点，包括热爱劳动成果的思想情感、养成劳动习惯、培养劳动技能等。第五是审美素质教育。要运用自然界、社会生活、物质产品与精神产品中一切美的形式给大学生以耳濡目染、潜移默化的教育，以达到美化心灵、行为、语言、体态，以及提高与丰富他们的道德修养与知识的目的。还应让学生有机会参与各类文学艺术的欣赏或自娱，使每个大学生都得到全面发展，成为有想象力、创造力的建设型人才。

创业教育是提高社会发展科学化水平需要，是提高社会就业率的需要，是学生走向生活的需要。为此，教育部《21世纪教育振兴行动计划》中指出，要加强对教师和学生的创业教育，采取措施鼓励自主创业。

从素质教育和创业教育四方面的基本内涵的比较中，我们不难发现，创业教育内容是融合于素质教育的内容之中的，素质水平是创业实践的前提和基础。高校素质教育的成效可以通过其培养的学生在未来的创业实践中检验；创业实践是素质水平的载体和表现形式，创业的成败依赖于素质教育的扎实程度。素质教育注重的是对人的发展的总体把握，创业教育注重的是对人的价值的具体体现，二者相互促进又相互制约，是密不可分的辩证统一体。

五、创业教育如何进行

创业教育的着眼点，是为了使教育更好地适应社会、经济、文化发展的现实状况，彻底改变教育脱离时代、社会、生活的弊端，使教育更加贴近现实与人生，以此提升人的生活水平，让人生更加完美。创业教育落脚点是社会实践性，创业教育的基本内容决定了创业教育除了要使受教育者形成良好的心理素质和个性特征之外，还要使之具有较强的实际工作能力和动手操作能力，使之成为未来社会的强者和创造者。

从这个意义上说，创业教育的功能就是培养人的终身发展能力，使其学会学习、学会做事、学会合作、学会生存。实施创业教育是社会发展对未来人才素质的新要求。创业教育也可称为创业素质教育。而创业素质与以往素质教育中常讲的科学素质、人文素质及创新素质等密切相关，不可分割，它是一种综合性的、较高层次的素质，其构成除了一般素质教育中共同的部分之外，还应包括创业意识、创业知识结构、创业能力和创业品格等方面。

创业素质所体现的特征包括：①强烈、持久、主动地追求新异与卓越，乐于异想天开，具有鲜明的个性；②积极寻找信息、机会与资源，善于规划和利用时间、精力及外部资源；③敢于冒险，善于规划未来，对于确定性、不可预测性应付自如，不满足于现状；④执着追求，以过人的毅力来坚持，持有必胜的信念；⑤理智地对待压力、挫折与困难，力求从中获益，并转化为下一步行动的资源与动力；⑥勤于反馈与反思，敢于承担责任。同时，对变化采取欢迎、积极、灵活应变的态度，把变化作为生活方式。这些素质特征与一般素质教育的内容既是相互关联的，又高于素质教育的一般要求，且植根于一般素质教育之中，是对现行学校素质教育内涵的丰富和发展。

总之，素质教育与创业教育、创新教育是三个不同层次的概念，素质教育应当包括创业教育和创新教育。从某种意义上讲，创业教育是素质教育的有效载体。创业教育必须以一定的综合科学文化知识和实践能力作为基础。因此，学校在全面实施素质教育的过程中，只有将创造教育、创新教育和创业教育有机地结合，才能将素质教育落到实处。

六、在创业教育过程中提升大学生素质

（一）打好专业基础

专业基础是指某一专业必须掌握的基础知识和基本技能。素质教育并不排斥学生掌握专业基础知识和技能。恰恰相反，素质教育更强调基本素质的培养。基本素质当然包括基本的专业素质。笔者认为，专业基础应以够用为原则。按照这个原则，对课程进行综合化改造，使学生在较短的时间内掌握本专业所需要的基础知识和基本技能。

（二）发展学生个性

强调用较短的时间打好专业基础，就是为了拿出较多的时间用来发展学生个性。个性即特长，发展个性是形成特长的前提，形成特长是发展个

性的结果。没有明确的指导思想，没有足够的时间作保证，学生的个性就难以发展，特长也就难以形成。缺乏个性，没有特长，创业能力也就无从谈起。

（三）激发创新精神

培养具有创新精神的人才，是知识经济社会的呼唤，也是教育发展的内在要求。创新精神的表现是多方面的，但对于大学生来说，创新精神主要体现为创业素质。联合国教科文组织把创业能力作为"学习的第三本护照"，精辟地指出了21世纪的教育发展趋势。

（四）改革评价体系

应试教育以智育为中心，以分数为手段，迫使学生被动地接受知识。很明显，这种评价手段抑制了学生的个性发展，忽视了学生的主动性。改革评价体系就是要营造有利于学生打好专业基础，充分发展个性，形成专业特长、增强创新意识的良好环境和氛围，建立起激发创新、鼓励创业、追求创造的新机制。

（五）建设具有创新意识的教师队伍

素质教育呼唤高素质的教育者，创业教育需要具有创新素质与创业意识的教师队伍，从这个意义上说，实施素质教育以及开展创业教育的关键在于教师。大学教师如果没有先进的教育观念和较强的创业素质，是不可能培养出创业型人才的。当前，大学教师普遍存在着缺乏实践知识、动手能力、创新精神等问题，要解决这些问题，绝非一朝一夕之功。因此，按照创业教育的要求，切实加强师资队伍建设，使教师真正成为科技信息的传播者、学生智慧的点拨者、技能操作的指导者以及创新精神的激发者，将是大学一项长期而又艰巨的任务。

以创业教育为主要内容的素质教育，是职业教育鲜明时代特征的集中体现，也是大学"转轨变型"的良好机遇。抓住了这个机遇，大学就能够摆脱困境，迎接挑战，激发活力，增强后劲。应该指出的是，创业教育在职业教育领域中还是一个新课题，实践探索和理论研究还处于起步阶段。

七、应高度重视创业教育中的心理调适能力培养

心理调适是个性心理特征及个性倾向性中的各因素综合发生作用即调节、平衡心理的过程，是健康心理乃至健康人格的一种体现。人格即个性，指个体经常表现出来的具有一定倾向性、稳定的心理特征的总和，也是一个人的基本精神面貌。在心理发展过程中，个性的发展起着调节平衡的作用，培养良好的个性就能培养较强的心理调适能力。

（一）培养多样的能力、敏捷的反应、乐观的性格

能力，它标志着人在完成某项活动时的潜在的可能性。对自我能力的认知影响人的心理素质，有人因能力强而自信，有人因能力差而自卑。但能力的高低，既因人而异，也因领域不同有高低。要创业必须先了解自身能力特征适合干什么，再来决定创业的目标和方向，同时也要了解他人能力特征以寻求最好的合作者，以期共同发展，并最大限度地调动他人的潜能。因此，创业者需较高的综合素质和能力，如语言表达能力、组织协调能力、人际交往能力等，要针对自身实际加强能力的培养以增强自信，提高心理素质。反应，它是人的心理活动的强度、速度、灵活度等方面的体现。创业者面对的是激烈竞争，风云瞬息万变，机遇稍纵即逝，需要创业者具备灵活、果断、敏捷的反应，才能把握住自己的命运。性格，它显示出人对现实的稳定态度和行为方式上的特征。性格决定命运。具有乐观向上的现实态度和积极肯干的行为方式，是适宜创业者的性格特征，这种性格特征使人产生创业欲望，散发人格魅力，促使创业成功。

（二）培养健康的人生观、价值观和崇高的理想

培养高层次的精神需要、强烈的成就动机及高雅的兴趣爱好，树立健康的人生观、价值观和崇高的理想，都是创业者具备良好心理素质的根本。人生观是人们对人生价值的根本看法和所持的人生态度。价值观则是人们对各种事物和现象的价值进行认识和评价时所持的基本观点。理想是人生所追求的目标。需要有多种内容和不同层次，自我实现的需要是需要层次结构中的最高层次的需要。创业者都有追求自我价值实现的高层次的精神需要，而忽视较低层次的生理需要和物质需要。高层次的精神需要产生的动机，是强烈的成就动机。成就动机是指内心有强烈实现个人价值，取得事业成就的动力。一方面，他们对知识、事业有浓厚的兴趣，表现出强烈的事业心及对工作的极大热忱；另一方面，他们有广泛高雅的兴趣爱好，以扩大视野、陶冶性情、激活思维，使人生创业的过程中既充满朝气活力，又不断获得精神营养的补充。总之，不论是健康的人生观、价值观的树立，还是精神需要、成就动机及高雅的兴趣爱好的培养，都能使创业者从认知、情感、意志、行为各方面对内心进行调节，并为认知确定正确的方向，使情感升华，也使意志坚定，让行为果断、敏捷。

本节参考文献

［1］高月.关于大学生创业教育存在的问题及对策探究［J］.辽宁高职学报，2009（S1）.

［2］周威.大学生思想政治教育工作中自我教育方法研究［J］.文教资料，2009（13）.

［3］范晓丽.创业教育：新时期高校思想政治教育的重要内容［J］.延边党校学报，2009（6）.

［4］张宏喜.高校创业教育的要素分析——基于课程体系的维度［J］.

人力资源管理，2010（4）.

[5] 袁震. 我国高校大学生创业教育的现状及存在的问题[J]. 内江科技，2010（5）.

[6] 丁丹丹，郑阳. 浅谈当代大学生创业意识培育[J]. 高等工程教育研究，2010（S1）.

[7] 汪青，何小玲. "90后"大学生创业意识及自主创业能力培养的思考[J]. 现代商业，2011（2）.

[8] 代慧，李瑞存. 将创业教育融入高校思想政治教育——主体性教学模式的创新路径[J]. 河北青年管理干部学院学报，2011（2）.

[9] 王荔. 大学生创业现状与对策[J]. 中国集体经济，2011（15）.

[10] 邱伟光，张耀灿. 思想政治教育学原理[M]. 北京：高等教育出版社，1999.

[11] 黄四枚. 高校大学生创业倾向影响因素实证研究[D]. 中南大学硕士学位论文，2009.

[12] 李璐. 创业文化、创业教育与大学生创业意愿关系研究[D]. 天津大学硕士学位论文，2011.

[13] 李娜. 大学生创业问题调查研究[D]. 郑州大学硕士学位论文，2012.

第七节
创新教育：国家民族未来核心竞争力

在当今以经济实力、国防实力和民族凝聚力为主战场的综合国力竞争中，能否在高新技术及其产业领域占据一席之地已经成为竞争的焦点，也成为维护国家主权和经济安全的命脉所在。当代大学生是祖国的未来，是祖国现代化的建设者，是高新技术人才的储备库。他们要肩负起实现中华民族伟大复兴的历史重任，关键在于提高全面素质，而创新教育又是对当代大学生实施素质教育的关键环节。

一、创新教育的内涵

所谓创新教育就是指以培养人的创新精神和创新能力为基本价值取向的教育，其核心是在全面推进素质教育的过程中，培养学生的创新意识、创新精神和创新能力，也是一种按照一定的教育理论原则，培养人们创新精神和创新能力为基本价值取向的教育。其核心是在全面实施素质教育的过程中，为迎接知识经济时代的挑战，着重研究与解决如何培养学生的创新意识、创新精神和创新能力的问题。具体包括：创新思维教育，是指要加强对人进行创造性思维活动的教育，锻炼人的思维能力，不断培养人的思维创新素质，提高思维创新活动的诸方面能力；实践创新教育，也叫人的动手创新能力教育，强调的是行为操作能力的创新教育，以提高人们的实践创新能力；心理创新教育，是指要加强人的心理教育，不断克服人们的心理障碍，培养人们心理活动的创新素质，形成具有创造性心理动机、广泛而集中的创造兴趣、坚定的创造意志等相互融为一体的良好的创造心态。

二、创新教育的现状

（一）参与科技创新人数少

2011年举行的第六届全国"挑战杯"创业计划竞赛，参加的高校仅有109所，参与的大学也是凤毛麟角。虽然大赛起到了示范和带动作用，但实际上，更多高校只把此作为一个口号，大部分大学生并未积极行动起来参与其中。在创新教育提出并付诸实践的今天，尽管各高校都出台了一系列有关创新教育的举措，但一个明显的现象是教师的创新意识不强，这种现象的根本原因就是没有树立创新的教育思想，缺乏创新的教育机制与环境。我国高校在教学中偏重理论知识的传授，忽视实践性教学环节，这严重束缚了学生的创新能力和实际运用能力。

（二）缺乏教师的指导和帮助

目前，我国大学生科技创新教育在部分全国重点大学和综合性大学发展势头较好，但一些地方院校和民办高校进展比较缓慢，多数是依靠大学生推动教师帮助科技创新，而不是教师主动去带动学生。究其原因，缺乏教师指导是其中一个重要方面。

（三）资金和物质支持匮乏

大学生是消费者，不可能对项目进行大量的资金投入，尤其是自然科学和科技发明领域的创新，投入大、风险高、见效慢，使大学生"敬而远之"，往往只在人文社会科学领域进行创新。

（四）管理体制和运行机制不健全

教师缺乏主动性主要是辅导学生没有纳入其工作考核之中；科技创新活动一般仅限于个别部门的小打小闹，并未形成部门间的配合机制；大学生科技创新教育的管理也未纳入学术活动之中，缺乏专门的学术机构指导，也就导致了大学生科技创新教育推进比较困难。

三、创新教育的重要性、紧迫性

当前，我国全面推进素质教育的关键和核心是人的创新精神和实践能力。一个人的创造力表现在创造认识和创造行为两大领域，就创造认识而言，创造力是由敏锐的感觉力、高超的逻辑思维力、直觉思维力和丰富的想象力等构成。所有这些能力的培养都必然要求深化高等院校教育教学体制改革。促进高等教育由应试教育向素质教育转变，提高教育质量和办学效益。我国高等教育作为知识传播、创新和应用的基地，培养和输送高新技术人才的摇篮，必须以培养大学生的创新精神和实践能力为重点，积极转变观念，开展创新教育，逐渐建立起适应21世纪需求的高素质创造性人才的培养模式。因此，在当代历史条件下，要保证我国在世界高科技领域占据一席之地，要培养社会主义现代化建设的合格人才，就必须重视技术创新和知识创新，也就必须加强对当代大学生的创新教育。创新教育对于高等教育迎接知识经济的挑战，推进高素质创造性人才的培养过程，克服当前存在的一些突出问题，无疑起着至关重要的作用。

四、创新教育是实施素质教育的关键

什么是素质教育？江泽民同志曾指出："必须坚定不移地实施科教兴国战略，大力提高全民族的思想道德和科学文化素质。"中共中央和国务院规定："实施素质教育，就是全面贯彻党的教育方针，以提高国民素质为根本宗旨，以培养学生的创新精神和实践能力为重点，造就有理想、有道德、有文化、有纪律的德、智、体、美等全面发展的社会主义事业建设者和接班人。"素质教育就是要提高全民族的素质与创新能力，这同创新教育追求的目标是一致的。此外，创新教育是素质教育的核心内容。一方面，劳动者的创新精神和能力不但对科技进步，而且对整个社会都具有重大的影响，正如江泽民同志所说："创新是一个民族的灵魂，是一个国家兴旺发达的不竭动力，也是一个政党永葆生机的源泉。"另一方面，实施素质教育必须在一系列问题上创新，包括教育观念、教育制度、教育内容、教育方法等都要创新。如果不创新，还是沿袭旧的那一套，那么素质教育很难实施。所以，二者是相辅相成的，正如教育部副部长吕福源所说的：深化教育改革，全面推行素质教育有很多方面，其中最重要的是创新精神和创新能力，它能保证素质教育的实施，而且使之得到深化。

五、我国创新教育的方向

（一）更新教育观念，顺应时代要求

以信息产业迅猛发展为代表的知识经济时代已初见端倪，在知识经济社会，教育的功能、作用及地位都发生了新的变化。过去，我们过多地重视教育的政治功能、选拔功能，而弱化了教育应有的经济功能和社会功能。在知识经济时代，教育的作用不仅不能改变社会的差异和分化，反而越来越成为全球经济产生差异、非独占性的重要因素，这就决定了知识经济必然是一种全球性经济。在这种时代背景下，综合国力的竞争日益凸显，而其基础必然在于教育。随着我国加入WTO和经济全球化趋势的加深，我国的经济已深深融入全球经济一体化之中。适应时代发展的需要，关键在于培养大批知识技术创新人才，高等学校作为高级人才培养的重要基地，必须实施创新教育。

（二）加大培养力度，建设创新型教师队伍

在我国，实施创新教育的关键也在于教师。没有创新型的教师队伍，就难以培养高素质的创新型人才。我们必须努力造就一支具有强烈创新意识，勇于探索，善于培养学生创新意识和创新能力的师资队伍。培养和造就一支适应创新教育需要的高素质教师队伍，其核心是要提高教师的创新意识和创新能力。另外，要提高教师的待遇，把一大批具有创新意识和创新能力，适于从事创新教育的优秀人才吸引到教师队伍中来。

（三）创新教育课程体系和教育教学方式

要改革课程体系与教学内容，加强基础与通识课程教育。课程体系要把通识课程、基础课程、专业课程等细化为若干模块，每个模块又细化为若干课程或教学活动。课程体系要给学生以较大的自由度，不能让课程占满学生的所有时间。通过学习，培养学生批判地接收和选择知识的方法，使学生在将来的学术科研和生产活动中具备基本的表现能力。

（四）教学与研究紧密结合，增强学生科技创新能力

要加快教学改革的节奏，下大力气加强实践性教学环节，提高实验课、讨论课、生产实习课在课程体系中的地位，更新课程内容，增加学时，让学生通过这些实践性教学环节动手动脑，锻炼和提高自己的动手实践能力。

（五）强化整体意识，优化育人环境

创新意识、创新精神和创新能力的培养有赖于环境的熏陶与潜移默化的感受。有意识地培养、营造一个整体优化的环境对学生创新精神的养成具有重要意义。这个环境主要包括学校长期发展积淀而形成的优良传统、校风、学风，高品位的校园文化氛围，以及一个思想活跃、学术自由、兼容并蓄、百家争鸣、百花齐放的局面。在这方面，国外一流大学普遍重视营造民主、宽松的氛围，营造创新思维的文化氛围和心理氛围，营造一个高品位的、激

发灵感的、产生想象力的环境，鼓励学生树立创造的自信。

本节参考文献

［1］教育部．面向21世纪教育振兴行动计划［M］．中国教育年鉴．北京：人民教育出版社，1999．

［2］李春生．美国和俄罗斯关于创新教育的研究［J］．比较教育研究，2002（11）．

［3］联合国教科文组织国际教育发展委员会．学会生存：教育世界的今天和明天［Z］．北京：北京教育科学出版社，1999．

［4］联合国教科文组织国际21世纪教育委员会．教育：财富蕴藏其中［Z］．北京：北京教育科学出版社，1996．

［5］阎立钦．创新教育：面向21世纪我国教育改革的抉择［M］．北京：教育科学出版社，1998．

［6］刘宝存．创新人才理念的国际比较［J］．比较教育研究，2003（5）．

［7］王文．美国的创新教育给我们的启示［J］．武汉冶金管理干部学院学报，1999（4）．

［8］李敏义．国外创新教育的发展及启示［J］．创造教育，2000（3）．

［9］黄琨，张坚．浅议发达国家大学生创新能力培养途径和方法［J］．江汉石油学院学报（社会科学版），2002（1）．

［10］邓小平．邓小平文选（第三卷）［M］．北京：人民出版社，1993．

［11］谷晓丹．浅谈高校大学生就业指导中的创新能力教育［J］．辽宁教育行政学院学报，2007（9）．

第八节
文化软实力：在传统文化教育中考量教育的精神脉络

中国传统文化是中华民族在长期的历史发展过程中，由于特殊的自然环境、经济形式、政治结构、意识形态的作用而形成的文化积累，其形式是多样的，但核心系统是思想，即以儒家思想为主，通过融汇吸收各家思想和外来思想文化，而形成的体现中华民族主体意识的思想体系。它已内化为人们的一种文化心理和性格，并渗透到社会政治、经济生活中，特别是精神生活的各个领域，成为制约社会历史发展甚至人们的思想行为和日常生活的强大力量。因此，如何看待其传统文化，反映了一个国家如何审视自己的精神脉络，以及如何看待自己的生命历程。

中国传统文化是国家和民族的精神图腾，也是大学生思想教育的重要文化背景，代表着21世纪中国的精神风貌和未来发展方向的大学生，其责任感、使命感、人生观、世界观以及他们的创造性、自信心、凝聚力、处世哲学等无一不令人关注。面对西方主流文化及价值多元化的冲击，如何把握时代脉搏，以广阔的视野完成传统文化的传承与创新，推进大学生的思想教育，已成为高校面临的重要课题之一。

一、加强大学生传统文化教育具有紧迫性

随着经济全球化进程的加快和现代信息传媒技术的迅速发展,各种外来文化在为我们吸收国外先进文明成果创造有利条件的同时,也使我国思想领域出现了多元化趋势,特别是对思想活跃,世界观、人生观、价值观尚不成熟,社会经验贫乏,是非分辨能力有待提高的青年学生影响尤其巨大。由于认识上的片面性和市场经济某些原则带来的负面效应,在校学生在思想意识、价值取向、行为方式上步入了种种误区。

有的学生一味地贪图个人利益和个人享乐、追求西方的生活方式、重视经济回报、缺乏长远目标和集体主义观念、没有责任心和使命感,传统文化中所弘扬的优秀品德在逐渐淡化。有许多学生勤俭意识淡薄,自我意识膨胀,穿着打扮追求名牌,为"拉关系",不惜重金请客吃饭,甚至他们的亲情观、友情观都蒙上了更多的经济色彩,爱情观中也掺杂着更多的享乐和不负责任的因素。凡此种种,不胜枚举。正因为如此,每每提到当代大学生,有人不禁嗤之以鼻。在所有的议论中,特别是在众多的指责声中,我们更应该关注他们。每当学生写下自己的名字后露出羞涩的表情,看到有些学生论文或答卷歪歪扭扭的字迹、缺乏逻辑性的话语表达、传统文化课上寥寥几人的场景……这些现象都让笔者有一种强烈的感触:大学生传统文化的缺失以及他们内心对传统文化教育的渴望,对大学生加强传统文化的教育已是大势所趋、势在必行。

二、加强大学生传统文化教育有助于思想教育

中国传统文化以其厚重的底蕴和深邃的哲理,给人以深刻的思想和道德的启迪,具有陶冶情操、修养道德、摆脱庸俗、提高境界的功效。其功用"不在于增加积极的知识……而重于提高心灵的境界——达到超乎现世的境界,获得高于道德价值的价值"(冯友兰)。

(一)优秀传统文化有助于大学生自身涵养的提高

传统文化教育中国人养心、养身之道(正心、修身),使人能够在多彩的世界里深沉而富有内涵,在不断变换的生活中平和而善于感悟。孔子曰:"见贤思齐焉,见不贤而内自省"、"不能正其身,如正人何"、"躬自厚而薄责于人"、"君子无所争"(《论语》),让大学生们在这种文化的熏陶之下,带着谦卑的心情去授业、做事、为人,少些不屑和鄙夷,从自身出发,先检讨自己,不要苛求于人,努力加强自身修养。它给我们的不是精神的亢奋,不是感官的愉悦,而是心平气和的体验和思考。《大学》中记载:"身修而后家齐,家齐而后国治,国治而后天下平。"它要求每一个人首先必须从自我做起,修缮自身,不仅要怀揣"天下为公、世界大同"的理想信念,还要有忧国忧民、献身祖国的爱国热情,并且要以"先天下之忧而忧,后天下之乐而乐"的博大情怀,以"自强不息"、"厚德载物"的精神去实现自己的人生价值。传统文化中强调的那种"天行健,君子以自强不息"的人生态度,有利于培养大学生的积极进取精神。大学生要勇于面对困难,善于创造,积极创新,这也是现代社会对大学生的自身涵养的一种要求。

(二)优秀传统文化有利于完善大学生的健康人格

世界上没有哪一种文化像我们中国传统文化那样强调道德、道义对人生的重要性。通过优秀的传统文化教育,让大学生力争做一个自爱、自立、自重、自达之人。传统儒学中反复强调"仁者爱人",何谓"仁者"?孔子曰:"恭、宽、信、敏、惠","好学","博学而笃志,切问而近思",同时"夫仁者,己欲立而立人,己欲达而达人","己所不欲,勿施于人"(《论语》)。在社会主义市场经济竞争机制下,一些大学生单纯地重视自己知识和技能的提高,过分强调功利,而忽视人格的养成。仁人志士的高尚人格对于净化大学生的灵魂,具有不可替代的感召力量。

(三)优秀的传统文化有助于大学生树立正确的义利观

在市场经济条件下,获得经济或物质利益已为人所共逐,大学校园面对日趋功利化、利益化潮流的冲击,对大学生进行正确的义利观教育刻不容缓。"富,人之所欲"(《孟子·离娄下》),传统文化中讲究"重义轻利"、"仁以待人,义以做事"。通过不义的手段而获利致富者,是古之"仁者"所鄙视的,"不义而富且贵,于我如浮云"(《论语》)。"君子爱财,取之有道",致富必须要以正确的途径、合法的手段。在获利的同时,"义"与"利"紧密结合,义中取利,不能为己利而损害他人的利益、整体的利益,更不能破坏自然环境,对即将成为市场经济主力军的大学生而言,传统"义利观"中的精华思想无疑不可或缺。

三、进一步加强传统文化教育,提高大学生思想教育的实效性

学校是正式的、有效的传统文化教育主阵地,通过在学校的学习,学生应该掌握较为全面、系统的优秀传统文化知识。然而,由于缺乏有效的教育机制,学校的传统文化教育效果不尽如人意。如在教育目标上,出现功利化倾向,强调"学做事"的多,"学做人"的少;在教育原则上,出现"一刀切"现象,未能继承因材施教的原则,忽视学生的主体性;在教育方法上,表现为方法单一,教育内容单薄等。在某种程度上,学校变成了"教育工厂"。因此,探索如何进一步加强对大学生传统文化教育应成为高校工作者义不容辞的责任和义务。

(一)加大传统文化教育力度,推进课程体系的改革

从目前高校的课程设置看,传统文化的教育在课程设置上处于十分尴尬的境地。现在大学生中特别是理工科学生普遍存在重理轻文、重专业教育轻基础知识教育的现象,学生文字功底较差、人文素质不高。笔者认为,解决

这一问题的途径之一就是在各专业开设大学语文课。大学语文课涉及的知识面十分广泛，其中许多知识属于传统文化范畴，要充分利用大学语文课这一平台加强中国传统文化精华的教育、灌输，可以用各种形式展开教学，如举行古诗词朗诵，将一些有教育意义、启发性的古典故事让同学们自编成小剧目，结合社会现实和学生们身上的不足举办讨论会、辩论会、演讲会，甚至可以利用电脑、网络及学生们喜欢的动漫形式寓教于乐等。合理安排大学教育的课程设置，开设通识教育课程，并将其制度化和规范化，只有这样才能将传统文化教育纳入规范发展的轨道，以此提升大学生的人文素养。

（二）知行统一，充分发挥社会实践第二课堂的作用

大学生在学校接受的更多的是间接的理论性知识，通过社会实践，他们能够直接、清晰地认识到乡情、国情、世情，把自己的主观认识与社会实际有效地结合起来。如组织社团深入到那些利用传统文化管理理念成功创业的公司进行参观、学习、交流，使他们切身感受到传统文化的魅力。学校应建立科学完备的运行机制，拓宽资金的来源和渠道，保证社会实践资金的充足，科学规范社会实践的体系与内容，强化自身特色，建立大学生实践基地。通过实践让大学生开阔视野，接触了解认识社会，在现实中认识自己的价值，确立自己的人生奋斗目标，在真实可信的环境中通过具体生动的事实和形象而受到潜移默化的感染和熏陶，从而增强其识别美丑、明辨是非的能力，增强社会责任感和使命感，树立正确的人生观，培养其奉献精神和艰苦奋斗精神。只有参加社会实践才能真正做到知行统一，学以致用，学有所用。

（三）创造良好育人环境，积极营造校园文化氛围

人创造环境，同时环境也育人。校园文化有自身的特点，具有较强的时代性和超前性、自主性和适应性、寓教于乐等特性，能够让大学生在潜移默化中领悟到传统价值的真谛，如在校园里为古代名人塑像、镌刻名人语录、定期邀请一些有关研究传统文化的专家、学者来讲学等。校训、校

风以及学风等方面也都在引导大学生的价值导向、努力的方向和目标。健康、向上、积极的校园文化能够激发大学生努力奋进的精神面貌和心理素质。长期处于一种良好的校园文化环境中，经过熏陶和感染，会内化为大学生的价值标准和行为方式，不仅对大学生在校园的生活有影响，甚至对大学生以后的人生都会产生极为深远的影响。

（四）重视网络载体优势，抢占网上传统文化教育新阵地

作为最容易接受新鲜事物的大学生已经成为互联网中的一支主力军，他们的思想观念、行为方式、价值取向也深深受到网络广泛和深刻的影响。信息化的发展已经成为不可逆转的潮流，面对新形势，必须要转变观念，对网络在大学生思想教育中的作用进行重新认识，正视网络的作用和影响，转变传统的教育观念，探索传统文化教育的艺术和方法，紧跟时代的步伐。如充分利用 BBS、QQ、MSN 等大学生喜闻乐见的方式进行网上交流和沟通，有利于了解学生的更多想法，引导与形式良好结合，寓情于乐，提高大学生的参与程度，真正达到教育的目的。

（五）提升图书馆层次，突出学校馆藏图书的辅助作用

大学生传统文化教育是一个系统的过程，除了课堂教育外，更多时候要依靠大学生的自我教育。他们在学校读书期间有很多的时间是在图书馆中度过的，高校图书馆是加强和进行大学生传统文化教育不可或缺的阵地。藏书质量的好坏、多少直接影响大学生读书的积极性，甚至影响学风的形成和培养，优质而丰富的图书能够激发大学生的求知欲。要选择好书，注重选择那些科学性强、格调高雅、引人向上、铸造美好心灵的优秀图书。应该及时地了解大学生的阅读兴趣和阅读倾向，根据专业和人生健康成长的需要，有计划、有步骤地指导大学生的阅读能力，引导大学生在读书中辩证思考，在潜移默化中提高大学生的传统文化素质。因此，增加图书馆藏书量，提升服务水平，营造健康向上的读书环境，有利于促进大学教育工作的进步，

同时也是传统文化教育在现实中真正的体现。

本节参考文献

［1］赵洪恩，李宝席.中国传统文化通论［M］.北京：人民出版社，2003.

［2］林慧博，孟庆祥，白索立.继承中国优秀传统文化 加强大学生文化素质教育［J］.辽宁高等教育研究，1998（2）.

［3］冯友兰.中国哲学简史［M］.北京：北京大学出版社，1985.

［4］李泽厚.中国古代思想史论［M］.北京：人民出版社，1985.

［5］王淑娟，李海清.中国背景下文化软实力的内涵分析［J］.华章，2009（8）.

［6］罗能生，谢里.国家文化软实力评估指标体系与模型构建［J］.求索，2010（9）.

［7］王旭玲，蔡建波.提升国家文化软实力的四个层面［N］.光明日报，2009-01-11.

［8］童世骏.文化软实力［M］.重庆：重庆出版社，2008.

［9］孟亮.大国策：通向大国之路的软实力［M］.北京：人民日报出版社，2008.

［10］唐海，邱文治.爱国主义与民族文化［M］.北京：东方出版社，1993.

［11］郭建宁.当代中国的文化选择［M］.北京：北京大学出版社，2004.

［12］周治滨.社会主义核心价值与社会主义实现形式［M］.成都：四川人民出版社，2009.

［13］庄晓东.文化传播：历史、理论与现实［M］.北京：人民出版社，

2003.

[14] 张岱年, 程宜山. 中国文化与文化论证 [M]. 北京: 中国人民大学出版社, 1990.

[15] 华建. 软权利之争: 全球化视野中的文化潮流 [M]. 上海: 上海社会科学出版社, 2001.

多维一体
立德树人

第四章

路 径 篇

第一节
"中国梦"教育:让年轻学子的人生更出彩

中国梦是国家强大、民族复兴之梦,是经济繁荣、文化发展之梦。中国梦的内在精神,要在国家和人民的实践中去实现,在科学和教育的发展中去实现。教育承载着中国梦。而高等教育在实现伟大的"中国梦"中更是肩负着义不容辞的历史责任和时代使命。同时,"中国梦"也为高校教育的发展提供了千载难逢的契机。面对机遇与挑战并存的复杂形势,高校应成为高素质人才培养的摇篮,应成为引领社会发展的重要推动力,也应成为创新驱动实现"中国梦"的源泉。

一、"中国梦"的深刻内涵

梦想是指引人生方向的路标,是激励我们前行的动力,而一个民族的梦想更是一个强大的存在,是期盼与追求的凝聚。2012年11月29日,习近平总书记在参观中国国家博物馆《复兴之路》图片展时指出:"实现中华民族伟大复兴,就是中华民族近代以来最伟大的梦想。""中国梦"道出了无数中国人奋发图强的心声。

(一)综合国力进一步跃升的"实力特征"

"中国梦"的第一要义就是实现综合国力进一步跃升。中共十八大描绘了到 2020 年的宏伟目标：经济持续健康发展，国内生产总值和城乡居民人均收入比 2010 年翻一番，科技进步对经济增长的贡献率大幅上升，进入创新型国家行列，人民民主不断扩大，文化软实力显著增强。

（二）社会和谐进一步提升的"幸福特征"

中共十八大着眼于提升人民的幸福指数，将"坚持维护社会公平正义"、"坚持走共同富裕道路"、"坚持促进社会和谐"纳入夺取中国特色社会主义新胜利的基本要求，将"保障和改善民生"作为社会建设的重点等。这些和谐因素的充实对"中国梦"的阶段性特征作了更为清晰的描绘，也为"中国梦"增添了更加美丽的幸福光环。

（三）中华文明在复兴中进一步演进的"文明特征"

中华文明是世界上唯一几千年来不断延续、传承至今的文明，但要体现现代文明色彩，就必须超越数千年来创造的农耕文明形态。中共十八大将中国特色社会主义总布局从经济、政治、文化、社会建设"四位一体"升华为包括生态文明建设的"五位一体"，标志着中华文明格局开启了向物质文明、政治文明、精神文明、社会文明和生态文明全面发展的更高阶段演进的新里程。坚定不移地推进"中国梦"的实现，中华文明必将放射出更加灿烂的光芒。

（四）促进人全面发展的"价值特征"

"中国梦"带有鲜明的时代特色和民族特色，充分展示了中国人民对中国特色社会主义建设事业的执着与努力，对中华民族伟大复兴使命的自觉与坚定。"中国梦"具有多个维度，而其价值维度就是要实现人的全面发展。当代大学生作为中国特色社会主义现代化建设的新生力量，是全面建成小康社会事业的接班人和历史担当者，也是党和人民密切关注的一个群体，即将成为实现中华民族伟大复兴的中坚力量。

"中国梦"的实现需要以保障和改善民生为重点,不断实现好、维护好、发展好最广大人民的根本利益,使发展成果更多、更公平地惠及全体人民;"中国梦"的实现需要多谋民生之利,多解民生之忧,解决好人民最关心、最直接最现实的利益问题,在学有所教、劳有所得、病有所医、老有所养、住有所居上持续取得新进展。虽然相对于"中国梦"来说,每一位国人自己的梦想可能显得过于渺小,但实现每一位国人虽小但珍贵的梦想却正是"中国梦"的根本要求。

二、大学理念视域下理想信念与价值标准教育现状

最早对大学理念进行系统论述的是牛津学者纽曼,他的《大学的理念》可以说是第一本对大学进行系统性刻画的重要专著。纽曼认为,大学乃是一切知识和科学、事实和原理、探索和发现、实验和思索的保护力量,大学教育要达到提高生活理智格调、培养大众的心智、净化民族的情趣等目的。为此,大学应该为自由教育(或通识教育)而设立,大学应该提供普遍性和完整性的知识教育,而不是狭隘的专门化教育。此外,纽曼还认为大学要培养"绅士"。这是英国世俗教育传统的内容之一。他还认为,大学的目的在于"传授"学问而不在于"发展"知识。纽曼的大学理念显然是"教学的机构",是培育"人才"的机构。

但就大学教育的功能而言,其目的不仅是培养拥有专业知识的人才,而且要培养大学生拥有较高的文化修养。在大学中进行的科学技术教育在历史上以及现实中显示出了并正在发挥巨大的作用。然而,大学教育的另一个重要方面——人文教育却未得到应有的重视。何谓"人文教育"?简而言之,就是旨在培养学生的人文精神,提高其人文素养的教育。在大学进行人文教育本就是大学教育的应有之义。

当前,我国正处于社会转型期,高校大学生由于受到西方腐朽落后的价值观念和文化思潮的影响,使一部分大学生出现理想信念模糊、价值观

扭曲、责任感缺乏、团队意识淡化等现象。应用学科的盛行遮蔽了大学仅存的人文精神。尤其在市场经济的冲击下，商业气息弥漫大学校园，不少大学为迎合市场需求而开设"短平快"的实用科目，人文精神得不到很好的体现和张扬，这些现象也从一个侧面反映了大学人文教育的缺失。人们在过分追求物质利益的同时，逐渐丧失了原本已经形成的理想和信念。实用主义、功利主义、拜金主义时有流行，大学生中也部分地出现了信仰危机。有相当一部分大学生将自己的理想定位在"找一个好工作"、"有一个好家庭"等职业理想、生活理想方面，而少有更高层次的诸如道德理想、社会理想等方面的追求，甚至不少大学生认为马列主义空泛而不切实际，认为共产主义信仰幼稚可笑。部分大学生机械化地上课下课，讲台上的人在说什么已经无关紧要，期末考试能够通过便足矣。更多的大学生关注的是成绩、学分和排名，如何获得更多的综合加分，如何拿到各种荣誉，如何充实自己的简历，使自己看起来更加优秀，在现在和未来更具竞争力。于是，各种负面效果接连产生，"唯分是图"而不择手段，盲目攀比而陷入非理性的状态，诚实和道德被推挤到了最外层，现实功利的思想渐渐占了上风。这种现象的存在十分危险。

当代大学生能够坚持主流的价值体系，能够理解和坚持社会主义核心价值体系，具有一定的政治鉴别力，在涉及国家核心利益的重大事件上，能够表现出极大的爱国热情。另外，当代的大学生更看重自己的价值取向，以是否合乎自身利益为出发点，导致现在的大学生集体观念淡薄，参加集体活动的积极性也很低。在人生价值观方面，总体上当代大学生的人生态度积极向上，有远大的抱负和崇高的理想，他们希望通过不懈努力和积极奋斗实现自己的人生理想和人生价值。但他们的自我认知和评价能力不足，不能正确认识自己的缺陷与不足，一旦遇到困难和挫折的时候，就不知所措，甚至放弃自己的理想目标，选择更加实际的道路，追求更加现实的利益。

三、时代赋予"中国梦"和"学子梦"完美的内在统一

那么在当代大学教育中我们又该坚持哪一种方法呢？或许我们可以从古代先贤的言行中得到一些启示。宋代理学家张栻在主持岳麓书院时曾提出："但为决科利禄计乎？亦岂使子习为言语文辞之工而已乎？盖欲成就人才，以传道而济斯民也。"他否定了追名逐利的"官才"和只擅言语文辞的文人，指出书院培养的人才应当具有"致君泽民"的品德。在张栻的基础上，朱熹又提出："苟不可以为天下国家之用，则不教也，苟可以为天下国家之用者，则无不在于学，此教之道也。"他强调了天下国家培养经世致用人才的重要性。

大学是文化教育机构，是民主和科学的策源地。中国现代大学与中国梦相伴相生，在国力羸弱、列强蚕食的民族危难之际，大学担负了教育救国的使命；改革开放之初，国家凋敝、文化落后，大学又担负了教育强国的使命。进入21世纪以来，中国经济发展水平和国际地位发生了天翻地覆的变化，经济、政治、文化、科技和教育已经越来越多地融入国际化浪潮，中国已成为国际大家庭的重要成员。中国的发展不再是闭关自守、自给自足式的发展，"中国梦"所依靠的中国道路、中国精神和中国力量必然包含了不能忽视的国际元素、世界趋势和人类关切。因此，服务于新时代的中国梦，大学必须面向现代化，面向世界，面向未来，唯有如此，方能不辱使命。

"中国梦"既让每个个体有了实现个人梦想的基础，每个个人的梦想也是"中国梦"实现的分子。大学生不仅是"中国梦"的建设者，也是"中国梦"建设成果的收获者和享用者。大学生是"中国梦"的实践主体之一，大学生个人梦想的实现也影响着中华民族复兴之梦的实现。"学子梦"与"中国梦"一脉相承，是在校大学生实现"中国梦"的主要具体表现。广大青年学生要明确自身在"中国梦"中的地位，激发自身的主体意识、责任意识，每个大学生应把个人的"小我"融入国家和集体的"大我"之中，促进人民幸福，社会和谐，实现伟大的"中国梦"。

四、新形势下高等教育实现"中国梦"的途径思考

（一）在课堂教学中，传播优秀新思想

把"中国梦"宣传教育融入当代大学生思想政治教育课，确保"中国梦"的价值内涵为大学生所认知和接受。在教育教学环节中，要紧紧依靠青年教师，在课堂上运用先进前沿的知识理念多引导、多启发，课下不但与优秀典型学生交朋友，还要与家庭经济困难的学生、学习上有困难的学生结对子，更要充分利用教室、学训中心职场文化氛围对于学生的影响，努力增强教育教学的针对性、实效性、吸引力和感染力，努力增强学生对中国特色社会主义的理论认同、政治认同和情感认同，坚定学生走中国特色社会主义道路的信心和信念，使学生心中的"中国梦"更加清晰，让学习成为我国大学生的信仰。

（二）因地制宜，形成浓郁良好的氛围

高校作为大学生日常生活和学习的场所，校园环境氛围非常重要，良好的校园环境氛围，能够让高校学生耳濡目染感受到先进文化和理论的熏陶，"中国梦"的宣传和教育同样需要良好的校园环境氛围，良好的校园环境氛围对"中国梦"的宣传和教育具有重要促进作用。同时，应将推进"中国梦"主题校园文化建设，与高校加强校风、学风、班风建设紧密结合起来，将"中国梦"教育融入形式多样的校内活动中，丰富多彩的"中国梦"主题校园文化活动，将会增强大学生对"中国梦"的信任度，在一定程度上有利于实现"中国梦"教育的形象化、生动化、生活化，适时引导学生自觉地把个人梦想和"中国梦"紧密结合，激励学生自觉加强专业学习，积极投身"中国梦"建设实践。

在组织实施上，充分调动学生骨干队伍在学生中发挥的朋辈作用，运用学校、院系、班级（团支部）、公寓团总支、学生骨干微博五级微博体系，引导学生按照月度主题项目活动要求，积极参加收听收看《学习贯彻中共

十八大教育宣传片》(大学版)、"我的中国梦"大讨论和文艺汇演、"最美中国"主题摄影及微电影创作大赛、"挑战杯"课外学术作品竞赛、文化创意大赛、技能大赛、志愿服务活动等一系列素质项目,树立不同领域的典型人物,激励广大学生学习先进、崇尚先进、争当先进。

(三)走出校园,在社会实践活动中建功立业

习近平总书记提到"空谈误国,实践兴邦"。"中国梦"的宣传教育最终的目的是引导大学生积极参加社会实践,锻造成为适应现代化社会需要的人才。社会实践对于大学生了解社会、了解国情、增长才干、奉献社会具有不可替代的作用。

对于大学生来说,在"中国梦"的宣讲教育中,在注重采取理论教育方式的同时,还需要结合现实培育体验式教育实践的新路径,要让学生在实践体验中自觉地将"中国梦"一点一滴地渗透进思想中。在理论教育中,让学生知道,在体验式实践教育中让学生理解,这样既体现了学生的个体性,也有助于发挥学生的自主性。社会实践活动和志愿服务行动是大学生政治信仰培育的重要实践环节,要有意识地引导青年大学生深入基层了解社会,体察民情,感受社会主义现代化建设所取得的巨大成就和当前社会存在的主要问题,在社会实践和服务奉献中体验信仰马克思主义的价值和意义。我们还应该积极推动学雷锋活动常态化,大力宣传新时期学雷锋典型事迹,认真组织开展"新时代、新雷锋"学雷锋社会实践活动。通过这些活动使广大学生把对党和祖国的热爱化作关爱家庭、关爱他人、服务人民、奉献社会的实际行动,自觉践行社会主义核心价值观,弘扬中华传统美德,凝聚中国力量。

本节参考文献

[1]柏拉图.柏拉图文艺对话集[M].朱光潜译.北京:人民文学出版社,1983.

[2]习近平.在第十二届全国人民代表大会第一次会议上的讲话[N].人民日报,2013-03-18.

[3]蒙秋明."中国梦":大学生思想政治教育的新内容[J].贵州社会科学,2013(7).

[4]王建利."中国梦"融入高校思想政治教育的意义与路径探析[J].思想教育研究,2013(7).

[5]赵为粮.中国梦主题教育应融入教育体系[N].中国教育报,2013-07-17.

[6]史文清.中国梦是中国特色社会主义重大思想理论成果[J].学习时报,2013-05-20.

[7]陶文昭.中国梦是具有标志性的政治理念[N].北京日报,2013-04-27(17).

[8]郭建平,庞桂甲.中国梦共同理想的丰富内涵[N].山西日报,2013-05-21.

[9]马德秀.实现"中国梦",高校大有可为[N].中国社会科学报,2013-03-18.

[10]王永贵.马克思主义意识形态理论与当代中国实践研究[M].北京:人民出版社,2013.

第二节
汲取传统文化人文精神　提升大学生人文素质

在社会对人们素质要求不断提高的当下，人文素质的提高成为我们需要迫切关注的问题。加强人文素质教育的重要性体现在方方面面：可以逐步使人们形成较为完善成熟的人格品质，这种人格品质包括最基本的人生观、价值观、世界观；此外，更有助于形成良好的社会氛围，有益于社会文明发展。大学生作为社会主义现代化事业发展的基石，是中华腾飞的人才保障、希望所在，也是弘扬中华传统文化的主力军。党和政府为此付出巨大努力，并作出优先发展教育、建立人力资源强国的战略决策。中共中央、国务院《关于深化教育改革，全面推进素质教育的决定》指出："当前进行素质教育，要普遍提高大学生的人文素养和科学素养。"

一、大学生人文素质下降的原因

（一）人文素质教育缺乏，理性主义充斥

作为实施专业教育、培养高级人才的高等教育机构，大学在专业知识上的偏重较大，学科分类详细，同一学科对其他学科排他性强，联系欠紧密，且大部分学科在学生教育方面欠缺教导学生认识社会、合理有序地改造社会的方方面面。除此之外，科学知识以价值中立和工具理性为特征，大部分课程为工科课程，理性观念强，人文素养弱。缺乏人文素养教育的他们

极难找到正确的生活目标，欠缺对认识生活的外来引导。加强大学生人文素养教育，引导他们找到更加积极的人生目标和人生方向，树立崇高的精神旗帜，是当下高等教育所面临的重要问题。

（二）道德标准模糊的影响

道德标准模糊的重要原因之一是当下我国教育体制下的学生们为了应付应试教育忽视了对自身品格的塑造，同时学校及家长也忽略了这些关键的内容。在这种一部分学生道德意识淡薄的大环境下，非社会主义主流价值的道德观就像病毒一样侵袭人们的脑海，存在的正义感及为人处世准则也被一点点侵蚀着。这样的社会大环境容易使人麻木，一些不文明的行为如随地吐痰行为、乱扔乱画行为、对待需要帮助的人们的漠视行为等，无一不体现出当今人们道德标准的模糊以及社会大环境亟待改善的现状。道德是对社会政治、经济的反映，道德标准也是调节人与人之间关系的重要标尺，而现在出现的道德标准模糊的现象则严重影响了社会道德水准的衍生。

（三）民族文化认同感的缺失

当代大学生是中国特色社会主义的建设者同时也是继承者，应有对中国传统文化相当程度的认同感和自豪感，应当有着丰富的文化底蕴才能担当起不断发展中国特色社会主义这个沉重而光荣的任务，而事实却并不是这样。当前，大部分大学生对传统文化及传统文化的突出表现为对传统文艺缺乏了解，而当代大学生——中国的青年，正是我们国家的中流砥柱，由于他们缺乏对传统文化的了解，因而对传统文化的认同感自然就不强。对于任何一个国家来说，没有民族文化为基础的民族爱是不够强烈的，其民族凝聚力和向心力也不会太强。

二、影响传统文化教育的因素

（一）对西方文化的盲目认同

近年来，过西方节日的人越来越多，各种各样的西方节日甚至压过了我们原有的传统节日的重要性。情人节、感恩节、圣诞节甚至连类似于中国鬼节的万圣节都有很多人在过，其热闹程度甚至不亚于春节，我们国家的端午节、中秋节、元宵节等传统节日反而显得冷清了，就连商家促销都会选择在这些西方节日当天进行打折售卖。这种"过节热"的现象反映了国人对西方文化的盲目崇拜和我们民族文化认同感的缺失。一些学生向往西方饮食文化，喜爱听欧美音乐，憧憬西方生活，也无可厚非，毕竟是个人生活方式和个人喜好的选择。但过犹不及，我们首先是中国人，首先要了解我们自己的国家，了解我们国家的历史和传统，在此基础之上，尊重世界文化的多样性，了解西方国家文化，感悟多元文化之美，领略各地风土人情，擦出思想碰撞的火花，将更有益于我们认识到自身的不足，从而更好地认知和学习我们的传统文化。

（二）传统文化教育缺乏科学方法

中国传统文化是一个相对较复杂的文化系统，五千年沉淀下来的文字难免有些晦涩枯燥，容易使大学生对传统文化的兴趣下降，加之现代社会比较浮躁，很少有人愿意静下心来认真学习传统文化中的经典。在这样一个大环境下，如若不充分展示传统文化自身的魅力，将很难吸引学生，教育效果也可想而知。然而，在当今高校对大学生传统文化的教育中，却普遍存在片面地强调书本知识传授、教学方法单一、不懂得将文字理论与社会实践相结合等问题。高校教育重视理论知识的教学，往往容易忽略大学生的学习兴趣与接收能力，却不怎么关注如何让大学生将传统文化的精髓真正融入身心，贯穿于日常生活之中，从而导致了部分学生知行分离、以知代行、有知无行的结果，也很难教育出真正知行合一的学生；另外，当前高校对传统文化的教育普遍缺乏一种批判精神和反思意识。

三、传统文化的内涵与发展

（一）传统文化的优秀内涵

谈及传统文化的优秀内涵就不得不说到以下三个关键词：仁爱、孝道、爱国主义。"仁爱"的观念最早是由儒家创始人孔子提出来的，起初这种仁爱的观念只针对亲人，后来又被扩展到"爱人"的层面上，由家族之爱推广到天下之爱。这种氛围有利于营造我爱人人、人人爱我，天下大同的和谐社会。正如亚圣孟子说的："爱人者，人恒爱之；敬人者，人恒敬之。"给予别人仁爱的因子，得到的也一定是好的反馈。对于孝道，孝道是中华民族传统美德的基本元素，是中国人品德形成的基础，是中国传统社会十分重要的道德规范，也是中华民族尊奉的传统美德。在中国传统道德规范中，孝道具有特殊的地位和作用，古时就有"身体发肤，受之父母"一说，可见孝道在中国古代伦理学中所占据的重要地位。这一切的一切都说明了在传统文化熏陶下的人们有多么强大的民族凝聚力、向心力和多么强烈的爱国之心，这种爱国主义是中华民族优秀传统文化中闪闪发亮永不磨灭的星星！稳定的社会大环境使得当代的爱国主义已经不像动乱时期表现得那么热烈，更多地则表现在我们生活中的方方面面，大到制度建设小到行为举止，时时刻刻都能以一个积极向上的中国人的形象展示中国强大优秀的一面就已经是爱国主义的最好诠释了。

（二）传统文化源远流长

在认识到传统文化对当代大学生人文素质教育方面可以起到巨大作用之后，不少有识之士把未来人文素质教育的战略高地定位在了挖掘有利于大学生思想素质全面发展的传统文化上。

（三）对待传统文化的正确态度

我们中华民族拥有其他民族难以企及也让人艳羡的五千年传统文化，理应是好好学习、好好尊重并加以利用的。实则相反，在相当长一段时间里，尤其是近代，传统文化一直处于一种尴尬的地位甚至遭到摒弃。造成这种现象的原因很多，比如人们思想的受制约、外来文化的入侵、特殊的时代背景等，我们对传统文化持全盘否定的态度。

我们要以科学的态度认识传统文化并充分学习，有选择性地进行教育传播。传统文明中并不是没有糟粕成分的存在，有一大部分的封建迷信深深地根植于人们心中。比如，现在一些农村仍然存在"跳大神"的行为，老弱妇孺生病并不去医院及时接受治疗反而相信一些所谓的"土方法"和"向神请求"等，这些与时代发展相背离的封建迷信将会被时代所剔除。我们更不能让这些与时代背离的因素使人们曲解了传统文化，而要努力地传播优秀传统文化，加强人们的认同感。

（四）传统文化发展现状

改革开放后我国国门开放程度加大，外来文化也随之进入人们的视野。大量的西式化教育与周边国家文化环境使青年一代对传统文化的忽视、遗忘甚至不齿。传统文化逐渐被遗忘在角落。在这样的背景下，我们需要优秀的传统文化来引领当代青年思维发展，塑造当代大学生良好的思维品质及精神文明。我国正处于现代化建设的关键时期，但现代化建设不能以牺牲传统文化为代价，相反，应以发展中国传统文化为基础，以优秀传统文化的不断发展来推动现代化建设。

四、提高大学生人文素质的对策

（一）深入学习传统文化精髓

正如毛泽东同志所说："在中华民族的开化史上，有素称发达的农业和手工业，有许多伟大的思想家、科学家、发明家、政治家、军事家、文学家和艺术家，有丰富的文化典籍。"经过五千年的文化积累，中华文化的精髓最终融汇凝聚成为一本本经典文献，它们是当世文化的精华与浓缩。目前，中国高校大多开设了传统文化的有关课程，在课堂教学中深入浅出、循循善诱，将中国传统价值观贯穿于高校教育之中，这种举措有利于陶冶情操、培养志趣，提高人文素养。

（二）课堂教学与社会实践相结合

通过课堂上对传统文化的教学，也可以使学生对于传统文化的内涵有一个大致的了解，并从中汲取养分，激发学生学习传统文化的热情。但人文素质的培养、人文精神的获得是一个具备丰富层次、需要长期实践的过程，不仅要求大学生拥有良好的文化知识，更需要在书本知识基础之上形成一种可以时时付诸实践的思维方式和行为习惯。而优秀的传统文化著作总能使大学生受到中华传统美德的熏陶和启迪。正如孔子曾说，"人不知而不愠"，"知之为知之，不知为不知，是知也"，"学而时习之"，"君子食无求饱，居无不安，敏于事而慎于言"，"学而不思则罔，思而不学则殆"，"见贤思齐焉，见不贤而内自省也"，"三人行，必有我师焉，择其善者而从之，其不善者而改之"。儒学思想中向世人传导的"修"、"仁爱"、"礼仪"、"信"、"义"、"慎独"等优秀的品德，对于培养当今大学生的道德修养、行为准则，遵守日常社会规范的态度，无疑具有巨大的指导意义。此外，中国传统文化中所提倡的"天人合一"和"天人协调"精神，对于如今处于社会主义现代化建设的中国也具有一定的价值和意义。若在生活实践中能够充分理解并运用该精神内涵，从而引导大学生真正形成敬畏自然、保护自然、自觉追求低碳生活的习惯，抵制浪费行为，不断地提高自我修养。毕竟大学教育的根本目的在于如何做人而不仅仅是取得高分数。

（三）营造良好的人文素质教育氛围

每天所处的环境对大学生行为习惯的养成有着极大的影响。良好的校园文化氛围将形成一种潜移默化的教育力量，在不知不觉中影响着大学生的心理发展，对于大学生形成优秀的道德品质、崇高的思想品德、正确的价值理念、积极向上的人格精神都有着不可忽视的推进作用。所以，建立优秀的校园文化、创造良好的校风校纪、营造和谐融洽的校园氛围，将是推进大学生人文素质教育的一项重要任务。推荐学生观看如《百家讲坛》等电视栏目和《论语今读》等相关书籍，能够激发学生的学习兴趣，营造出良好的学习氛围，使学生接受良好的教育和熏陶，从而达到教育目的。

（四）去其糟粕，取其精华

文化作为一种意识形态，自然也有精华与糟粕之分。人们在汲取精华之时也难免接触到其中的糟粕部分。优秀的文化可以引领人不断奋进，但糟粕也可使人停滞不前。中国的传统文化既是在多个朝代流转之中形成的，就必然带有鲜明的时代特征，其中必然是精华与糟粕共存。如为人们所熟知的"三纲五常"、"重男轻女"、"愚孝愚忠"、"君让臣死，臣不得不死"等传统文化，就带有强烈的专制主义时代特点。因此，我们现阶段所需要的中国传统文化教育，并不是食古不化、唯古人言行是崇的教育，而是要建立贴合时代发展需要，讲究权变的教育体系，只有对传统文化采取"取其精华，去其糟粕"的学习态度，才能培养出德才兼备的社会有用之才，更好地完善大学生人文素质教育体系。

（五）培养创新精神和创新意识

自20世纪90年代以来，尤其在江泽民同志提出"创新是一个民族进步的灵魂，也是一个民族兴旺发达的不竭之动力"之后，我国各界便开始对创新问题重视起来，并不断表现在高等院校的教育之中。在《面向21世纪教育振兴行动计划》、《中共中央、国务院关于深化教育改革、全面推进素质教育的决定》等文件中都指明了要加强大学生素质教育特别是创新能力的培养。可见，当今社会所需要的并不是"一心只读圣贤书"的古板学者，而是偏重于更具有创造力的创新型人才。作为当代大学生，面对社会前所未有的大变革，应该积极地认识世界，培养锐意进取的创新意识，实现自我超越，突破传统束缚，面对现代社会的召唤，大胆创新，在传统文化优秀内涵的基础之上开拓进取，让传统文化在新时代绽放出更绚烂的光彩。

本节参考文献

[1]包毅.论传统文化消极因素对马克思主义中国化的不良影响[J].嘉应学院学报,2008(2).

[2]王国炎.中国传统文化现代化与马克思主义中国化[M].北京:高等教育出版社,2005.

[3]李克臣,黄丽.礼文化与"尚礼"精神的内涵及其他——中西文化精神论纲之二[J].辽东学院学报（社会科学版）,2011(4).

[4]黄夏玉.中国传统文化精神与现实社会[J].福建广播电视大学学报,2002(4).

[5]彭慧,傅佩丽.社会主义荣辱观与传统中华文化精神[J].江苏省社会主义学院学报,2006(3).

[6]杨长安.传统文化的当代价值[J].南昌教育学院学报,2012(2).

[7]刘步俊.漫谈中国传统文化与当代社会[J].齐鲁师范学院学报,2012(1).

[8]兰欣卉.用中华魂构筑中国梦[J].北方经贸,2014(6).

[9]刘斌.中原传统文化发展现状及面临的挑战与机遇[J].资治文摘（管理版）,2010(3).

第三节
深化课程改革　创新培养模式

课程问题既是高等教育理论研究的焦点，也是高等教育实践活动的核心。一位美国的博士曾做过一个统计：在美国所有的教育文献中，约有1/3是与课程设置有关的。同样，在实践中，任何一所大学内部的活动都是围绕着课程这个中心环节而开展的。

由此可见，高校课程与大学生素质具有固有的、内在的和必然的联系，是高等教育改革与发展的生命线；同时，从高校课程与大学生素质对接的角度来探讨高等教育的中心工作，有利于我们在纷繁复杂中把握实质，抓住关键。

一、素质教育概念辨析

在讨论素质教育与大学课程体系的关系时，我们首先必须对"素质"、"素质教育"做概念上的科学界定。

何谓素质？有人认为，素质是由先天禀赋与后天环境以及教育三者的综合作用而形成的相对稳定的基本品质结构，这是从哲学和教育学的角度解释的；也有人从心理学的角度对素质的概念进行阐释，即素质主要是指人的先天禀赋，有时也包括一些后天形成的个性心理特征，它是心理活动发展的前提，离开这个物质基础就谈不上心理发展。

尽管各门学科对素质的解释不同，但都有一点是共同的，即素质是以人的生理和心理实际为基础，以其自然属性为基本前提的。也就是说，个体生理的、心理的成熟水平的不同决定着个体素质的差异，因此，对人的素质的理解要以人的身心组织结构及其质量水平为前提。

我们必须具体地看待、研究素质这一概念，使其在教育研究与实践中具有可行性和可操作性。我们暂且从以下几个方面进一步认识素质的本质特性：

（一）动态性

人的素质的形成是一个动态的过程。人从一出生就始终处于不断变化着的环境与教育（广义的）作用之下，因此素质也不断发生着变化。如果认识不到素质的形成是一个动态过程，那么教育也就失去了意义。

（二）层次性

与素质的形成是一个动态的过程相联系，处在不同发展时期的人的素质也是不同的、有层次区别的。这种层次区别不是素质在等级上的高低贵贱，而是素质构成整体上的质的差异。具体到学校教育过程中，这一点就显而易见。小学生的素质不同于中学生，中学生的素质也不同于大学生。因此，我们在制定培养学生素质、实施素质教育的目标时，就必须充分考虑到某一层次学生的素质水平与特点。

（三）结构性

所谓结构性的含义在于，我们虽然在研究分析时常常将素质分成若干种类，但是素质在一个具体的人的身上是以结构的形式存在并表现出来的。可见，决定一个人的发展可能性、发展水平的不是某一种或几种素质，而是素质的整体构成。由此，我们在学校教育中、在课程设置上，就应该充分考虑到素质构成的整体性，避免教育上的偏颇带来素质结构的失衡。

由以上素质概念的界定及几点认识，我们可以认为素质教育就是帮助学生形成基本个性品质结构的教育。处于不同学校教育阶段上的素质教育，由于学生素质发展的水平与特点及先天性格的差异，各自有着彼此不同的目标、内容与实施方法。

二、高校课程指向大学生素质的提高

（一）究竟何为"课程"

在高等教育领域，"课程"确实是再熟悉不过的词语，但是，就连那些天天与课程打交道的一线教师，也未必完全理解课程的内涵。对于许多人来说，"课程"的含义是可意会而不可言传的。这也难怪，俗话说"有多少个读者，就有多少个哈姆莱特"，那么"有多少个课程学者，也就有多少个课程定义"。美国学者斯卡特说得更直观、更锐利：在所有的教育术语中，课程是"用得最普遍而定义得最差的一个"。事实上，通过仔细剖析各种关于课程的定义，学术界对课程的观点其实也并非如此纷繁复杂，主要就是围绕以下两个方面来阐释的：一是教学内容，二是教学进程。这一就是"课"，二就是"程"。"课程即目的"以及"课程即社会改造的过程"等课程观，同样指向教学内容。因为课程本身显然不等于"学生发展"这个目的，不等于"培养改良社会的学生"这个过程或者目的，这些目的和过程都是从"把课程当作一种手段和工具"的角度而提出的，也是从学生接受的教育和学习的内容而提出的。

值得提出的是，有学者指出，对"大学课程"进行恰当的诠释，要关注课程的"'动、静'之辨和'社会、学科、个人'之辨"。应该说，这不是对"大学课程是什么"的界定，而只是为我们对课程目标和课程内容的厘定、课程实施和课程评价的开展提供了一个很好的视角。

以上的梳理和分析表明，其实我国学界早期对课程的定义，似乎具有更强的生命力和更广的涵盖性。例如，课程是"学校学科及其安排和进程"，或"学校教学内容及其进程安排的计划的基本观念"。只是这里的学科和教学内容是一种范围更广泛、内涵更丰富的学科和教学内容。以学科来说，类似于课程有显性与隐性之分、学科与活动之辨一样，学科在这里也就涵盖了显性学科和隐性学科、知识性的科目和活动性的科目，如"综合实践活动科目"。由此观之，从教学内容的角度来看，课程的外延在不断地扩大，即由过去的显性科目扩大到后来的显性的实践活动，继而发展到隐性的教育影响等。

（二）树立大课程观

我们可以将课程看作是为实现教育目标而传授给受教育者的全部教育内容、方法、手段的总和，把课程理解为是学校"教与学"全部关系的总和。换句话说，不仅仅是进入了课堂的教学科目，还有诸如思想政治工作、社会实践活动、学术讲座、学生食宿管理等，都可以视为广义的课程。这就意味着专门从事教学工作的教师和从事学校管理与服务的工作人员，都在给学生上课，都是教员。所不同的是：有些人用语言给学生上课，有些人用行为给学生上课；有些人在教室里给学生上课，有些人在教室外甚至食堂、宿舍里给学生上课，即所谓的"言传"与"身教"相结合。显然，这里确立的广义的课程概念和广义的教师概念，树立的大课程观，其根本指向是要将我们所有的工作都指向育人这个办学的根本目标，也即指向提高大学生素质这个更为具体的和明确的根本目标。

三、大学领导层面强化课程改革意识

课程作为教育活动的重要部分，课程建构的指导思想旨在体现某种教育思想理念，是关乎教育哲学的问题。大学校长作为大学的领导者不得不高度关注课程建构，从宏观上整体把握好课程建构。文化素质教育作为教育理念体现在课程建构当中，要求在课程编制上实现向具体课程的转化。

（一）树立科学人文主义课程观

科学主义课程观也好，现代人本主义课程观也好，虽然都有其鲜明的特征，但也均有其明显的缺陷：科学主义课程观崇尚的是科学性，而忽视的是人文性；现代人本主义课程观崇尚的是人文性，而忽视的是科学性。在当今课程建设中，单纯从科学主义或人文主义出发恐怕行不通，我们应该关注两者的融合，推行科学人文主义课程观，从而实现两种单一课程观的优势互补。

我们如何理解科学人文主义的课程呢？《学会生存》有相关的解读："它是人道主义的，因为它的目的主要是关心人和他的福利；它又是科学的，因为它的人道主义的内容还要通过科学对人与世界的知识领域继续不断地作出新贡献而加以规定和充实。"

总之，科学人文主义课程既信奉科学，又崇尚人道，但并非是科学主义与人文主义半斤八两的并合，它以科学为基础和手段，以人文为方向和目的，在科学和人道的相互协调和补充中促使人和社会在物质方面与精神方面的均衡发展，并在此基础上实现人自身的解放。因此，科学人文主义课程观，即为科学主义课程观与人文主义课程观的适当性融合。

大学生素质教育在于培养具有科学素养和人文精神并举的高素质的人才，要以人为本，真正做到以学生为主体。人应该是一个丰富的存在，人的智慧、情感、能力、理性应该得到全面的发展。科学与人文是不可偏废的两极。后现代主义课程观的提出需要一种课程的愿景，指出我们在课程领域迷失的原因之一，是我们丧失了理解我们的精神世界和现实世界的关系的能力。在课程设置领域幻想未破灭的原因在于人们相信课程是技术、管理，是能够自我证明的东西。人文素质教育应该成为一种课程愿景，贯穿在课程建构当中。在课程的建构当中适当向人文课程倾斜，设置跨学科课程、人文核心课程。不同的专业要有选择性地设置不同的人文核心课程。

（二）开设具有素质教育拓展空间的选修课

大学教育要提高人才培养的质量，就要树立以学生为本的理念。人才培养着力于营造一个有利于学生成长和发展的生动活泼的具有活力和影响力的环境。专业课程之外应该设置具有素质教育拓展空间的选修课，多给学生自由发展的空间，培养他们各方面的兴趣，并发扬他们的个性。这也是以学习者为中心的课程目标的体现。

文化素质教育公共选修课在我国高校虽然已经实施了多年，取得了很大的成绩，但是也存在很大的滞后性，具体表现为：课程目标定位不清、方向不明；课程设置多随意性，课程结构缺乏应有的科学论证；课程形态失调，多学科课程，少活动课程。

学习者中心课程的目标是非常明确的，它是学习者中心课程倡导者们心目中的标志性的东西：自我成功的目标，即心理学家马斯洛所说的自我实现。自我实现作为课程的目标意味着学校经验应该使学生有自由和机会来追寻他们的梦想。人文选修课的设置应有一个科学的计划，不能流于形式，不能因为是选修课就放松了要求。有些学校设置人文选修课概述性的课程比较多，结果往往是学生在花费了时间之后发现所得甚少。

真正要让学生有所体悟，应在课程结构和课程质量保证上多下功夫。有些学校开设经典阅读，就取得了较好的效果。高水平的课程需要高水平的学术保障，大学办学理念不同决定了大学有不同的特色风格，选修课也应根据自己的办学特色设置独具特色的课程。

（三）注重隐性课程的建设

课程建构除了显性课程之外，隐性课程同样很重要。隐性课程是指学校里学生可习得的隐性文化，具体内容可以分为以下几个方面：

1.思想政治理论课之外的思想政治教育

思想政治理论课在培养大学生的思想道德素质方面有着不可替代的作用，也是思想政治教育的主渠道。但是我们看到，由于传统的教育手段缺乏吸引力、说服力，导致思想政治教育效果不明显。而在课外的一些活动反而容易被大学生接受，这是一个需要改进的方面。

2. 社会实践锻炼

社会实践对于大学生了解社会、了解国情、增长才干、奉献社会、实现自我价值、培养品格、增强社会责任感意义非凡，也是大学生与社会接轨，完善自我，全面发展的必由之路。但是大学本科的教育大多重理论而轻实践，这也导致很多学生毕业之后完全是"纸上谈兵"，不能在短时间内融入社会和工作中。

3. 校园文化建设

校园文化潜移默化地熏陶感染着大学生，在塑造思想、陶冶情操、净化心灵、发展个性、促进大学生全面发展方面功不可没。校园文化建设是新形势下加强大学生素质教育的重要内容和方法。

4. 学校科技活动

学校科技活动是对第一课堂教育的延伸和辅助，也是对第一课堂教育成果的检验。具体包括："挑战杯"全国大学生课外学术科技作品竞赛、中国大学生创业计划竞赛、大学生数学建模竞赛、大学生电子设计竞赛等。

总之，隐性课程的建设是影响整个学校课程质量的一个重要因素。甚至就教育质量而言，学校与学校之间的差异更深刻地反映在隐性课程的质量及这种质量显示出来的力量上。在这里，主要显示的恰恰是人文的力量。大学领导者注重大学的文化对学生潜移默化的影响。大学文化是整个大学的传统，是随着时间的流逝经过不断提炼、补充最后沉淀下来的东西。整个大学文化成了隐性课程的主要构成部分，是整个大学的特色之所在，也是整个大学理念、制度等方面的高度体现。

四、确立大学生素质结构，改革高校课程体系

既然高校课程是为提高大学生素质而设立，大学生素质的提高需要且必须通过课程才能实现，那么，打通高校课程与大学生素质的相向关系，架

构两者交流与融通的桥梁，便可以实现相应的课程目标，从而实现提高大学生素质的培养目标。要实现高校课程与大学生素质的对接，有两个最基本的问题：一是确定大学生需要具备哪些素质，亦即相应人才标准问题；二是如何通过课程实现这些素质要求，亦即通过课程培养出相应人才。解决这两个问题，是一个复杂的系统工程，在此，本书仅从宏观层面略作分析。

（一）大学生需要具备哪些素质

在未作说明的情况下，我们谈论的大学生，一般是指四年制的本科生。那么，一位大学生需要具备哪些标志性的素质呢？例如，两位各方面素质相差不多的高中毕业生张三与李四，张三进入大学，读了四年本科，李四直接进入社会，参加了几年工作。那么，四年之后，张三应该比李四多具备哪些素质呢？怎样才能当之无愧地说张三受过高等教育呢？

事实上，在一些关于素质结构与培养目标等方面的著作中，都曾探讨过这类问题。例如，有人提出大学生素质应由专业素质、人文素质、政治素质、科技素质、心理素质、身体素质、技能素质七个方面有机组成，其中专业素质是大学生素质的核心和基础。也有人提出了三棱锥素质结构模型，将三棱锥的四个面视为大学生必须具备的综合素质的四个方面，即思想政治道德素质、科学文化素质、身体心理素质以及专业业务素质，同时，三棱锥从外到内分别表示素质的层次结构，即知识、能力与精神。

（二）优质课程架构交流桥梁

在高等院校中，大学生素质的提高必须通过课程才能实现。因此，在确定大学生素质标准之后，我们便需要将能够达成这些素质的信息反映到课程这个载体和媒介中来。应该说，在显性课程上，学界已经做了许多努力。例如，针对科技文化知识以综合为主导的发展趋势，高校提出了课程的综合化，培养复合型人才；为革除千人一面的模型化教育，高校推行了选课制，发展大学生的个性；在社会呼吁大学生道德品质下降的背景下，高校增加了人文修养课程；为了实现课程结构与大学生素质结构的有效对接，并提高效率和效益，高校采用"平台+模块"的课程体系结构框架等。

总之，要在确立某个时期某种类型的大学生素质标准的基础上，精心地打造出一个充满生命活力的课程体系，真正地将课程与大学生素质对接起来。

本节参考文献

[1] 舒华.昨天·今天·明天——课程改革：历史发展的永恒[J].人民教育，2000（10）.

[2] 钟鹏明.构建素质教育合理课程结构的认识[J].教育理论与实践，1996（1）.

[3] 叶立群."三个面向"与教育内容的改革[J].课程·教材·教法，1993（9）.

[4] 魏俊华.普通高中综合实践活动课程常态化实施的问题与对策研究[D].广州大学硕士学位论文，2012.

[5] 杜文军.基础教育课程改革背景下教学评价价值观的现状与反思[D].西北师范大学硕士学位论文，2006.

[6] 葛春.关于基础教育课程改革的社会学分析与思考[D].南京师范大学硕士学位论文，2007.

[7] 秦立霞.近20年来我国基础教育课程改革的历史与启示[D].陕西师范大学硕士学位论文，2003.

[8] 高亨亮.校本管理运行机制的构建探析[D].福建师范大学硕士学位论文，2006.

[9] 郭静林.当代大学生生命价值观现状与道德教育[D].福建师范大学硕士学位论文，2006.

第四节
完善高校社会实践　突出人才培养特色

社会实践作为高校教育的有效形式之一，取得了卓然成绩。在社会主义市场经济体制下，高校管理体制改革存在机制不健全、学生态度不端正、社会各方面支持力度不够等问题，必须不断深化和拓展社会实践的活动内容和形式，随时代而变化，并不断完善。构建高校社会实践育人的长效机制，探索新的实践形式，如农村社会实践、社会实践社区化、社会实践与专业知识相联系等，对调动学生积极参与的热情具有十分重要的意义。

社会实践是高校实践育人的重要形式，如何构建长期有效的实践机制，如何解决社会实践中存在的各种弊端，如何丰富社会实践的形式等现实问题，很值得我们深思。

一、社会实践育人与实践育人

社会实践育人并不等同于实践育人，它属于实践育人的一个重要形式。实践育人以实践教学、军事训练、社会实践活动为主要的形式，是培养高素质人才的重要手段。与传统的"三育人"体系相比，实践育人更加突出学生的主体地位，引导学生树立正确的人生观、世界观、价值观，它回答了"怎样培养人"这一重大问题。实践育人体系，涵盖教学实践与社会实践，在理论与实践的交互过程中实现对学生的培养。实践育人的主体是学生，受体是社会实践。实践育人强调在更广阔的平台上实现教育活动内容的丰富性和学生选择学习内容的主动性，为学生的发展开拓广阔的空间。

二、构建高校社会实践育人的长效机制具有时代意义

构建高校社会实践育人长效机制具有十分重要的时代价值。胡锦涛同志在庆祝"清华大学建校 100 周年"大会上对大学生提出殷切希望："把创新思维和社会实践紧密结合起来"，在写给北京大学第十二届研究生支教团成员的回信中号召全国大学生"向实践学习、向人民群众学习"。此外，《国家中长期改革和发展规划纲要》也把提高学生的创新精神和实践能力作为战略重点之一。教育部高度重视高校的实践育人工作，要求高校充分认识新形势下实践育人的重大意义，推动实践育人工作的科学发展。时代赋予了高校在实践育人方面的重要地位，在如今的时代语境和价值方位方面，构建高校实践育人长效机制有重要价值。

社会实践育人是在充分认识实践与人的密切关系，尤其是在人的成长的价值的基础上形成的育人理念。它以"培养学生的实践能力和创新精神，促进学生全面发展"为核心目标，在学生现有的能力水平之上，引导学生参加与自身密切相关的各种应用性、创新性、综合性实践活动，促使他们形成高尚的思想品德，塑造健全的人格，具备敢于创新的精神与实践能力，实现其自身的全面健康发展。

社会实践育人具有实践性、学生主体性、综合性和开放性的主要特征。实践性，强调学生的亲力亲为，在全过程的参与中获得成长；学生主体性，就是重视学生的主体地位，充分发挥学生的主人翁意识，注重学生的主体自觉性、能动性和创造性；综合性，是注重培养学生综合运用知识的能力以及提高学生的综合素质，强调通过"综合"的教育视野，形成"综合"的育人成效评价；开放性，即培养多元、开放的意识，尊重学生的个性与特殊发展需要。

三、当下社会实践存在的问题

（一）管理机制缺乏创新

管理机制缺乏创新，无法适应现实的发展，使社会实践效果大打折扣。由于学校管理体制存在漏洞、缺乏灵活性，由学校牵头、各院落实的工作机制容易造成形式主义，"口头式"帮助很多，实质性指导却很少。

（二）评价方法不科学

社会实践的评价方法不科学，重结果、轻过程，影响学生参与的积极性和创造性，背离社会实践的初衷。根据社会实践报告的结果考核学生，没有重视学生在社会实践中的成长，忽视了社会实践以人为本的宗旨。

（三）定位不准

当前大学生社会实践的工作形式主要以粗放为主，注重社会实践过程中的社会影响和社会价值。但是，高校和社会之间的联系不到位，社会实践的任务表面化，缺乏针对性和实际性，导致大学生在社会实践中实际所得甚少。

（四）准备不够充分

大学生对社会实践的准备不够充分，社会实践经验、基本社会调查知识和技能的缺乏，团队协作能力的不足，资源配置及管理能力的限制容易导致社会实践走过场、流于形式。

（五）学生态度不够端正

大学生对社会实践的认识不足，态度不够端正。有的学生只是把参与社会实践当成保研、奖学金加分的一个手段。另外，学校对于社会实践的支持只停留在表面，社会实践的真正意义难以实现。

（六）形式和内容单一

社会实践的形式和内容单一，局限于参观考察、教学实践、专业实习、社会调查、公益劳动和勤工助学等传统形式，不能满足不同层次、不同个性的大学生的实践需要。另外，各专业学生的优势也不能得到合理科学的运用，学生的社会实践不能与自身专业有效地联系起来。

（七）社会对社会实践的支持系统不完善

企业、学校、政府等对社会实践的支持力度十分有限。企业的社会责任意识不够，不愿意接纳大学生的实践活动。高校和政府对社会实践活动不够重视，各方面的支持工作跟不上，如资金不到位、配合不积极等。

四、深化社会实践的现实意义

社会实践存在的问题制约着社会实践发挥育人的功能。深化社会实践，解决社会实践中的现实问题，具有十分重要的意义。具体可以从以下几个方面入手：

（一）学校高度重视，积极有效组织

学校要在思想上高度重视，加强对学生社会实践的宣传，积极鼓励学生参与，认真落实。在实践当中，积极配合、支持各项工作的开展，并给予学生有效的帮助，指导社会实践活动的开展，同时列入教学计划，建立制度加以保障。

（二）提高队员素质

加强队伍建设，提高队员素质，提高专业化水平。社会实践参与队员素质的提高有助于提高队伍专业化水平，有助于各项工作的有序开展，也有助于社会实践取得良好的效果。

（三）建立实践基地，社会实践阵地化

建立社会实践基地，有利于总结经验，吸取教训，避免走不必要的弯路，借鉴做得好的地方，加以固化，并在此基础上，不断地深化和升华。另外，建立一系列稳定的社会实践基地、生产基地、课外科研基地和社会活动基地，开拓社会实践活动的新领域。

（四）开展多元化的社会实践活动

社会实践活动要结合实际情况，开展不同形式的喜闻乐见的活动。学生的组织不同，适合的社会实践活动也就会不同。从组织形式来看，主要有分散活动和集体活动。分散活动比较丰富多彩、形式多样；集体活动考量学生的团结协作能力。

（五）完善评估机制

从社会实践育人对学生的思想政治素质、专业技能、创新能力是否有积极的作用等方面进行考核，不能仅仅看社会实践的成果报告，也应注意到学生在活动中的成长；充分考虑实践基地的建议，坚持学校评价与实践基地评价相结合，实现两位一体的评价系统，综合考核大学生在实践中的表现。

五、因地制宜、因材施教、拓宽形式

（一）落实农村社会实践，实现双向共赢

《教育规划纲要》中鲜明提出，要"探索并推行创新型教育方式方法，突出培养学生的科学精神、创造性思维和创新能力"。社会实践是培养大学生创新能力和实践能力的有效形式。在参与的过程中，不仅锻炼了自身，提高了能力，还可以有效地推动农村经济的发展和农村的精神文明建设。农村社会实践的育人功能主要包括以下几个方面：

1. 有利于创新人才的培养

这单单靠课堂上的教学是无法实现的,必须借助于社会实践。学生在社会实践中,贴近生活,联系实际,切实了解所处环境的地域特色,跟踪了解和学习与农业相关的新知识、新技术、新成果的发展和需求动态。根据实际情况,发挥自身特长,真正做到把产、学、研有机地结合起来,提高思考能力和实际解决问题的能力,并培养创新型人才。

2. 提高大学生的思想政治素质

帮助大学生树立科学的世界观、人生观和价值观,促使大学生在社会实践的过程中将科学的理论变成自己做人的原则和实际行为的准则。

3. 提高大学生的心理素质

心理学研究表明,有效的社会实践是人的心理健康发展的主要条件之一,心理素质是在社会实践活动中逐渐发展和成熟起来的。大学生参与农村社会实践,经受磨炼,接受挑战,可以提高自身面对挫折、摆脱困境、超越障碍的心理能力。淳朴的民风和农村独特的社会文化有助于大学生形成讲实效,脚踏实地的工作作风。

4. 提高大学生的实践能力

发挥主观能动性,将在课堂上学习到的系统的理论知识运用到实践当中,深化认识,升华认识,以此丰富自己的知识结构。

同时,大学生农村社会实践也推动了农村的经济发展和各方面建设,进而实现了两个方面的共赢。在参与社会实践的过程中,大学生结合实际,建言献策,有助于推动产业结构调整,优化农村产品结构,推动产业化经营,促进农村发展方式的转变,增强农村农业发展的活力,推动农村经济社会的建设与发展,促进农业现代化的实现,有利于农村精神文明的建设。

文化移植理论认为,当两种文化相碰撞时,两者都会通过借用的方式向对方靠拢,这种借用方式并不是对等的,而往往是较先进的文化影响着较落后的文化。大学生将新知识、新技术和新理念带到农村,有助于解放思想,帮助农民树立开放创新的观念和市场竞争的发展意识,促进农民思想观念的转变和农业经济的发展；有利于基层民主法制建设，大学生自身素质较高，学习能力和维权意识强，大学生参与宣传法律，加强农民的法制教育，提高农民的法律意识，让农民懂得依法维护自己的合法权益，充分享受宪法赋予自己的权利；有利于非物质文化遗产的传承与保护，大学生是非物质文化遗产传承与保护的重要力量，大学生可以通过各种形式进行非物质文化遗产的宣传保护工作，也呼吁大家对非物质文化遗产进行保护和传承。

（二）高校社会实践社区化，真正贴近学生实际

高校社会实践社区化是有效地保障大学生思想道德教育的重要方式和手段。现阶段，我国大学生社会实践教育的通行模式大体可以用"集中于专门时段，热衷于三类地区，终结于固定模式"来概括。社会实践的固化也造成了大学生对于社会实践的态度有所偏差，"参加时激动，活动中感动，结束后不动"，大学生实践教育的实效大打折扣。因此，大学生社会实践基地的社区化是十分有必要的。

（三）与学生专业密切结合，在实践中促进就业

高校可以把开展社会实践教育活动的内容重点放在突出专业特点和自身优势。根据本校专业特点，组成家电义务维修服务队、普法专业队、农科知识咨询队、社会状况调研队、山区支教、文艺演出队等开展社会实践教育活动，并发挥各专业的特长。在社会实践中，深化专业知识，也可促进就业。

1. 不可代替的作用

社会实践活动在促进大学生就业工作当中具有不可代替的作用，能有效地促进大学生转变就业观念、提高就业能力、开辟就业新市场。另外，应将促进大学生就业作为今后共青团社会实践工作主题之一，高度重视，自上而下齐抓共建，发动和引导各级共青团组织和社会各界力量，为大学生就业工作的平稳有序开展保驾护航。

2. 有针对性地组织实践活动

要有针对性地组织专业对口的实践活动。现在大学生普遍抱怨"找个对口工作的实习单位太难了，只要有社会实践的机会，就愿意进去实习"。但是这种不管质量的社会实践，其实对于以后的就业帮助也是有限的。社会实践和就业见习是为将来的就业积累经验和打基础的，并不是你做过的工作越多越好，有针对性地选择社会实践单位和就业见习岗位才是最重要的。因此，在每年的暑假社会实践活动中，应注意实效性，通过各种沟通提前了解用人单位的需求，有针对性地选拔专业对口的实践队员参加到社会实践当中，并引导学生进行准确的就业定位，树立正确的就业观念，实现单式培养，积极有效地促进就业工作。

3. 完善基地建设

要完善大学生社会实践基地和就业见习基地建设，努力建设和维护社会实践基地的长期稳定性。大学生参与社会实践和就业见习是一种双赢的活动，不仅能使高校从中获益，企业也能得到益处。同时，积极开展产学研合作，也是一个重要的途径。产学研合作是建设大学生实践基地的重要渠道。借助于产学研合作，教师和学生走出校园，开展技术攻关和管理咨询等活动，形成事实上的社会实践基地。不仅如此，社会实践基地要牢固树立塑造品牌基地，建设品牌基地的意识，给高校、企业和学生带来社会效益和经济效益。

4. 社会实践教育项目化

社会实践教育项目化是规范管理的体现，是注重实效的体现和强调科研的标志。首先，把社会实践教育的活动内容优化整合，实行项目罗列；其次，制定项目化的具体方案，如项目申报书、项目指导教师、项目评审办法等；再次，进行项目招标、投标和运作；最后，是总结成果，并且将优秀成果作为"挑战杯"全国大学生课外学术科技作品竞赛的优先申报作品，把大学生社会实践活动与"挑战杯"有机地结合起来。

大学生社会实践"项目化运作"模式，是经大学生社会实践按照科研项目申报立项的方式进行规划指导和管理的一种模式，引导青年学生在社会实践中深入基层、认识国情、培养科学研究意识、提高实践能力和创新能力。这种实践模式强化了社会实践的育人功能，有利于培养学生的创新意识和科研意识，也有利于提高学生的实践能力和综合素质，对高校建立实践育人长效机制、提高人才培养质量具有十分重要的意义。

调动教师参与学生社会实践项目的积极性，改变传统的社会实践运作模式，将专业教师参与指导学生作为社会实践项目审批的一个必要条件，鼓励二级学院积极动员专业教师参与学生的社会实践项目的立项和实施，营造师生共同参与的良好氛围。此外，将指导项目的工作量作为衡量教师科研工作的重要指标，在成果的总结、转化或参与各类竞赛中获奖的项目，对指导老师给予一定的奖励。学校每年定期召开一次社会实践专题总结大会和表彰大会，表彰在社会实践中取得良好成绩的师生，并给予一定奖励，调动和激发师生参与的积极性与热情。

5. 搭建网络虚拟平台，及时实现互动

鉴于当下网络的发展，自媒体"微博"、"微信"、"QQ"深入大学生生活，高校可以充分利用网络，搭建一个师生互动的平台；或者在现有网站中专门开发出一个版块，专门用于社会实践。将社会实践的形式分门别类，建立各个子版块，放置社会实践中取得较好效果的活动。同时，将学生参与社会实践后的心得体会和活动中的得失设为专门的版块，供大家借鉴学习。此外，专门设立师生互动的空间。平常有专业老师管理这个版块，对于学生提出的问题及时给予解答。在寒暑假社会实践期间，可跟踪社会实践的进展，及时更新，供大家了解近况。

6. 构建特色行业高校科学社会实践工作机制

特色行业高校是我国高等教育体系的重要组成部分，一直以来，在促进国家科技进步、社会服务、行业和地方发展等方面，发挥着重要作用。在高等教育管理体制改革中，特色行业高校总体呈现出"多科化"、"去行业化"的趋势，办学特色发生改变。在学生社会实践的工作中，忽视了人才培养方案对社会实践的重要性和预期性。

特色行业高校建立科学的社会实践工作体系,坚持以人为本,明确培养目标,这是时代发展的要求。特色行业高校以行业为依托,既要为行业和国家的发展提供人才支持和科技服务,同时也要为行业和国家培养引领未来的科技型人才和战略管理人才。实践教学和课堂教学并重,相互促进。学生在社会实践当中,发现问题,解决问题,深化理论,加强应用,拓展知识,提升技能,培养和提升实践动手能力。创建多元化培养路径,培养多样化人才。为不同的同学提供个性化的实践设计,让不同个性的人都能得到多样化发展,展现自我特色。特色行业高校在社会实践途径开发上要充分利用其教学实践基地,建立与行业的紧密联系,确立明确的项目,开辟多种实践渠道,为学生搭建广阔的平台。

依托行业与企业建立人才培养的长效机制。学校应主动联合企业参与学校的建设,在企业建立稳定的实践基地,充分发掘基地潜能,推动行业人才培养。学校和企业共同探索培养的模式和机制,实现学校和企业的资源共享和互补,形成互惠互利、双赢的局面。

本节参考文献

[1] 中华人民共和国教育部.国家中长期教育改革和发展规划纲要(2010~2020年)[EB/OL].教育部官方网站,2010-07-29.

[2] 杨慎之.阮镜清心理学论文选[M].长沙:湖南教育出版社,1986.

[3] 司马云杰.文化社会学[M].济南:山东人民出版社,1987.

[4] 刘一鸣,陈卓.新时期如何深化高校社会实践的育人功能[J].网络财富,2010(11).

[5] 夏光兰.新时期高校社会实践与大学生素质培养研究[J].科技资

讯，2008（29）．

［6］邓然．高校社会实践教育存在的问题及对策研究［J］．当代教育论坛（宏观教育研究），2007（5）．

［7］王文华．试析大学生社会实践活动的教育功能［J］．学校党建与思想教育，2007（8）．

［8］文雪．教育规律研究的反思［J］．湖北教育学院学报，2005（4）．

［9］孙百虎．高职学生社会实践与专业素质教育结合研究［J］．石家庄职业技术学院学报，2013（6）．

［10］秦圣阳．在社会实践中切实加强大学生思想政治教育［J］．语数外学习（语文教育），2012（11）．

［11］王琳媛．大学生社会实践教育体系的整体构建［J］．安徽农业科学，2007（7）．

［12］闪茜菁．新形势下的大学生社会实践模式研究［D］．华东师范大学硕士学位论文，2009．

第五节
思想政治教育：素质教育的核心与灵魂

思想政治教育是素质教育的一部分，对素质教育起着推动作用，同时又受到素质教育的制约和约束，二者相辅相成、相互促进。没有科学文化、心理、生理等方面的素质教育，思想政治教育就失去了依托；相反，脱离了思想政治教育，素质教育也就失去了意义。

思想政治教育是当代大学生素质教育的重要组成部分，在大学生素质教育过程中起着主导性的作用和关键性的政治保证作用。只有充分发挥思想政治教育的作用，才能增进当代大学生其他各方面素质的培养和提高并引导其他方面的素质发挥作用。只有充分提高思想政治素质，当代大学生才能真正树立正确的世界观、人生观与价值观，才能成为符合我国国情需要的合格的社会主义建设者和接班人。

一、思想政治教育在大学生素质教育中的作用

（一）思想政治教育是大学生素质教育的重要组成部分

素质是在人的先天生理的基础上，经过后天教育和社会环境的影响，由知识内化而形成的相对稳定的心理品质。在趋异人才培养中，要注重传授知识、培养能力、提高素质为一体，特别应更加注重素质的提高。素质教育是由思想道德素质、文化素质、业务（专业）素质、身心素质以及创

新精神、实践能力等诸方面因素构成的一个系统工程,在此系统中思想道德素质是根本,文化素质是基础,业务素质是本领,身心素质是本钱。素质教育是全面发展的教育,中共中央、国务院《关于深化教育改革,全面推进素质教育的决定》明确指出,实施素质教育,必须把德育、智育、体育、美育等有机地统一在教育活动的各个环节中,强调学校不仅要抓好智育,更要重视德育,还要加强体育、美育、劳动技能教育和社会实践,使诸方面相互渗透、协调发展,促进学生的全面发展和健康成长,而思想政治教育在此系统工程中担负着培养人的思想政治教育的重任。脱离思想政治教育及其实践,广大学生的思想道德素质的培养就无法实现,素质教育这一系统工程也就不健全、不系统。正如江泽民同志指出的:"如果轻视思想政治教育、历史知识教育和人格培养,那么就会产生很大的片面性,而这种片面性往往会影响人一生的轨迹。"可见,脱离思想政治教育,就会直接影响到广大学生的综合素质的全面发展,乃至导致整个素质教育的失败。因此,思想政治教育是素质教育中一个密不可分的重要组成部分。

(二)思想政治教育是素质教育的核心与灵魂

1. 素质教育的核心和灵魂

《关于深化教育改革,全面推进素质教育的决定》指出,"各级各类学校必须更加重视德育工作",这一表述不仅体现了教育方针的"德育首位"的思想,而且突出了素质教育的灵魂和核心所在,突出了思想政治教育在素质教育中的突出地位。江泽民同志指出:"要说素质,思想政治教育是最重要的素质。不断增强学生和群众的爱国主义、集体主义、社会主义思想是素质教育的灵魂。思想政治教育,在各级各类学校教育中都要摆在重要地位,任何时候都不能放松和削弱。"毛泽东同志说学校要把坚定正确的政治方向放在第一位,邓小平同志更是强调学校应该永远把坚定的政治方向放在第一位。党和国家的三代领导核心在不同时期对同一个问题有共同的认识与表述,自然就确立了学校思想政治教育的核心和灵魂地位。

2.思想政治教育重要地位的决定因素

把思想政治教育确立为素质教育的核心与灵魂,首先,是由人才培养目标决定的,我们要培养的是德、智、体、美等全面发展的人才,很显然德是第一位的,我们要用的是德才兼备的人才,而绝不用有才无德的"害才";其次,是由思想道德素质的本质决定的,思想政治教育就是为了提高广大学生的思想道德素质,而思想道德素质是各种人才素质中的根本,是构成民族凝聚力的精神支柱,是一个国家和民族的灵魂;最后,是由思想政治教育的任务决定的。思想政治教育的主要任务就是要帮助青年大学生树立共产主义远大理想和建设中国特色社会主义的共同理想信念,同时坚定"四信",确立坚定正确的政治方向。政治观教育是建设者和接班人的灵魂教育,是政治导向的核心,是加强社会主义政治文明建设的重要内容。

(三)思想政治教育促进大学生全面发展

在素质教育中,思想政治素质教育起着根本性的导向作用,对其他方面的素质教育有着不可忽视的促进作用。一个人的思想政治素质好并不一定就会有较好的智力与能力,也不一定会有较好的身体素质和心理素质。但是,当一个人具有较好的思想政治素质时,他就会具有为祖国、为人民而发奋图强的动力,并会刻苦学习,提高自己的创新精神和实践能力,强健自己的体魄,从而使自己的综合素质得到一定程度的提高。当然,思想政治素质对提高其他方面的素质所起的作用只是积极的促进作用,并不是决定作用,并非思想政治素质好就会一好百好。但可以说,广大学生只有树立了正确的政治方向,有了崇高的理想、高尚的道德和顽强的意志,他们在文化素质方面才能正确区分善恶美丑,才能自觉抵制自由主义、拜金主义、极端个人主义等非马克思主义的腐朽思想文化的侵蚀,才能对中国五千年文化进行正确的"扬弃";只有具备了良好的思想道德素质,他们在提高业务素质方面,才会有明确的方向,才会有刻苦钻研,勇攀科学高峰的勇气与毅力,在前进道路上才会有强大的精神动力。同时,通过思想政治教育可以培养青年大学生良好健康的心态。21世纪的建设者和接班人是必须具有良好健康心理素质的人才。通过思想政治教育使青年大学生不断加强品德修养，锻炼和培养自己的意志品质，培养自己适应激烈竞争的心理素质；通过思想政治教育，可以提高青年大学生的审美能力和情趣，激发他们的创新精神，树立他们正确的劳动观念，积极地投身社会实践。总之，通过发挥思想政治教育的主导作用，可以促进青年大学生其他素质的培养与提高。

（四）思想政治教育在素质教育中起政治保证作用

思想政治教育决定着素质教育目标的最终实现，也决定着青年大学生最终能否成为合格的社会主义事业的建设者和接班人。思想政治素质决定着其他素质发挥作用的方向。一个人的智力、能力、身体素质等对其本人，对社会最终会发挥哪种性质的作用，产生什么影响，是由这个人的思想政治素质决定的。思想政治素质好的人，他的其他方面的素质在发挥作用时会有益于社会，素质越好，贡献越大；而思想政治素质不好的人，他的其他方面的素质可能会在特定的时候危害社会。如果把一个人的智能、身体等方面的素质看作是一个不计正负的绝对值的话，思想政治素质是决定它的最终价值的正负号。

综上所述，思想政治教育是大学生素质教育的重要组成部分，是素质教育的核心与灵魂，对素质教育起着主导作用和政治保证作用。同时，素质教育对思想政治教育也提出了新的要求，要求思想政治教育工作者转变教育观念，构建与素质教育相适应的学校思想政治教育内容体系，并科学地使其融入素质教育这一全面的、系统的教育体系中，才能更好地实现我国新时期高等教育人才培养的总目标，培养和造就更多的德、智、体、美等全面发展的社会主义事业建设者和接班人。

二、加强大学生思想政治教育的意义

（一）新形势下加强大学生思想政治教育的必要性

比专业知识、能力在更深层次上反映人才的质量，是全面素质教育中最根本、最重要的方面，也是当前教育中比较薄弱的环节。江泽民同志曾经在全国教育工作会议上指出："要从综合国力的高度认识思想政治教育的重要性，思想政治素质是最重要的素质，任何时候都不能放松和削弱。"几十年来，我们在贯彻党的教育方针、全面推进素质教育、坚持教书与育人相结合、培养"四有"新人方面取得了巨大的成就。然而，我们必须清醒地看到，在市场经济条件下，由于科学技术突飞猛进、利益格局的调整、就业方式、分配方式的多样化、社会财富的重新组合、贫富差距的出现以及综合国力竞争日趋激烈，人们的价值取向发生了巨大的变化，传统的道德领域正经历着前所未有的震荡。尤其不能忽视的是，近年来，出现了极少数大学生极端的犯罪现象，这虽然是个别现象，但却代表着部分大学生道德滑坡，对生命漠视、政治信仰迷茫、理想信念模糊、价值取向扭曲、诚信意识淡薄、社会责任感缺乏、艰苦奋斗精神淡化、团结协作观念较差、心理素质欠佳、道德素质部分缺失等问题，这给新形势下大学生思想政治工作带来了一定的难度，也给高校思想政治工作者提出了新的任务。因此，加强高校学生思想政治教育具有特别重大的现实意义。现代社会是政治、经济、科技、教育、文化和生活等发展极其迅捷的时代，要适应这样一个迅速变化的、复杂的、转型的社会环境，个体没有良好的综合素质是绝对不行的。大学生虽然是同龄人中比较优秀的群体，具有较好的知识素质和技能素质，但是，如果没有良好的思想政治素质将同样无法适应时代发展的客观要求。高校思想政治教育必须坚持把提高大学生思想政治素质摆在首要位置，才能真正提高大学生的思想政治素质，使大学生具备适应时代发展要求的全面的综合素质。

（二）我国高等教育培养目标的需要

我国高等学校的教育目标是培养合格的社会主义建设者和接班人，在对人才的素质要求中，必须把培养学生具有较高的思想政治素质放在首位，这是社会主义建设事业对人才素质的最基本的要求。高校思想政治工作者只有高度重视并切实抓好大学生思想政治素质教育和培养，才能确保我国高等教育人才培养目标的有效实现。

（三）培养复合型人才的需要

高校要把大学生培养成为对社会有用的人才，必须加强和重视大学生的思想政治教育。要想真正地促进大学生素质的提高，必须坚持以学生为本，充分考虑大学生的心理特点和行为特征，根据大学生的实际情况开展这项工作。随着科学的分工越来越细，分类学科之间的联系和渗透越来越紧密，一个人要提高自己的业务能力，不仅要掌握本专业的科学知识，还应具有其他学科的知识，一个专门人才的知识结构应当是广博与精深相统一的。当代大学生应有意识地完善自己的知识结构，将自己培养成厚基础、宽专业、多方向的人才。

三、思想政治教育与文化素质教育融合的途径

（一）增强思想政治教育的文化内涵

1.赋予思想政治教育以丰富的文化内涵

一方面，要赋予思想政治教育以丰富的文化内涵，从内容到形式，努力提升思想政治教育的文化品位；另一方面，要挖掘、利用思想政治理论课教材中蕴含的丰富文化因素，突出其教化功能，使思想政治教育以人为本，更加贴近实际、生活、学生，为思想政治教育的深入开展获得文化活力，更好地引导和确保文化素质教育不偏离正确的政治方向和价值取向。

2. 注重历史与现实的有机结合

当前特别要把思想政治理论课的新课程方案实施与文化素质教育结合。新课程方案明确规定，把"98方案"的七门必修课调整为四门必修课，即开设"马克思主义基本原理概论"、"毛泽东思想、邓小平理论和'三个代表'重要思想概论"、"中国近现代史纲要"、"思想道德修养与法律基础"。这一调整体现了新世纪、新阶段大学生理论武装工作的综合性、整体性要求。新课程方案有史、有论、有应用，有利于大学生在学习马克思主义理论的基础上，从历史与现实应用的有机结合中，全面掌握科学的世界观和方法论。以"思想道德修养与法律基础"这门课为例，面对崭新的大学生活，学生既会充满好奇和兴奋，也会遇到一系列的人生课题，比如如何处理好理想与现实、权利与义务、个人与集体、竞争与合作、自由与纪律、友谊与爱情、学习与工作等关系，如何做人，做什么样的人，如何生活才有意义，怎样的人生追求才有价值等，这一系列人生课题中既有哲理又有文理，增强了思想政治教育的文化内涵。

（二）以社会主义先进文化统领文化素质教育

社会主义先进文化建设应该给予人的精神世界以积极健康和科学进步的影响，应该能够最大限度地满足人们对真、善、美的追求，也应该能够最有效地引导人们建构健康进步的思想道德体系和科学知识体系，抵制和摒弃一切腐朽、落后、愚昧、迷信的思想观念。同样，大学生思想政治教育也具有对大学生进行价值引导和政治导向的重要功能。在社会生活中，每个人都在一定的范围内变换着活动空间。思想道德建设应当对每一个社会成员在不同场合和扮演的不同社会角色提出相应的道德要求，明确相应的行为规范，提出鲜明的价值取向和是非标准。在教育分寸的把握上，应注意把先进性的要求和广泛性的要求结合起来。在道德领域中，可以从理想信念、社会公德、职业道德、家庭伦理、生活方式等方面形成一个比较完整的体系。这种新的道德体系必须立足于中国国情，以马列主义、毛泽东思想、邓小平理论、"三个代表"重要思想和科学发展观为指导，继承和弘扬中华民族的优良道德传统，同时吸收和借鉴世界各国的文明成果。

（三）以"三成"教育作为大学生思想政治教育的切入点

对大学生进行"成人、成才、成功"的"三成"教育，既是大学生成长发展的规律所在，又是文化素质教育的重要内容。以"三成"教育作为大学生思想政治教育的切入点，既能够养成大学生成人、成才、成功的基本素质，又能够使他们合理地规划人生，形成注重成人、立志成才和走向成功的科学态度和信念。"成人"重在思想道德修养，目的是使他们学会做人、懂得做人，形成正确的世界观、人生观、价值观，促使当代大学生成为一个明德尚美、遵纪守法的人，一个学会学习、学会做人做事、学会合作、学会生存和发展的人，一个能够适应社会变化的人；"成才"重在实践磨炼，促使大学生成为基础厚、专业精、技能强、素质高的高级专门人才；"成功"重在艰苦奋斗，玉汝于成。"成功"教育属于创新能力教育，是侧重于解决什么是成功以及如何才能成功的问题。

（四）开展丰富多彩的校园文化主题活动

不断地探索校园文化活动与学生学习兴趣的结合点，通过开展科研、文化、艺术、体育等丰富多彩的活动，在寓教于乐、潜移默化中，陶冶学生情操，使学生受到教育和启发，并内化为自觉行为，实现用健康向上的校园文化环境培养人、成就人的目标。校园文化是学校在长期的教育教学实践中所形成的校园精神和文化氛围，具有潜在的渗透性，要注意发挥校园文化的潜移默化作用，发挥校园文化的育人功能，是加强思想政治教育和文化素质教育的有效措施。因此，高校应该完善校园文化设施，营造健康高雅、文明向上的校园文化氛围，为学生提高素质和健康成长提供良好的文化环境，让校园充满温馨和诗意。例如：南京航空航天大学作为一所以工为主，理工结合，多学科协调发展，航空、航天和民航特色显著的大学，学校注重打好"三航"和国防这张牌,从路名、建筑设计风格、飞机模型和专业设置、课程安排,无不透着"三航"和国防味,独特的国防文化、航空文化,时时激励学生树立报效航空、报效国防的雄心壮志。在西方道德教育领域中,有一种较为流行的说法,"道德不是教出来的,而是通过感染获得的",此话虽然有些偏激,但在某种程度上说明,学校的教育气氛至少也是影响学生道德发展的一个重要因素。学生在这种良好的氛围中,领悟生活的价值和人生的真谛,端正学习态度,谨慎审视人生。德育不能仅靠说理教育,重要的是环境的熏陶和潜移默化的感染,营造高品位的文化氛围,让学生在高品位文化氛围中去思考、去感悟、去理解,去净化灵魂,升华人格,完善自己。

四、提高当代大学生思想政治教育效果的措施

(一)学校方面

学校是大学生成长的关键场所,因此学校的思想政治教育最为关键。学校又包括学校的观念、制度和教师三个方面。第一,学校应树立正确的教育观念,把思想道德建设渗透在学校工作的各个方面。学校应将思想政治教育树立为各项工作中的首要任务,树立全方位、多层次、全过程的立体教育观。当前尤其要克服高校的空喊口号现象。第二,学校要形成完善的评价机制,以激励学生进行思想政治自我教育,培养其自律的主动性和自觉性。只有良好的工作机制才能实现正确的教育观念,学校完善的人本的评价机制会加快学生的自律的养成并加快其内化的过程,从根本上推动大学生素质教育的进程。第三,学校要开展丰富的社会实践,让学生在社会生活中加强自我的思想政治素质。江泽民同志在庆祝北京大学建校100周年的讲话中,从实现中华民族伟大复兴的高度,对当代大学生提出了"四个统一"的要求,不仅体现了对当代大学生素质全面发展的要求,而且强调了要将思想政治教育贯穿于大学生成才的全过程。引导学生参加社会实践时要注意:一是在社会实践

的内容上要充分考虑广大学生的特点，尽量做到让他们主动参加；二是要注意社会实践形式的文明、健康和新颖，力求针对不同对象的特点，选择适当的时机和恰当的形式，来达到预期效果；三是应该不断地引导广大学生参加社会实践活动，这样才能通过实践—认识—再实践—再认识的不断循环往复的过程，对广大学生思想政治素质的提高产生积极的影响。第四，要发挥教师的主导作用，激励教师以高尚的人格教育和引导学生。学生与老师之间的接触与互动最为频繁，彼此之间的思想交往也最为广泛和深刻，因而教师在学生中起到的是榜样的作用，教师只有具有较高的思想政治素质，才能以其高尚的人格感染学生，并成为学生思想政治教育的示范者和领路人。此外，教师还要深入研究思想政治教育的具体的行之有效的方法，这样才能起到更大的效果，苏联教育家马卡连柯曾经说过，教育者对受教育者的作用"首先是教师品格的熏陶，行为的教育，然后才是专门知识和技能的训练"。

（二）家庭方面

家庭是人性发育的土壤，它给人提供最初的安全感和依靠；家庭是人社会化的起点，父母的言传身教几乎决定着孩子社会化的方向。"家庭中的亲子关系、家长的言传身教、对儿童的语言、情感、角色、经验、知识、技能与规范方面的习得均起潜移默化的作用。"作为孩子的启蒙教师，肩负着孩子终身教育的重担，为人父母者也要努力提高自己的思想政治素质，只有父母的政治素质高，才能教育出有益于社会的人才。因此，家庭不仅为孩子提供其独立前的经济援助，更重要的是使自己的孩子成长为真正的人、德才兼备的人。

（三）社会方面

社会是一个人成长的最终舞台，学校和家庭可以说是临时性的，尤其是学校。社会是由单个人组成的，因此，我们社会中的每一个人都具有对当代大学生进行思想政治教育的责任，我们每个人在一生当中都要不断地进行自我约束，不断地以自律的方式提高自己的思想政治素质，这样才能为学生塑造一个良好的教育氛围。同时，现代化的大众传媒对学生的思想和行为也产生了很大的影响。因此，国家的有关部门一定要充分利用大众传媒来开展思想政治教育，宣传正面典范，披露反面事件。国家在学生的思想政治教育中所起的作用是根本性的，因此，党和国家必须高度重视思想政治教育，应该采用一切显性或隐性、软性或硬性的手段和措施来将思想政治教育贯穿到社会的各个角落，以优化社会环境，为广大学生的思想政治教育提供有力的保障，并使思想政治教育达到最大效果。

（四）个人方面

学生本人是解决问题的根本与核心所在，外界再如何努力，学生本人不接受也于事无补，因此，当代大学生要认识到自己肩负的责任，为自己的一生负责，为家庭和社会负责，为中国的未来负责，要真正理解并接受学校、家庭和社会所做的一切，并将其融入自己的思想当中，指导自己的行为，真正做到由"内化"到"外化"，同时更要自律，这才是关键。

只有学校、家庭、社会和个人共同努力，才能形成齐抓共管的局面和氛围，才能真正提高学生本人的思想政治素质，树立正确的政治方向以及共产主义的远大理想，使其成为真正有益于国家和社会的人。

本节参考文献

［1］沈建林.思想政治教育是素质教育的灵魂［J］.高校理论战线，2000（7）.

［2］骆平安.大学生素质教育的主要矛盾与解决方法［J］.南阳师专学报，1999（4）.

［3］徐文良.思想政治教育学科建设及专业建设的回顾与思考［J］.中

国高教研究,2005(2).

[4]朱效梅.建国初期高校思想政治教育考察[J].学校党建与思想教育,2004(7).

[5]郑永廷.思想政治教育学科发展的历史与现状——兼论思想政治教育学科基础理论的发展[J].思想教育研究,2002(6).

[6]廖小平.大学德育中的"学校人"与"社会人"——当代大学的德育目标辨析[J].教学与研究,2004(5).

[7]秦宣.面向新世纪的高校思想政治教育遇到的挑战[J].河南师范大学学报(哲学社会科学版),2002(2).

[8]刘林.生命关怀视野下的高校思想政治教育研究[D].南昌大学硕士学位论文,2009.

[9]刘慧.以人为本理念与高校学生思想政治教育[D].苏州大学硕士学位论文,2008.

[10]李秀芹.高校思想政治教育传媒载体研究[D].山东师范大学硕士学位论文,2008.

[11]徐小军.论新时期高校思想政治教育的科学定位[D].河南大学硕士学位论文,2007.

[12]贾淑瑛.全球化背景下的高校思想政治教育研究[D].南京航空航天大学硕士学位论文,2006.

[13]何莉.新世纪高校思想政治教育运行机制创新研究[D].华中师范大学硕士学位论文,2007.

[14]尹黎.经济全球化背景下我国高校思想政治教育研究[D].哈尔滨工程大学硕士学位论文,2007.

[15]李刚.新时期高校思想政治教育有效性研究[D].西南财经大学硕士学位论文,2006.

[16]王娟丽.高校思想政治教育实效性研究[D].合肥工业大学硕士学位论文,2006.

第六节
古为今用　明德识礼

礼仪是中华民族的传统美德，也是中国古代文化的精髓。中国作为世界文明古国，素有"礼仪之邦"的美称。自为礼仪之邦，应为礼仪之民。知书达礼，待人以礼，应当是当代大学生的一个基本素养。然而，在当下我们的大学校园内，不知礼、不守礼、不文明的言行时有发生，个人举止与受高等教育的天之骄子的身份颇不相符。我们不得不承认，当代大学生存在的礼仪缺失现象较为突出，对大学生的礼仪教育也刻不容缓。

一、礼仪——自身修养之根本，个人形象之招牌

中国是一个礼仪之邦，礼仪对于工作、生活都很重要，所以，现在越来越多的人开始重视礼仪问题，希望可以对我们的生活和工作起到积极作用。世界著名礼仪皇后 June Dally（澳大利亚首位顶级超模，近几十年来，被澳大利亚媒体统称为礼仪皇后，国家利益女魔头，澳大利亚风格皇后和影响澳大利亚女强人之最有魅力的女性，是澳大利亚最具启发性的女商人）提醒我们，礼仪在我们的日常生活中非常重要。在日常交往中谦虚是一个非常重要的处事态度，也是礼仪中很重要的一部分。但是，现在人与人交往的过程中，都会出现这样或那样的逞强好胜、吹牛、自以为是等情况。这样在日常人际交往的过程中，只会让人觉得特别的反感。还有在交往的过程中，

无论是进电梯,还是走路,都要给对方留出一个比较重要的位置,这样是对他人的尊重,同时也会让我们得到对方的尊重。所以,June Dally 提醒大家,我们在日常人际交往的过程中,保持一个谦虚的彬彬有礼的作风是非常重要的,这样才能获得更多人的尊重。

举止文明礼貌在日常人际交往过程中是非常重要的。无论是在工作的场合,还是在家庭生活中,礼貌的人可以给我们营造一个更加温馨的环境,并且还可以让我们获得更多的认可。这就是现在越来越多的人都开始关注孩子礼貌教育的原因。我们在日常生活中,人与人之间的礼仪是非常重要的,并且,不同场合讲究不同的礼仪,这些礼仪做到位对我们的工作和生活来说都有着非常重要的意义。

二、当代大学生礼仪教育的缺失与学习礼仪必要性的反差

(一)大学生礼仪修养现状分析

中国历来被称为"文明古国"、"礼仪之邦",大学生作为民族国家的未来,也秉承了这种文化传统,主流表现出谦和、勤勉、尊敬长辈等优秀传统的民族特质。然而,处于时代转型、多种价值思潮风起云涌的当下,现如今大学生的文明礼仪素养却也不容乐观,当前部分大学生礼仪修养存在与其所受文化教育不对等的情况,大学生中与礼仪行为相悖的现象日益严重,也存在礼仪修养的缺失,这种缺失具体表现在个人修养、社会交往、生活细节等方面。例如,乱穿马路、闯红灯,争相挤乘电梯;在公共场合有随地吐痰,乱扔杂物,高声谈笑等缺少自我约束的失礼行为;在人际交往中莽撞、冷漠、自私,缺乏基本的交往礼仪;追求个人生活观念和生活方式的绝对"自我",缺乏与周围环境的融洽相处能力;不会问候,不懂谦让,不尊重师长。更令人不安的是,有的同学把无视校纪校规、行为放浪不羁,只顾自己不顾他人看作是个性,他们强烈要求别人尊重自己,却不知道尊重别人,难

以与别人建立良好的合作关系。凡此种种，行为与礼仪修养和精神文明建设极不和谐，不得不引起人们的高度关注。

（二）大学生礼仪修养缺失原因探析

造成大学生礼仪修养缺失的原因很多，既有个人成长环境的影响、外来文化的冲击，也有大学生人格"单面化"与礼仪规范"多面性"的冲突。

1. 个人成长环境的影响

由于各方面的原因，我国公民的社会道德修养还处于较低水平。在个人社会化的过程中，大学生没有受到来自社会的足够示范和指导，这其中一方面是家庭所施加影响的力度不够；另一方面在中学、小学这一礼仪修养养成的重要阶段，由于受应试教育的影响，学校没有对礼仪教育给予足够的重视。所以，在大学前的阶段，一些学生的礼仪素养就已经有所缺失。

2. 外来文化的冲击

在世界一体化的时代背景下，由于当代学生对中国传统文化的认知不够，新鲜的外来文化更容易被他们认同与接纳。大学生表现出对外来文化全面接触、快速适应、积极迎合的态度，年轻一代越来越崇尚过洋节就是一个证明。礼仪的产生发展存在着与其他文化背景的礼仪相融合的过程，但如果不坚守本民族固有的传统文化，又如何面向世界呢？

3. 大学生人格"单面化"与礼仪规范"多面性"的冲突

21世纪大学生对待学习刻苦努力，勤于思考，注重效率。但是，正是由于过于注重专业知识的获得，一切以为将来消费作投入准备。这些以功利为目的而对专业知识的过分追求，对实用化价值取向的过分强调，恰恰反映了当代大学生的人格上理性因素的过分膨胀，从而导致大学生人格发展的"单面化"趋势严重。然而，礼仪规范所体现的是遵守、自律、敬人、宽容、平等、真诚和适度等"多面性"原则，它强调"礼之用，和为贵"。功利化的目的使大学生们只有一种追求，那就是为了升学和将来的谋职而将自己的关注点过多地集中于智力性教育。道德教育、理想教育、人格教育则不同程度地受到大学生的忽视和冷落。这样势必造成受教育者科学知识的掌握与道德品质的养成、礼仪规范的领略与人文素养的获得之间的无情脱节。

（三）高等院校礼仪教育弱化

"冰冻三尺，非一日之寒"，造成当代大学生礼仪教育弱化的原因是多方面的，但归纳起来主要有以下两个原因：一是家庭教育与教育制度的原因。礼仪教育是传播礼仪准则、内容、技巧等方面的以提高人的文明素质和优化个人形象为目的的实际活动。所以说，学习礼仪是由外到内、由低到高的一个递进过程。毫无疑问，礼仪教育应当从小抓起。因而，学前阶段与中小学阶段恰当的礼仪教育可谓至关重要。遗憾的是，在我国应试教育尚未得到彻底改变的大背景下，是否用功读书，是否分数排名在前，几乎成了人们判断一个中、小学生是否优秀的唯一标准。所以很多家长以孩子考入某所大学特别是重点大学为荣，在他们的眼里只要成绩好就一切都好。很少有家长去分析他们的孩子是否是一个真正意义上的健全孩子——德、智、体、美、劳全面发展，更没有去分析他们体内有没有缺少必要的"礼仪基因"与"礼仪维生素"。二是高校在教育、管理上的原因。尽管我们的教育方针是培养德、智、体、美、劳全面发展的高素质人才。但我们不能否认，一些高校的决策、管理部门在落实素质教育工作时对礼仪教育是缺乏足够的重视和切实有力的措施的。因此，高校的素质教育有必要将礼仪教育提到议事日程上。

（四）加强大学生礼仪修养教育的时代要求与现实意义

1. 礼仪修养的重要性

礼仪修养的形成不是先天的，它既离不开一定的社会环境和物质生活条件，也离不开人们的生活实践和主观修养，它是在一定的社会环境和物质生活条件中，通过一定的社会生活实践、教育的熏陶和个人自觉的修养逐步形成和培养起来的。

（1）大学生提高思想政治素质的需要。如今高校扩招，大学生的各方面素质相应降低，大学校园有许多不知礼、不守礼、不文明的行为，还有许多与大学生的礼仪修养极不和谐的现象。一个知书不达礼、知识水准和道德水准严重不协调的学生，不可能成为优秀人才。目前，许多高校存在这样的现象：学生接受的是高层次教育，而其实际行为却连基本道德水平也达不到，其中相当一部分人与缺乏必要的礼仪教育有关。礼仪是一种非法律社会规范，主要包括道德规范、宗教规范、习俗、共同生活准则等，是调整社会成员行为的基本准则。对大学生进行系统的礼仪教育，使其掌握基本的行为准则，不仅可以丰富礼仪知识，掌握符合社会主义道德要求的礼仪规范，懂得在实际生活中按照礼仪规范表现自己的行为，而且可以做到把内在的道德品质和外在的礼仪形式有机地统一起来，成为名副其实的、有较高道德素养的现代文明人。

（2）大学生适应现代信息社会的必修课。现代信息社会飞速发展的传播途径，沟通技术和手段日益改变着人们传统的交往观念和交往行为，尤其是人的交往范围已逐步从人际沟通扩展为公众沟通，从面对面的近距离沟通发展到远程沟通，从慢节奏、低频率的沟通变为快节奏、高频率的沟通。这种现代信息社会的人际沟通变化对人类社会交往的内容和方式提出了更高的要求。

（3）大学生建立良好人际关系的护身符。大学期间能否与他人建立良好的人际关系，对大学生的成长和学习有着十分重要的影响。心理学家翰·戈特曼的研究结果表示，那些以适当的方式解决身边问题和处理生活中烦心事的孩子，其身心更加健康，而且更会关心他人，也更富有同情心，其朋友更多，学习成绩更好。戴尔·卡耐基的《成功之路》及吉米·道南与约翰·麦克斯韦尔合著的《成功的策略》都导出同一个公式：个人成功=15%的专业技能＋85%的人际关系和处世技巧。因此通过人际交往活动，在交往中获得友谊，是大学生适应新的生活环境的迫切需要，是从"依赖于人"发展成为"独立"的人的迫切需要，也是建立良好的人际关系、成功走向社会的迫切需要。大学生如能掌握基本的交往技巧，遵循相互尊重、诚信真诚、言行适度、平等友爱等原则，就能很快地与交往对象建立起和谐、良好的人际关系。

2. 竞争的现代社会环境下加强礼仪修养的现实意义

礼仪修养即是社会个体以个人礼仪的各项具体规定为标准，努力克服自身不良的行为习惯，不断完善自我的行为过程。从根本上讲，个人礼仪修养就是要求人们通过自身的努力，把良好的礼仪规范标准化作个人的一种自觉自愿的能力行为。在各方面竞争日益激烈的现代社会，加强礼仪修养对大学生有着至关重要的意义。

"金无足赤，人无完人"，然而在现实生活中，人们却都在以不同的方式追求着自身的完美，并寻找通向完美的道路。争当"名牌人"，强调"外包装"者有之；注重"脸蛋靓"，在乎"身段好"者有之。但这些均不足以使人发生美的质变。费时、费力、费钱财之后，不少人依然是"败絮其中"。俗语说："礼多人不怪。"西班牙的伊丽莎白女王说过："礼节及礼貌是一封通向四方的推荐信。"人际交往，贵在有礼。加强礼仪修养，处处注重礼仪，能使你在社会交往中左右逢源，无往不利，也使得你在尊重他人的同时也赢得他人对你的尊敬，从而使人与人之间的关系更趋融洽，使人的生存环境更为宽松，使人们的交往气氛更加愉快。

三、促进当代大学生礼仪教育的对策思考

（一）研究课程教学目标，提升教育教学理念

礼仪是一门综合性很强的行为科学，是在社会交往中由于受历史传统、风俗习惯、宗教信仰、时代潮流等因素的影响而形成的、为人们所认同和遵守的、以建立和谐人际关系为目的的行为准则与规范的总和。从个人修养的角度来看，礼仪是一个人内在修养和素质的外在表现；从道德的角度来看，礼仪是为人处世中由道德伦理观念所反映出来的行为准则；从民俗角度看，礼仪是人际交往中约定俗成的律己敬人的习惯方式。礼仪素质的好坏

直接反映出一个人或一个团体的知识水平、文化修养、心理素质和道德品质，以及由这些而综合形成的外在的行为习惯。因此，大学生礼仪课程教学的目标就是历史与现实的研究，弄清礼仪的起源、本质及其发展规律，科学地阐明礼仪在社会中的地位和作用，为现代礼仪的发展打下牢固的理论基础。同时，还要明确现实生活中礼仪的原则、规范和标准，为人们提供符合一定道德要求、民族传统和时代精神的较为系统完备的现代礼仪知识。

（二）深化教学改革，提高教学质量

1. 深化教学内容和课程体系改革

教学内容和课程体系改革是教学改革的重点和难点。教学内容和课程体系体现着教育目标和培养模式。在提高和加强学生文化素质教育的理念下，构建现代的礼仪体系要坚持民族性、世界性和时代性相结合的原则。一是继承民族传统礼仪中具有永恒价值和旺盛生命力的内容；二是吸收国际礼仪中具有积极作用和进步意义的内容；三是要面向现代化，增加一些适应社会主义市场经济的发展要求以及反映时代精神的内容，并综合成一个新的科学，能促进大学生全面发展的课程体系。为此我们进行了以下改革：

（1）将"礼"文化知识贯穿始终。中国是举世闻名的礼仪之邦。钱穆说"礼是中国文化的核心"，是中国人文精神的体现。大学生礼仪教育，由于学生已达到较高的文化水平，并且具备了一定的理论把握水准，因此应重在理论层面，以探讨和把握礼仪文化的底蕴为主，包括礼仪的性质、起源和发展，礼仪的规律及礼仪的真、善、美等。在礼仪教学中，既让学生"知其然"，知道应当怎么做，又让学生"知其所以然"，懂得为什么要这么做。礼仪教育如果只是单纯地传授礼仪的规范和具体操作的要求，而不注意对礼仪理论及其文化底蕴的探讨和说明，那么这样的礼仪教育实际上也是残缺不全的。这样的礼仪教育虽然在培养学生循规蹈矩、照章办事方面可以立竿见影，但却不利于学生触类旁通，举一反三，充分发挥灵活自主的创造精神，以及达到礼仪应用的更高境界。因为具体的礼仪规范即使包罗万象，

也不可能对所有情境中的礼仪都无一遗漏地作出明确的规定，而且许多杰出的礼仪典范，例如周恩来总理的许多礼仪风范，都是现代的礼仪规范中不可能找到先例的。所有这些都有赖于对礼仪文化的深层把握。只有透彻掌握了礼仪文化的深刻底蕴，才有可能在任何复杂的情境中，面对任何怪异或突发的问题，都保持一种雍容大度、应付自如的礼仪风范，而不至于无所遵循，措手不及而导致失礼。

（2）加强礼仪实际训练和实践。礼仪教育最终是要促进知向行的转化，导之以行，落实到礼仪的行为上；而礼仪行为的生成仅有礼仪的知识和要领的认识还不够，它只是礼仪知识行为的指南，还必须有实际训练，把教学和训练结合，通过实际训练，使礼仪凝结在学生的行为上，进而引导他们身体力行，付诸实践，并促进大学生的全面发展。

（3）注重教材建设。文化素质教育的课程建设需要建立相应的教材体系。教材是教学的依据，切合改革思想的教材是改革见成效的主要保证。根据高等院校的教学实际，我院专门设立了教材建设基金，推出了一套鲜明的《大学生文化素质教育系列教材》。该系列丛书由课程组编写，山东大学出版社出版的《大学生礼仪修养》一书就是其中之一。我们还充分利用网络资源，设计和制作了具有个性化特点的辅助教材课件，以提高教学效果。

2. 深化教学方法和手段的改革

素质教育的根本目的是培养个性化的学生，不仅体现业务素质，同时要注重思想道德素质、文化素质等。教学方法的不同反映着不同的教与学及对教师与学生关系的认识，直接影响着教育质量。礼仪教育不是单纯的知识教育，它具有十分鲜明的操作性和实践性。由于礼仪课程具有操作性和实践性的特点，因此在教学过程中，就不应该只是采取单一的教学模式，还应该与模拟训练和日常养成等方式有机地结合起来。例如，大学生毕业后需要求职，因此求职方面的礼仪规范是学生模拟训练的内容。

（三）改革培养模式，优化培养体系

培养模式实质上是一个培养过程或培养控制的问题，它涉及众多控制要素。育人主要有以下四个方面的要素，即知识、能力、素质、环境。对四个要素相互关系的处理方式不同，就会产生不同的教育培养模式。为了优化培养体系，我们以提高素质为核心，以知识传授为手段，以培养能力为重点，构建现代化培养模式。我们积极探索实施礼仪教育与人文教育有机结合的育人机制。利用课内课外，各个教学环节来激励学生立大志，确定人生的追求目标，利用教学内容中人物的成长经历和学科体系构建过程中所体现的人文精神去激发学生，使科学素质的培养与人文素质的培养紧密结合起来。此外，教学中以课堂讲授礼仪知识、实验室模拟训练礼仪、日常养成和体现礼仪相结合。为了提高教学效果，我们采用了学生喜闻乐见的形式，将学生融入课堂教学的氛围中，以此提高教学的实效性。例如，在详尽介绍古代礼仪的形式和人文内涵的基础上，让学生根据自己的理解，结合时代特征，为自己或社会设计传统与现实相结合的富有人文精神的成年礼、婚礼、相见礼等；同时，用学到的传统书信知识，给父母、老师、同学写一封格式规范、文字典雅的信件。学生对此若能表现出极大的兴趣，就会提出许多很有创意的方案。通过培养过程的改革与创立，优化了培养模式和培养体系，提高了人才培养质量。

（四）强化课程管理，促进课程建设

课程建设不仅包括教学理念、教学方法对于当代人的生存发展具有什么样的意义价值，还包括文学教育在当今整个文化教育中的地位如何，以及它对于当代人的健全人格培养具有什么样的作用。此外，需要提示给学生，对于文学的意义价值，可以从文学的基点出发，分别从社会意识形态、历史文化、人文精神和艺术审美的维度来认识和理解。关于文学特征论方面的问题：如与其他各种文化形态相比，文学最基本的特点是什么？历来对于文学的特征有各种不同的认识，有人认为是表达情感，有人认为是形象说话，

有人认为是虚构想象,有人认为在于"文学性",即语言表达自身的形式技巧与叙述策略等,你是如何认识的?各种文学类型与文学体裁具有哪些最基本的特点?当代文学出现了哪些新类型,与传统文学类型相比,这些新的文学类型具有哪些新特点?

不仅如此,还要适当引入讨论式教学,即开展课堂讨论。讨论的内容一方面是如上所述的基本理论问题,另一方面则是引导学生关注当前的一些文学现象,如"80后"写作现象、网络文学现象、娱乐消费性文学现象、文学"典"问题讨论等,鼓励学生理论联系实际进行讨论发言,既活跃了教学气氛,也促进了学生的思考与表达,这有利于学生理论思维与分析能力的锻炼培养。

本节参考文献

[1] 金正昆. 社交礼仪教程 [M]. 北京:中国人民大学出版社,1998.

[2] 彭林. 中华传统礼仪读本 [M]. 杭州:浙江文艺出版社,2008.

[3] 彭林. 礼乐人生:成就你的君子风范 [M]. 上海:中华书局出版社,2006.

[4] 刘连兴,王景平,张美君. 大学生礼仪修养 [M]. 济南:山东大学出版社,2004.

[5] 王红,朱宪玲. 职业女性形象设计 [M]. 广州:广东旅游出版社,2005.

[6] 王晓梅. 不可不知的1000个礼仪常识 [M]. 北京:中央编译出版社,2008.

[7] 赵祥麟. 外国教育家评传 [M]. 上海:上海教育出版社,1992.

[8] 徐爱琴. 实用礼仪学 [M]. 杭州:浙江大学出版社,2005.

[9] 朱燕. 现代礼仪学概论 [M]. 北京:清华大学出版社,2006.

[10] 邱伟光. 公共关系礼仪［M］. 上海：华东师范大学出版社，1996.

[11] 古广灵. 高校大学生礼仪教育在和谐人格构建中的德育思考［J］. 改革与战略，2006（5）.

[12] 周悦娜. 从当代大学生礼仪文化现状探索高校礼仪教育的途径［J］. 浙江传媒学院学报，2008（2）.

[13] 王素琴. 大学生礼仪失范现象引发的思考［J］. 晋中学院学报，2006（4）.

[14] 李欣. 高校礼仪教学的若干思考［J］. 中州大学学报，2010（4）.

[15] 史华楠. 人文素质教育与现代礼仪教育［J］. 高等建筑教育，2000（2）.

[16] 刘惠洲. 大学生礼仪教育实施略说［J］. 现代教育科学，2003（4）.

[17] 王冬梅. 试论大学生礼仪教育与素质教育的关系［J］. 山西财经大学学报（高等教育版），2001（1）.

[18] 邱敏学. 加强高校道德建设必须重视大学生礼仪教育［J］. 山西大学学报（哲学社会科学版），1997（1）.

[19] 郭晓云. 深化礼仪教育的思考［J］. 社科纵横，2008（6）.

第七节
大学语文：高校人文素质培养的主阵地

随着素质教育的兴起与普及，全国各大高校对于大学生的人文素质建设更加重视，普通高校包括各专业在内的各类课程里，语文学科相对于其他学科在教材内容方面体现出的丰富性、广博性是培养学生思想道德、心理素质、能力素质等人文素质的有利条件。因此，理解大学语文课程与人文素质建设的关系，并充分发挥语文学科对于大学生人文素质教育的积极作用，就要求高校语文老师必须立足于教学实践，不断探究提高大学生人文素质与大学语文教学有机结合的途径与方法。

一、充分认识大学语文学科性质、地位，并挖掘人文精神因素

（一）大学语文教育的含义

大学语文作为高中语文教学的延续，已不仅仅是为了应试而对诗词文章问题的回答与研究，尽管大学语文教学改革的研究也经历多年，但在对大学语文学科性质的认识和鉴定上，大多停留在大学语文工具性判断上。大部分高校把大学语文定为基础性的公共课，且长期以来处于边缘位置。这就要求我们在对大学语文改革的研究过程中，必须重视其学科性质认识问题。

因为大学语文教育需要以大量的文学、文化文本为教育载体，其教学主要是通过对文学、文化文本的解读，来对大学生进行文化素质教育，主要有知识性、感悟性、人文性、综合性和技能性的特点，以及其知识性更丰富、感悟性更透彻、人文性更深厚、综合性更强、技能性更高等优势，这些均反映到大学语文对语文应用能力和人文素质培养的提升基础之上。

真正的大学语文教育是追寻人生和社会的问题，而这些问题绝不可能被人为的划分所限制。在大学语文教学这个过程中培养的一系列素质，小到文从字顺、欣赏阅读、口头交际，大到如献身精神、想象力、敢为天下先的勇气、责任心和使命感，都是大学生日后在实际生活中成功的基础，也是大学语文应有的使命。

（二）明确大学语文的学科性质与地位

明确大学语文的学科性质与地位是挖掘其人文精神因素的基础和关键，传统意义上的语文教学以文字为基础，以文学作品为载体，从作者和写作背景出发，教给学生的只是文章表面反映出的文学内涵，缺乏深层次的文化要素。因此，充分挖掘大学语文所体现出来的人文精神因素，必须在树立大学语文学科地位的基础上提升对人文精神教育的理解与认识。

大学语文课程教育的性质、目标、地位、解决问题的关键及其定位：一是边缘性、综合性、独立性、人文性，二是文化素质课，三是进行人文素质教育。通过大学语文教育，主要培养大学生正确的人生观、世界观、价值观、道德观；激发大学生的爱国主义激情；培养大学生正确、恰当地运用语言文字的能力；培养学生的审美能力；培养学生的创新、务实、自强、宽容精神。四是如何把大学语文教育改革与提高大学生的人文素质教育高度整合起来。高校大学语文教育的重心，应该放在对大学生进行人文精神和文学修养的培养上，放在对大学生健全人格、健康心理、个性张扬的塑造与培养上，还应该放在对大学生全面深入地进行人文素质教育的"基石"及其作用的发挥上；而大学语文教育改革理论建设的重点，应该放在对大学生进行人文素质教育的大背景中探讨。

（三）大学语文的人文精神因素

语文教学本身体现出博大精深的人文内容。从根本上说，语言文字本身不仅是交际的工具，更是生命的符号，是人类用来传递事、理、情、志的载体，更是人文精神的载体。作为语文教学内容的文学作品，是社会生活的反映和作家思想情感的表现，也表现了人性、人道、人权和人生，更表现了人对大自然的认识和感情。阅读文学作品可以认识历史和人生，提高观察生活、理解生活的能力，古人言"腹有诗书气自华"，就是这个道理。

二、正确理解大学语文教学与人文素质培养的关系

（一）大学语文的性质、课程定位和专业人才培养目标的关系

大学语文教学的根本是丰富语文能力知识、提升文学素养。推进人文精神素质教育，若对大学语文学科性质认识不清、课程的定位不统一等问题不解决，容易导致课程教学目标的偏离，最终导致人才培养目标的偏离，且影响到学生个体人文素质的培养。大学语文是专业人才培养的基础，语文作为一个人文化素质的基本体现，不仅仅是大学生学习专业知识的保障，也是衡量综合素质很重要的一个方面。

高校大学生学习大学语文的意义体现在以下两个方面：一是大学生全面发展的需要与合理的知识结构方面的需要；二是作为素质教育的一个窗口和载体。其很重要的一点是使我们的同学更深入地了解本国的传统文学和文化。大学语文课程是一门文素质课程。课程的定位应放在提高学生的文化品位、格调、情感和价值观取向等方面上，一句话，即必须突出高校大学语文教育的人文性。它既区别于大学中文系对人文知识学习的系统性和专业性，也区别于中学语文教育中的散点学习。大学语文课程应该有新的观念和新的视野，它是大学生人文素质教育的一个重要窗口和载体。

（二）大学语文教学改革与人文素质培养功能的实现

在当前大学生人文素质相对薄弱、人文课程开设较少的情况下，大学语文作为核心课程就肩负起了培养大学生人文素质的重任。人文素质主要指的是由知识、能力、观念、情感、意志等多种因素综合而成的一个人的内在品质，表现为一个人的气质、修养、人格和品格。人文素质教育的任务是教会我们做人，做一个有良知、有知识、有修养的人。它可以让我们更科学地以发展的观念来处理人与自然、人与社会、人与环境、人与人以及人与自身的关系，以促进人的整体和谐和全面可持续发展。而大学语文所包含的教学内容几乎全部涵盖，一个有良知、有知识、有修养的人，必定是文化素质高、综合能力强、人格气质与众不同的人。

大学语文课程的智育功能，是通过系统的语文知识学习和语文技能训练，使学生具有较高的语文素养和语文能力，从而培养学生的创新思维和实践能力。大学语文课程的德育功能主要体现在民族传统文化教育、爱国主义教育、道德情操教育、思想交流教育四个方面。

（三）在文学作品中提高人文素质的培养

优秀的文学作品在帮助读者了解生活的同时，作者在作品中也以自己的思想感情和审美理想影响着读者对生活的态度和看法，帮助教育读者树立正确的人生观、价值观。这些优秀的作家、诗人又往往是伟大的政治家、思想家、军事家、科学家、教育家……他们身上所体现出的自信与自豪以及自强不息的精神，教育和启发了学生学会处理现实生活中的种种矛盾和挫折，用积极的态度面对真实的人生，不逃避、不退缩，以顽强的毅力和坚定的信念为实现自己的理想而奋斗。

三、大学语文教材的选取注重与培养人文素质相结合

（一）目前大学语文教材的现状

上好大学语文课，教材是关键。据不完全统计，全国高校的大学语文教材已有几十种。

目前，有几本影响较大的教材引起了社会的广泛重视。一本是由温儒敏主编、全国10多所大学合作编写的新型大学语文教科书《高等语文》。这本教材打破惯有的文选讲解的模式（这种模式与中学语文大同小异），而采用分专题讲授语文知识（包括文化史、文学史等方面的知识），并注重引导阅读、思考和写作的"拼盘"模式，老师讲解和学生学习都有了更大的选择空间。据此，本教材的选文完全是中外古今的文学作品。对此，人们有不同的意见，笔者认为，不是文学大于语文，恰恰是语文大于文学，语文包含了文学但不等于文学。笔者赞成的是大学语文中要加重文学的分量。

丁帆主编的《新编大学语文》在这一点上恰好既避免了把文学等同于语文，又增加了文学作品的选文，比较合理；而结构上采取主题分类的方法，共12个主题，每个主题范围精选若干篇课文（以文学作品为主）。这种处理方法较为新鲜活泼。不管这些教材有何不同或优缺点，总的来说，都体现了一种锐意革新的精神，也都更加强化人文性和整个精神素质教育的分量，这是一个明显的进步。

（二）大学语文教材应培养学生的人文精神

一直以来，部分大学生中存在"有知识，没文化"的现象，即大学生过分重视专业技能训练、忽视人文素养养成的现象，这引起学界和教育界的普遍忧虑。

《大学人文读本》主编夏中义说：一个现代意义的大学，在诞生之初，被称为"精神城堡"。然而，今天的社会和大学校园中，功利主义之风盛行，大学毕业"找一份体面的工作"成为不少人的唯一追求，在某种意义上，

今天的一些大学变成了"职业培训所"。有感于此,夏中义在序言中提出了"精神成人"的概念。他认为,所谓"成人"有以下三层含义:在通常情况下,人们所说的"成人",是指身体长大,这是生物学层面上的意义;另外,在法学层面上,拥有身份证、有选举权和被选举权是"成人"的标志;而"精神成人",指的是"精神方面的发育和成长",强调的是一个普通的大学生应在本科期间初具"独立精神、自由思想"之潜质。编写《大学人文读本》的宗旨就是为培育大学生的"人文精神"提供丰富的养料。这一提法是很有见地的。

(三)教材的选择与编订

在教材结构上,用当代人文主题来编排零散的篇目,让古典名篇反映时代要求。大学语文教材篇目来自诸多经典和名篇,各自独立熠熠生辉,但聚集到一起看不到一个在今天产生的共同主题,尤其是与现代社会焦点问题相呼应的主题,教学中容易出现散乱的感觉。对于这个问题,一般人大多采用文学史作为线索,或文章体裁作为线索,或人生修养要素作为线索,来串起这些零散篇目。我们要考虑到今天人们面临的共同现实是社会转型,人与社会的重新定位、如何定位,这是大学生最期待回答的问题。所以在大学语文教材篇目结构上,我们应采用的是"现代社会理论"视觉这个意义下的排列组合,使那些零散的古典文化作品经过整合,有现代社会理论的意义,有从传统文化到现代文明变迁的"大学"人文意义。

语言是人类存在的基础,它决定了人的生活方式,也决定着人类的生存状态,由语言组成的语文则是人生命的组成部分,学习语文就是探究生命的意义,就是塑造民族文化的心理认同,就是延续民族的精神文化。因此,大学语文教育者应精心编订教材,同时,教材的选取又必须考虑各院校自身的特点,要结合相关专业,在体现时代性、乡土性、新闻性和趣味性的基础上,可设置不同的必修篇目和选修章节,以增加学生的阅读兴趣,提升学生人文素质。

四、将人文素质教育融入大学语文教学实践当中

大学语文教育要以人文素质培养为基础，不能把大学语文教学当成高中时为了应试仅教给学生对于同类问题的解题方法和分析思路。人文素质所要求的气质、修养、人格、品格等因素必须在大学语文教学中得到实践和升华。

（一）语言修养对人文素质的影响

"精神家园的缺失，是大学生消极颓丧的直接原因。"而大学语文课优美的语言对大学生素质的提高也具有得天独厚的优势，语言是思维的工具，行动是思维的表现，是道德素质的外化，而人的语言修养必然也影响到思维的广度、深度、准确度和活跃度，也影响到思维的质量，所以语言修养与人的素质有着很大的关系。

"闪光的语言"当然承载着美好的思想，"低俗的垃圾语言"反映出一个人的低素质。因此，大学语文教学中老师语言的优美，选文语言的雅洁清丽，对大学的语言素养必然起到其他学科所无法起到的作用，当他们诵读着优美的诗歌、精致的散文时，他们的心和先圣前贤们相通，圣人们强大的人格力量、崇高的精神品格、健康的审美趣味已经投射于他们心中。在阅读中他们体会到一种情感的共鸣、一种精神上的归属、一种回归家园的安宁。于是躁动的心就安静下来，信仰在慢慢建立，理想的灯在前方闪耀，疲惫的灵魂找到一个精神的家园。在这里他们和古人对话，和伟人共语，看世事变迁、沧海桑田、历史脉络、人生使命。他们怀着一种积极的人生态度，一种高度的社会责任感融入社会之中，去创造、发展，而非一种"庸俗"的社会化。

（二）教师的修养对学生素质培养的意义

注重教师教学中的示范性。教师是人类灵魂的工程师。他们自身素质

的高低会对学生产生全面、深刻和持久的影响。

为了胜任培养下一代的工作,教师必须练好内功。首先要有高尚的师德。一个教师只有自己拥有了美好的精神世界,才能帮助学生树立正确的人生观、道德观和世界观。其次要有丰富的学识。大学语文教师在挖掘作品的深刻内涵时,需要的不仅是对语言文字的感受力,还需要有宽阔的知识面以及较强的知识的融会贯通能力和审美能力。最后要有开发学生潜能、教会学生学习的能力。大学语文教师要教会学生阅读鉴赏、思考和感悟并从中获得有益的东西,进而丰富自己的人生体验。只有将素质教育融入教师的个性之中,才能在潜移默化中促进学生个性的形成和发展,使他们的素质得到提高和升华。

(三)采用多元教学的大学语文教育模式

采用多元教学的方式将人文素质教育转化成具体可感的生动教学形式,使学生更易接受,并达到人文素质培养的目的。多元教学是通过各种方式的教学,如讲故事、开辩论赛、讨论问题等消除学生听课的枯燥感和疲倦感,也能激发学生学习的兴趣和热情。课前演讲,搭起一个思想感情交流与沟通的平台,师生相互鼓励,共同成长。讨论的话题可以古今中外,包罗万象。在教师带有鼓励性的点评中,激活学生的潜能和真善美的情感。"给我一个支点,我将撬动整个地球",可以确信,多元教学能促进师生彼此间的思想和情感的交流,在交流与沟通的过程中相互鼓励、共同成长。这样大学语文的魅力也将毫无遮拦地展现在大学学子们面前,也真正地渗透到学生的生命中去。

大学语文从知识层面、修养层面、能力层面上都加强了文化素质教育的力度,是对人才的智力因素与非智力因素的双向培养,有利于人才的创造性品格与创造性思维的形成与发展,也有利于培养创造型人才,是大学生素质教育的有效途径。大学语文教学在高校素质教育方面担当的职责重大,可谓任重而道远。因此,每一个教育工作者都有义务和责任把大学语文教学放在一个重要的位置，正确认识大学语文在高等教育中的地位，正确评价大学语文在大学生综合素质教育中发挥的作用，搞好大学语文的教学改革。这对培养富有创造精神的高素质人才，对提高整个中华民族的人文素质都具有积极意义。

本节参考文献

[1] 段志东. 大学语文对大学生素质培养的作用 [J]. 高教论坛, 2004 (2).

[2] 王文亮. 大学语文教学与人文素质培养 [J]. 铁道警官高等专科学校学报, 2010 (6).

[3] 张旭红. 大学语文与素质教育方法初探 [J]. 边疆经济与文化, 2009 (4).

[4] 王德广. 关于大学语文教育与大学生素质教育整合的途径思考 [J]. 三峡大学学报（人文社会科学版）, 2008 (S2).

[5] 张映光. 高校人文素质教育的理性思考——"大学语文"人文素质教育探索 [J]. 南京审计学院学报, 2004 (2).

[6] 范洁. 大学语文在素质教育中的作用 [J]. 山西财政税务专科学校学报, 2005 (6).

[7] 何晓园. 大学语文课程的定位与人文素质教育 [J]. 广东青年干部学院学报, 2007 (2).

[8] 金燕, 金涛. 论大学语文教学与大学生人文素质的培养 [J]. 黄冈职业技术学院学报, 2009 (1).

[9] 强金国. 浅谈文化素质教育在大学语文教学中的应用 [J]. 消费导刊, 2008 (9).

第八节
第二课堂：打造美丽校园文化

从 20 世纪 90 年代末开始，我国高等学校在一步步扩招。1998 年全国普通高等学校在校生数量约为 340 万人；1999 年，国家开始大规模扩大高等学校招生数量；2007 年我国高等学校毕业生数量已达到 495 万人；2014 年全国高校毕业生人数达到 727 万人。短短几年时间内，我国高校招生人数成倍增长。原来的精英式高等教育过渡到了大众式高等教育时代。

一、第二课堂产生的背景

大学生素质状况与社会需要之间的矛盾和差异日趋突出，而这些差异不仅是学生专业素质本身的问题，包括敬业意识、创新精神、实践能力、心理素质、人格品质、思想道德等在内的综合素质状况也令人堪忧。况且，新时代的大学毕业生将面临多次职业转换的大趋势，大学所学的某一门专业知识或技能不可能受用一生。那些专业以外的非专业素质，在某些领域、某些阶段，对于一个人的成功可以起到重要甚至是决定性的作用。由此可见，单纯的第一课堂理论知识的学习早已难以满足社会复杂多变的需求。高校从关注学生的专业知识及技能的培养，即"知识的传授"，到关注学生的思想、心理和综合能力等的养成，即"综合素质的培养"，俨然成为必然趋势。第二课堂的应运而生，强有力地弥补了这个缺口。

二、开展第二课堂的必要性

我们不排斥科学合理的专业教育，科学合理的专业教育不仅能够给学生以严谨的专业知识和严格的专业技能训练，还能让学生分享深入人类某一精神活动和智力领域的经验，帮助学生养成不懈探索的学术精神，也锻炼学生深入思考和解决问题的能力。

所有的一切现实状况都尖锐地指向高等学校教育的新改革。要培养全面发展的人才，注重学生的综合素质培养，开展第二课堂刻不容缓。

三、第一课堂和第二课堂的比较

高校的第一课堂承担着完成人才基础规格培养的任务，重心和着眼点在于素质教育中的知识素质、文化素质、科学素质、技能素质等。而第二课堂是第一课堂的重要补充，指的是学校课堂教学之外的吸引广大学生主动参与的目的性、计划性、组织性较强的各种教育活动，包括科技创新、社会实践、文化娱乐等，呈现出知识性、自主性、创造性、实践性、趣味性等显著特点。

高校第二课堂需要有明晰而科学的定位。第二课堂并不是第一课堂的简单延伸，更不是单纯意义上的课外活动。第二课堂紧盯人才培养目标，以课堂教学为根本基础，以培养大学生综合素质、创新精神和实践能力为根本目的，以开发学生的主观能动性，挖掘学生潜能，发展学生个性，形成学生健全人格为根本特征的极其重要的教学环节。第二课堂应该作为高校人才培养方案的重要组成部分，应该和基础课、专业课等教学模块一样来规划和实施。

"第二课堂"作为一种全新的综合教育理念，一种全新的工作方式或沟通机制，一种学生的成才标准和人才培养导向，一个文明、健康、科学、结构开放的个人成长空间以及与之相关联的有利于服务的综合制度结合体。

相较于"第一课堂","第二课堂"的组织更灵活、管理更开放、资源整合更广泛、资源配置更合理。在人才培养过程中的作用也举足轻重。总之,第二课堂弥补了第一课堂的缺陷,将知识、能力、素质三者有机结合起来,感性获取与理性认知相结合,在让学生追求独立知识、独立实践、突出特长的过程中,促进大学生全面发展、和谐发展。第二课堂是提高大学生综合素质的重要途径之一,应在充分认识第二课堂作用的基础上,将第一课堂教育和第二课堂教育紧密联系起来。

四、第二课堂的特点

第二课堂以其发挥学生主体作用的特点,有效地避免了传统思政教育让学生产生的逆反心理,使高校对学生思想道德素质的培养起到了较好的效果。

(一)形式多样,寓教于乐

第二课堂的活动主体具有很强的自主性,这就大大提高了学生政治学习的主动性。第二课堂形式多样,寓教于乐,它通过系列讲座、演讲、知识竞赛等多种形式,借助电影、电视、多媒体等多种手段,全方位地对学生进行教育,使学生成为学习的主体,提高了学生政治学习的主动性。许多主动参加理论研究社团的青年学生已主动地将对科学思想理论的学习演变为成长的内在需求。

(二)内容广泛

第二课堂活动内容的广泛大大增加了教育深度。各种社会实践活动可以使学生在直接接触社会的过程中切身感受到党的路线、方针、政策给我国带来的巨大变化,从而更加坚定对党和社会主义的信念。例如:组建马列主义、党章等理论学习小组,在老师的正确引导下,学生通过学习讨论,更加坚定了小组成员对马列主义的信仰,并为他们树立正确的世界观和方法论提供了理论指导;社团定期开展的"爱心行动"、"青年志愿者活动",有助于培养学生为人民服务的思想观念;智能竞赛、科技竞赛等活动培养了学生锲而不舍的钻研精神和实事求是的科学态度。

(三)归属感强烈

第二课堂活动群体的较强影响力,在很大程度上提高了学生的思想水平。学生通过参与活动多途径地与第二课堂活动群体紧密联系在一起,由归属感到认同感,再由认同感到荣誉感,最后由荣誉感发展到对集体的责任感,一些优秀群体所倡导的价值观也潜移默化地影响到了他们的心灵,从而培养了学生集体主义意识和高度的责任感,形成任劳任怨、勇于奉献的作风和一切从大局出发的正确思维方式。

五、第二课堂的作用

第二课堂能有效地促进学生将所学知识应用到实际当中,对于学生的包括业务知识和业务技能在内的业务素质的广度拓宽、深度延展起着重要作用。

(一)有效推进业务知识结构的优化

第二课堂中许多活动与学生的业务学习结合紧密,是第一课堂的拓展和延伸。学生通过参加兴趣小组、知识讲座等活动增加知识面的宽度;同时,通过社会实践等活动,加强学生与社会的接触,学到许多书本上没有的内容,加深了他们对所学知识的理解,并增加了感性认识。

(二)有效推进业务技能发展渠道的拓宽

第二课堂活动内容涉及面广、形式多,它可以满足学生的不同兴趣爱好和技能专长的需要。许多同学通过参加文学社、演艺社等社团和辩论赛、文体比赛等活动，展示自己的特长，建立信心；社会实践、计算机兴趣小组、家电维修俱乐部则给学生提供了实践的机会，有助于他们寻找差距，不断地拓宽眼界，进而提高实践和操作能力。例如，一些学生与外籍教师每周一起参加英语角活动，在轻松的气氛中学到了知识，听说能力也有了明显的提高。

（三）为学生创新能力的培养提供"土壤"

江泽民同志曾指出："创新是一个民族进步的灵魂，是国家兴旺发达的不竭动力。"加强对大学生创新意识和创新能力的培养，已经成为当前我国教育界推进素质教育的核心任务之一。第二课堂活动是大学生创新教育的重要场所，是课堂教学培养学生思维品质的延伸，具有第一课堂不可取代的作用。例如：大学生科技学术活动的选题和内容不受专业和教学内容的限制，学生个体的素质特点能够得到充分发挥；第二课堂活动的时间和空间基本上由学生掌握，容易达到学生兴趣与智力周期的"共振"；第二课堂活动中团队成员之间可以充分交流，不同创意的相互碰撞有利于启发和激励创新意识；以"挑战杯"为龙头的大学生课外创造竞赛、"科技论坛"、"小发明、小制作"等活动，也为创新能力的培养提供了"土壤"。

（四）为培养大学生综合素质注入新鲜血液

第二课堂具有开放、灵活和广泛的特点，它在大学生综合素质的培养和提高上发挥着巨大的作用。它可以促进学生的专业知识学习；开阔学生的视野，拓宽知识面；培养和提高学生多方面的能力；完善学生的个性等方面有优势。因此，在第二课堂中要做到以科学发展观为指导，坚持以学生为本，坚持可持续发展原则，坚持统筹兼顾原则，着眼于全面提升大学生的综合素质，帮助其树立正确的世界观、人生观、价值观，教学生学会做事和做人，使大学生在学习专业知识的同时能够及时地关注社会的变化发展与需求，通过发现自身存在的缺陷与不足以及与社会需求之间的差距来激发学生认真求学的渴望与动力。

六、第二课堂存在的不足

第二课堂是大学生素质教育的重要载体。现阶段各高校的传统第二课堂教学模式在教学理论、教学结构、师生交往系统、反馈方式及支持条件等方面存在一定的欠缺。例如，缺乏有效的指导、组织体系不够完善，课程结构缺乏系统性和层次性等。从教学模式的角度解析，我们不难发现传统第二课堂存在以下几点不足：

（一）教学理论不能适应当今教育发展趋势

当今教育发展趋势是以人为本，注重学生的个性培养与发展，单纯的非指导性教学模式和授课模式都存在一定不足之处。第二课堂的"活动"类课程一般采用非指导性教学模式，教师的任务不是教学生知识，也不是教学生如何学习，而是为学生提供学习的手段，由学生自己决定如何学习。这使教师在教学实践中以及制定教材上存在相当大的难度，非指导性教学模式的目的是引导学生自己掌握学习方向和学习方法，但由于教学环节中的种种不确定性，也就会产生事与愿违的结果。第二课堂的"上课"类课程一般采用授课模式，教师的主导性较强，与学生的互动较少，在学生的个性培养与发展方面的缺陷较为明显。

（二）教学结构存在一定的片面性

大部分第二课堂课程的设计者总是把"活动"与"课程"截然分开，在"活动"中充分体现学生的自主、自治、实践的特点，在"课程"中充分体现有目的、有计划、有组织的特点。现实中经常出现两种倾向：一是片面地强调课程的目的性与计划性，将活动纳入"学科化"轨道；二是片面地强调活动的自主性与自发性，使活动仅仅停留于设立若干"兴趣小组"，也使活动在实质上仍然游离于教学范畴之外，更使第二课堂的活动失去了与课堂教学相互补充的意义，没有真正找到第一课堂与第二课堂的结合点。

（三）师生交往系统中存在过于放任或过于集中的现象

在第二课堂的"活动"类课程中，以学生为中心，鼓励学生独立思考，教师只提供一些帮助和辅导。而在第二课堂的"上课"类课程中，则以教师为中心，对教学进行组织和协调。这种过于放任或过于集中的现象都不能使学生在第二课堂中得到全方位的培养与锻炼，在综合素质方面也难以得到真正的提高。

（四）反馈方式单一，支持条件欠缺

许多院校的第二课堂目前还处于一种松散的运行状态，不够重视学生对第二课堂教学的反馈，没有建立大学生综合素质发展的评价体系。此外，学生第二课堂活动的场地等硬件建设和设施配备始终处于边缘化境地，大量第二课堂活动在开展过程中只能借用场地，由此挫伤了学生开展第二课堂活动的积极性；学生第二课堂经费支出比例与教学支出的比例相比明显过低，客观上也打击了教师和学生对第二课堂的积极性。

七、解决第二课堂存在问题的措施

为了让第二课堂更好地服务于大学生综合素质的培养，我们就要对第二课堂的教学模式有所创新。另外，还要广泛地考虑一些可行的措施。

（一）在第二课堂中应用多元智能教学理论

1983年，哈佛大学加德纳博士指出人有多种智能，并同时指出：如果给予适当的鼓励和教育，每个人都能使自己的各项智能达到相当高的水平。

目前比较成熟的多元智能是指八种智能：言语语言智能、数理逻辑智能、空间视觉智能、音乐韵律智能、身体运动智能、人际沟通智能、自我认识智能和自然观察智能。每个学习者都至少具有八种智能，其中会有一种或多种优势智能（个性特长），在适当的环境和教育的作用下，就可以达到全面发展；而学生在全面发展多元智能的基础上，也可以通过适当的有效教育，使一种或多种优势智能得到更好的发展。第二课堂的教学目标从本质上说是发展学生的多方面潜能，提高学生的综合素质。根据多元智能教学理论以及本国的教学实际，可以把基于多元智能的个性化教学模式作为第二课堂的主要教学模式。因此，从课程的设置来看，就可以从八种智能类型入手，提供多种上课类及实践类"教学菜单"并让学生选择，也使得他们能以自己喜欢的方式学习，乐于在自己的智能强项领域探索并自我感觉良好。

（二）创新第二课堂中的师生交往系统

基于多元智能教学理论的第二课堂教学内容最大的优势是集实践与上课于一体。教师在课程设置之初就要先与学生沟通，了解学生对第二课堂教学内容方面的需求。在课程设置上既满足学生的个性发展的要求，又设计出符合学生多元智能发展的要求。因此，在授课方式上，就可以摆脱传统的第二课堂单纯上课或单纯实践的弊端，把实践环节融入课程教学中。

（三）将"大学生素质拓展计划"落实到第二课堂

"大学生素质拓展计划"是高校按照胡锦涛同志"四个新一代"的要求，适应经济社会对人力资源开发尤其是青年人力资源开发的迫切需要、适应广大青年学生成长成才、就业创业的迫切需要，同时着力于大学生综合素质的培养、着力于增强大学生自主创业就业的意识和能力而提出的新的工作思路和工作体系，这与第二课堂的思想指示是一致的。"大学生素质拓展计划"落实到第二课堂中既补充和完善了第二课堂素质教育，又创新和规范了第二课堂素质教育。

（四）以人为本，充分发挥大学生的自主性

在课程设置和教学过程中贯穿自我教育、自主管理的原则，充分考虑学生对课程的需求，授课过程中引进案例分析、团队训练、讨论式教学、小组学习、调查设计等灵活多样的教学方式，使学生真正成为学习的主体，提高教学效果，以此达到第二课堂育人的目的。

（五）与时俱进，不断更新第二课堂

社会在不断发展和进步，对人才的要求也在不断变化着，我们必须使第二课堂的教学目标、教学内容与新时期素质教育的发展要求相适应，不断积累、完善和更新相关课程内容，做到贴近学生实际社会生活、国家时政，既要确保课程内容的趣味性和实用性，又要确保科学性和合理性，与时俱进地推进第二课堂的可持续发展。

（六）坚持统筹兼顾原则，注重第二课堂理论与实践的结合

第二课堂的基本目标是全面提升学生的综合素质，第二课堂要使学生由目前存在较多的"模仿—重复"学习方式向"发现—探索"学习方式转变，做到课堂教学与课外教学协调发展、互为补充。同时，要引导学生积极主动地提高动手能力、实践能力，培养和发展学生的个性和全面素质。

（七）建立和完善第二课堂评价体系

对学生第二课堂学习效果的考核，不能像第一课堂那样简单地采取书面考试的形式即了事，必须注重对日常出勤、课堂表现、实践表现、平时作业等的考核，给这些项目赋予不同的比重，并结合期末书面考试成绩，最终确定学生成绩。

（八）要发挥团组织的统揽作用

高校团组织是高校第二课堂建设的核心力量，同时又是实施"大学生素

质拓展计划"的核心推动者、重要实施者和主要协调者。因而高校团组织要利用素质拓展来统揽工作，同时树立服务的理念。第二课堂是大学生在第一课堂之外自主自愿参加的，因而要时刻本着为学生服务的思想和理念，促进大学生的全面成长，以此实现素质拓展。紧紧围绕服务广大大学生拓展素质、全面发展、创业就业和生活学习的需求开展工作。根据高校实际情况，要很好地实行第二课堂，首先应该大力宣传这一条例，要让同学们从思想上意识到这一措施的好处。从我们做的调查来看，很多同学对第二课堂只知其一不知其二，很多人也都会认为这个活动很麻烦，会很有抵触，但是通过我们的解释，大多数同学对第二课堂还是非常感兴趣的。所以我们建议，如果要在学生一进大学就大力宣传此项活动并开始实行，就不会出现有同学感觉自己来不及修完这些学分的情况了。

八、第二课堂创造美丽校园

第二课堂中丰富多彩的活动营造了浓郁的校园文化氛围，对提高学生文化素质有潜移默化的影响。其主要体现在以下几个方面：

（一）构建校园文化

第二课堂活动多以学生社团为主体，是构建校园文化活动的主力军。学生社团自发组织的学术或文化娱乐活动，也是学生自我教育、自我管理、自我服务的良好形式。学生艺术团则聚集了许多文艺骨干，在专业教师指导下，规范训练已成为活跃校园文化生活的主力军，而摄影展、佳片欣赏、朗诵、演讲比赛等成为吸引学生积极参与第二课堂活动的重要形式，并在陶冶学生情操等方面起到了积极作用。

（二）奏响主旋律

第二课堂依托讲座和报告的形式书写了校园人文环境的主旋律。第二课堂根据"选题正确、格调高雅、形式多样、组织周密"的原则,为提高大学生文化素质而设计的系列讲座和报告,如演讲与口才、影视欣赏、中外音乐欣赏、市场经济与法制等,可以满足学生拓宽人文知识的需要。开设讲座和报告的人士则包括来自教育界、科技界、文艺界、新闻界的专家学者、知名人士,他们直接与学生对话交流,这种直观的感受对提高学生的人文素养起到了很好的效果。

(三)提高学生艺术品位

第二课堂与文艺界的交流在很大程度上提高了学生的艺术品位。第二课堂活动不局限于校园,它还经常加强与社会的交流,开展高雅艺术并走进校园的活动。例如,京剧团、交响乐团、话剧团等专业艺术团体的校园演出,著名书画家、摄影家的作品展等,这些活动在开阔学生眼界的同时,提高了他们对高雅艺术的感受力和鉴赏力。

校园文化活动、宿舍文化活动等为学生创造出宽松的人际交往氛围、有序的竞争环境,通过广泛地参与活动,以及寓教于乐的多种途径,充分发挥大学生自我认识、自我教育、自我管理、自我服务作用和心理互助功能,使学生在参与校园文化建设的互动社会化过程中逐步提高身心素质水平。

本节参考文献

[1]陈怡.第二课堂应当是高校素质教育的重要构成[J].北京城市学院学报,1999(4).

[2]洪波,杨岳.拓展创新素质培养的空间[J].清华大学学报(哲学社会科学版),2001(S1).

[3]俞念胜.大学生生命伦理教育之我见[J].法制与社会,2008(4).

[4]张鹏.论高校生命伦理教育的困境及其超越[J].南昌大学学报(人

文社会科学版），2010（2）．

［5］王凤民．高校学生生命伦理和信息伦理教育亟待加强［J］．企业研究，2010（16）．

［6］陈灿军，许小主．生命伦理教育面临的困境及其对策研究［J］．邵阳学院学报（社会科学版），2007（4）．

［7］毛增禄．开展"第二课堂"活动培养全面发展人才——对中文系开展"第二课堂"活动的总结与思考［J］．喀什师范学院学报，1992（1）．

［8］杨洪革．关于在校园文化活动中落实"三性"原则的思考［J］．北华大学学报（社会科学版），1997（4）．

［9］黎开谊．论大学生的素质教育［J］．陕西师范大学学报（哲学社会科学版），1998（S3）．

［10］付冉．认识人文教育的意义正视人文教育的现状［J］．首都师范大学学报（社会科学版），2002（S3）．

［11］刘京美．文化与现代教育目标关系探析［J］．西南民族学院学报（哲学社会科学版），2001（5）．

［12］赵书超，陈新景，陈新巧，夏少钦．"Y"型人才与本科课程体系重建——基于大学生综合素质的社会需求调查［J］．中国成人教育，2009（17）．

第九节
高校党建：让学生党员成为党渴望的人才

高校党建工作是学生思想教育工作的重要组成部分，肩负着培育高素质大学生和高质量社会主义建设者和接班人的重任。而现如今的党建工作在思想政治建设和理想信念、基层组织建设、党的组织生活、作风建设等方面还存在问题，因此高校党建工作的创新是高校教育事业发展的必然要求。

一、高校党建工作的现状

（一）高校党建工作促进高等教育事业健康有序发展

党的"十六大"以来，高校党组织坚持以邓小平理论和"三个代表"重要思想为指导，正确树立和落实科学发展观。明确立党为公、执政为民，构建社会主义和谐社会的基本需要，紧密联系改革发展，稳定工作实际和党的建设现状，开展了保持共产党员先进性教育活动。在实践中解决了党员、党组织在思想、组织、作风以及工作等方面存在的突出问题，有力地保证了学校事业的顺利发展，推进了高等教育大众化的进程，且成效显著。这不仅为党员学生树立了先进性概念，而且也让教职工党员们在学习和教学中贯彻党的先进性教育，极大地提升了大学生的思想政治素质，表现出党员的先锋模范作用，促进了高校整体的教育水平的发展。

"以学生为本"是贯彻落实党的教育方针的重要体现，也是落实"以人为本"为核心的科学发展观在学校教育方面的必然要求。按照这一想法,高校已形成了党抓人才工作的机制,还形成了以学生为本、全员育人、全程育人的格局。

(二)高校党建工作为大学生就业贡献力量

高校党建工作的执行极大地提升了大学生党员素质,为大学生党员这一优秀群体就业提供了新动力,也缓解了就业压力。当然也有些人认为,入党可以增加自己的就业"砝码",让自己找到一份好工作,这种动机是不正确的。而本着这种想法加入党组织的学生,最终也不会适应党的素质建设,相应地,也就不能很好地就业。大学生党员接受了高校党员的素质建设后,应该更适应于社会,为社会服务并回馈人民群众。

(三)高校党建工作中存在的问题

1. 作风问题对大学生党建工作的负影响

近年来,高校党的作风建设已经取得了明显的成效,但仍存在一些问题。少数高校领导班子和领导干部并未完全树立全心全意为人民服务、为全校师生员工服务的思想。而高校党建工作在这些人的领导下,一定会歪曲党的思想和风气。他们并没有教授给学生党员素质教育应有的东西,而仅仅是为了私利和享受。例如,有的领导干部身上存在官本位思想,不是深入群众中听取师生员工的意见,研讨和解决问题,而是喜欢在办公室听汇报,开会发文件,发号施令,用简单的工作方法解决复杂问题,使不少的小问题和简单问题拖成了大问题和复杂问题,这样的教训是非常深刻的。而在这种党建工作下,教授出的学生党员也会受这种想法的误导,导致在学生期间就盛行官风官气。更有甚者,有的党员干部作风浮夸,工作不实,好大喜功,急功近利,廉洁自律不够,党风廉政建设的制度尚存在不足之处。正是受这些问题的影响,有时学生党建工作往往重视前期的教育培养,忽视常规管理而影响学生党员作用的进一步发挥,并且学生党建工作官僚气严重，入党前期就受到了坏的党风腐蚀。

2. 对党的理解偏差和信念局限

在当今党建工作中，由于对党的宣传不到位，导致一些学生党员甚至教师党员不能完整准确地以马克思主义的立场、观点和方法，去研究和解决教学改革和发展中出现的一些问题。这也导致了学生党员不能用心汲取新知识，深入思考新问题，致使思想上故步自封，不能适应现代化的党员宗旨。更有甚者在社会纷繁复杂的现象面前，入党理想信念动摇，党员宗旨观念淡化，甚至经受不住腐朽思想的侵蚀，最终不知道党是什么，也丧失了党的信仰和党员的主动性和先进性。

3. 组织建设和组织生活不严谨

党是严谨的，更是严肃的。但是在党的组织建设和活动上，由于目前高校基层组织建设与新形势、新任务的要求有诸多不适应，一些基层组织不健全，直接导致了组织活动的不正常和娱乐化；并且一些高校在发展优秀青年知识分子入党问题上，还存在模糊、不透明的现象。党员教育培养的措施也不到位，这样致使组织发展的力度不足，严重影响了基层党组织的凝聚力和战斗力。高校基层党组织的组织生活是党活动的一项重要内容，正常规范的组织生活能有效地提高党员的思想觉悟，增强党员意识，从而增强党组织的凝聚力、战斗力。但如我们所见，有的党支部的组织生活潦潦草草，缺乏规划，有的党支部的思想教育针对性不强，缺乏说服力，有的党支部将组织生活娱乐化，缺少了应有的批评与自我批评等思想教育的内容。这样的组织活动就像一个社团活动一样，组织松散、内容肤浅，极大地影响了学生党员的心理，还歪曲了党的形象。也使党的组织生活缺少吸引力和感召力，丧失了本身的意义。

4. 党建工作缺乏现代化思想

从当今国际政治环境来看，政治多极化趋势持续发展，国际局势总体上趋于缓和，和平与发展依然是时代的主题。但西方发达国家对我国实施"西化"、"分化"的图谋一刻也没有停止过，用资产阶级意识形态和价值观念影响中国青少年一代尤其是高校青年师生，已成为西方敌对势力对我国实施和平演变的战略重点，高等院校也已成为反对"西化"、"分化"图谋的前沿阵地。但是高校党建工作并没有切实落实好这方面的工作，仅仅只是程序化的执行，并没有应有的热情，这样就造成了学生对当今社会的趋势发展产生疑虑。致使高校校园西化严重，并且有愈演愈烈的趋势。

二、高校党建工作的创新改革——创新党建工作和就业结合机制

在新的历史时期，加强高校党的建设，必须正确认识当前高校党建工作面临的新形势，探索加强党建工作的新途径和新方法。那么在认识高校党建现状后，针对高校党员教育现状的成绩和问题，我们进行了下面的策略分析。取得成绩的高校争取整改得更好，有问题的高校期待合理解决。一切为了党建工作契合的素质教育，让学生党员成为党渴望的人才，并成为"为人民、为社会服务的人才"。

此处我们重点讲述如何通过创新党建工作和就业结合机制来创新高校党建工作。在此重提一下关于党建部门和就业指导部门的联合，之前已经有一部分高校进行了这种尝试。因为学生党建与就业是两支不同的工作队伍，平时工作上的交接点比较少，致使他们很难了解对方工作的性质、特点和意义。所以学校可以组织这两个系统的教师座谈，共同开展一些活动，以此促进两个部门的沟通合作，也使这两个部门更加了解彼此的工作。当然，也可以互派教师进行学习，从而使两个部门的教师对党建和就业都有更深的认识，以便于共同找到合适的方法来提升自己工作领域的发展和创新。党建和就业是高校各项工作中重要的组成部分，党建就是素质建设，而就业就是生活根本。针对这种情况，只有两个部门真正建立有效的联合机制，才能互相促进，实现共同发展，并为学生的高质量就业、学校的稳定发展、社会的和谐进步做出贡献。

（一）建立党员信息平台

针对大学生就业可以建立信息平台，这样可以让用人单位择优录取，并在第一时刻帮助学生党员就业。党员信息平台应包括的内容有：思想动态、历年表现、考察情况、特长特点、职业目标、就业现状等。一是有效快捷地掌握党员的状况，便于党组织对其进行考察、总结和再教育；二是为毕业生党员拥有最佳就业机会提供依据，有利于党员充分就业；三是通过分析他们的就业去向、就业层次等数据，为今后的党建工作提供参考和依据；并由此可以让学生以正确的心态入党，并对党有充足的信心。而且，通过就业信息平台，可以很好地找到就业典型的信息。通过宣传成功就业，在工作中小有成就的毕业生党员，增强普通同学向党组织靠拢的主动性和积极性，让党建深入人心，也应该增强毕业生党员的荣誉感和自豪感，从而有力地提高党建工作的向心力和凝聚力。

（二）建立党建就业一体制

建立学生党员参与就业工作指导的有效机制。首先，成立"就业指导委员会—学生党小组—党员—普通学生"的阶梯式就业促进小组，引导普通同学快速就业；其次，通过先进党员的就业研讨会和经验交流会，推动广大同学积极就业，促进就业工作的有效实施，让更多的同学了解就业形势，了解党组织，让学生党员参与就业指导工作；最后，通过学生党员在普通学生中的影响力使工作更快更好地被执行，并带动更多的同学参与其中，极大地宣传了党的先进性，这同时也减少了就业指导部门的工作负担。这样就业和党建工作的实施一定会更加完善和优化，为大学生党建工作奠定了良好的开端。

三、高校党建面临的挑战及对策

新的历史时期，面临着全新的挑战和考验，我们必须正确认识当前的形势以及党建工作中所存在的问题,也必须加强党的领导,巩固其领导地位,在正确认识党建工作的前提下,积极探索工作中的新途径和新方法,力求党建工作得以顺利进行,在新时期使党建工作得到进一步提高,为学校又好又快地发展提供强有力的保障。

(一)面临新挑战

改革开放社会主义市场经济的进行使党的建设面临新的挑战,随着社会的发展,许多新的思想道德的出现,人们出现不同的价值取向、思想观念、生活方式等。社会主义市场经济带来的经济发展为党的建设提供了坚实的物质基础,并具有积极的推动作用。但它又不可避免地带来负面影响,高校改革处于这样大的环境中,虽然对其发展提供广阔的空间和舞台,给党的建设提供好的发展机遇,但是这使得不少同志面临新的问题,并感到困惑不已。他们对党建方向的把握不明,定位不准,措施的不得力等情况使他们的党绩受到影响。因此,对于社会现如今的发展带来的各种问题,例如,如何正确处理党政工作与教育工作的关系,如何探索新的发展道路,如何在新的形势下加强党政队伍建设等成为党政人员不容忽视的问题。在经济时代下,人才的重要性日益凸显,所以高校必须适应时代需求,改变教育模式,在高的起点追求更高的目标,面对现如今科技的发达,全球化的进一步发展,我们的高校教育更应该加强学生的思想道德教育,避免外国的文化渗透冲击本国文化,面对外国文化的入侵,以及网络上不良信息的传播,开展党建工作的必要性更是刻不容缓,所以加强高校的网络教育是解决问题的关键所在。

(二)以文明建设促进改革、发展和稳定

社会主义精神文明建设是社会主义的重要特征,也是现代化建设的重要目标和重要保证。高校在社会中所处的特殊地位对社会文明建设起着不可忽视的作用。现如今高校文明建设与社会精神文明建设存在一定的距离,高校建设不能达到社会精神文明建设的要求,部分人由于对精神文明建设

地位的认识不足，以至于对精神建设信心不足，思想高度不够，精力不到位，缺乏政治热情。

四、高校党建进学生宿舍的重要性

第十二次全国高等学校党建工作会议对高校各级党组织提出"以党建为核心，全面加强学生思想政治教育工作，提出新时期高校学生思想政治工作的主动性、实效性和针对性，是当前摆在高校党委面前的一项重要任务"。学生日常学习和生活的主要场所就是宿舍，是除了课堂之外对学生进行思想政治教育和实施素质教育的重要基地，大力推进党建工作进宿舍并对学生进行思想政治教育，是加强和改进高等院校思想政治工作的重要举措。

（一）实践"三个代表"和落实科学发展观

党建工作为培养社会主义建设者和接班人，树立马克思主义在高校意识形态领域的牢固地位、思想政治教育的统帅地位发挥了重要作用。党建工作有利于充分调动学生的积极性和创造性，将宿舍建设成为高校传播先进文化和精神文明的窗口，及时地发现和解决问题，为学生营造良好的住宿环境。党组织通过不同的形式进行宿舍文化建设，为不同年级、不同专业、不同地域的学生提供了一个展现自己的平台，也提高了学生的综合素质，并通过高质量的宿舍软环境，营造"榕树效应"，为抵制不良文化提供强有力的后盾支持。

（二）"以人为本"和固本强基

宿舍建设贴近学生，一切以学生为基础，想学生之所想，满足学生的基本需求，充分发挥学生党员的先锋模范作用，尽可能多地为学生服务形成良好的教育，好的服务的环境可以促进学生健康、顺利成才。这一举措体现了党建工作的探索和创新。做好宿舍工作有利于扩大党组织覆盖面，发挥学生的争、抢、创的积极性，促进思想政治工作的顺利进行，真正推动党建工作贯彻"三个代表"重要思想，落实科学发展观，坚持"以人为本"的理念。

五、加强大学生对党性认识的教育

（一）加强对高校党建的整体规划

要贯彻落实中共中央关于深入学习邓小平理论的通知，掀起新一轮学习的高潮，进而加强对大学生精神文明建设教育，进一步加强高校党的建设和思想政治工作。在高校教育中，进行管理体制的改革，逐步扩大学校面向社会依法自主办学权，淡化隶属关系，协调各部门和政府的协调关系，在教学方面应进行全面改革，使得工作态势呈现出良好的发展态势，同时借助高校开展的本科教学活动，进行以"教学为中心，管理为重点"的教学工作，促进重点学科和学校建设，以邓小平理论为指导加强学生思想建设教育，在教学中向学生灌输党的思想路线，使其树立正确的世界观、人生观和价值观，同时促进学校人才培养和国家人才的培养。另外，加强对高校党建的整体规划，全面推进高校党建工程建设，制定相关的发展规划和指导，争取从思想、组织和作风建设等方面全面推进党的整体建设，全面实行党委领导下的校（院）长负责制，为加强党对高校的领导提供组织保证。此外，加大高校入党积极分子以及预备党员和党员的人数，为党培养更多的优秀人才，从而整体提高党政队伍的素质，为高校乃至社会的发展提供良好的基础。

（二）借鉴各项经验并认真总结工作

高举邓小平理论的伟大旗帜，坚持用邓小平理论武装全党、全校党员师生，充分发挥高等教育在人才培养中的重要作用。在改革开放的历史新时期，要坚持学习党的性质、加强社会新时期党的建设，这事关党的命运前途；深入探索和不断总结新时期各方面的发展规律，加强高校文化建设，全面贯彻党的方针路线。

（三）组织活动的创新形式

1. 开展各种各样的校园文化活动

结合学生自身的体质特征，注重培养学生的自我学习和教育，丰富大学生的文化实践活动，更应该加强校园内外的社会主义精神文明建设，进而调动学生的积极性和参与性，激发其社会实践的热情和才能，为学生营造良好的学习环境，并把高校校园文化建设成更高水平，在学生和老师的互相影响下增强教育功能和教育作用。同时，应该将"学习型组织"得到充分落实，要将成员的学习和工作融为一体，并将二者视为同一个过程，在工作的反思中寻找解决问题的新思路和新方法，同时又在学习中进行工作，要主动学习，终身学习，不断进步，自我超越。将这一理念与高校党建的"办人民满意的大学"目标一致的活动进行到底，以群众基础为根本，加强团结协作，以民为原则，正确处理两者之间的关系，协调人际关系，要学会用辩证的方法认识事物和处理关系。

2. 以推进素质教育为核心，全面提高教育质量

面对经济时代的发展和挑战，全面深化教育体制的改革，优化教育过程，大力提倡各种有利于提高学生素质的教学模式的创新，积极试验和推行新的教育改革经验和成果，争取做到与国际教育接轨，借用新的教学管理模式，制定新的教学计划和任务。同时加强文理学科的相互渗透，鼓励高校老师的跨专业选课和教学，加强国际间的课程交流，逐步构建和形成选择性宽、适应性强、信息量大和知识新的素质教育课程体系，加强教材、重点学科建设和学科带头人的培养，集中精力建设一批办学条件完善、教育水平高的优秀课程。

六、党建工作应更趋于现代化

当今社会政治多极化趋势持续发展,国际上总体形势缓和,和平与发展是时代的主题。然而,西方对我国的"西化"和"分化"的图谋从未止步,并用阶级意识形态和价值观念影响着中国一代又一代的青少年,高等院校已成为其前沿阵地。在国内,社会主义现代化进入新的发展阶段,社会面貌发生了重大变化,经济的发展使得人们思想更加独立,诱发一系列不良思想,腐化部分党员干部,甚至是高校党委领导,也使得党政关系不协调。责任意识不强,放松对工作的态度,甚至脱离群众,作风浮夸,不能深入群众、基层、教学一线中去;解决问题中存在的官僚主义和形式主义,不能真正考虑群众之所想和所思;同时对党员的监督力度不够,监督体系不完善,部分党员根本没有发挥出模范带头的先锋作用,青年骨干教师入党积极性不高;有些高校的思想政治工作缺乏时代感和创新精神,针对性和时效性不强。

科学技术是第一生产力,结合改革开放和现代化建设的实际,党应该始终做到"三个代表"丰富党建理论体系的内涵,以"三个代表"重要思想为指导思想,作为高校党建现代化成败的衡量标准。社会主义现代化必须建立在发达的生产力基础之上,先进生产力的发展要求是先进生产力的发展对生产力诸多要素、生产关系和上层建筑提出的要求。我们应该根据我国处于社会主义初级阶段的基本国情,坚持以经济建设为中心,促进生产力的不断发展,加强思想建设,为先进生产力的发展营造良好的社会政治环境。

本节参考文献

[1] 杜新贵,邱九如.健全党员激励机制,发挥党员先锋作用[J].学校党建与思想教育(普教版),2007(8).

[2] 彭恒暄. 新形势下成人高校发展学生党员工作的思考 [J]. 四川教育学院学报, 2001 (S1).

[3] 王国义. 高校应该重视发展研究生党员 [J]. 齐齐哈尔大学学报（哲学社会科学版）, 2009 (1).

[4] 祁新荣, 汪海洋. 注重特点, 保证质量, 积极发展——发展学生党员工作几点思考 [J]. 连云港职业技术学院学报, 1996 (4).

[5] 张景奎, 张丽媛. 新形势下高校发展大学生党员工作探索 [J]. 思想政治教育研究, 2007 (3).

[6] 姚进斌, 武凌芸. 浅谈大学生预备党员的教育和管理 [J]. 科技咨询导报, 2007 (4).

[7] 刘瑾辉. 关于新时期大学生建党工作着力点的思考 [J]. 扬州大学学报（高教研究版）, 2001 (3).

[8] 刘瑾辉. 关于改进新时期大学生建党工作的思考 [J]. 扬州大学学报（高教研究版）, 2000 (3).

[9] 盛高民. 学生建党工作应把握的几个问题 [J]. 浙江经专学报, 1996 (4).

[10] 陈平. 论党员成分和党的先进性建设 [J]. 经济与社会发展, 2011 (4).

[11] 王甦英. 党的建设必须围绕党的中心任务来展开 [J]. 首都师范大学学报（社会科学版）, 2003 (S2).

[12] 赵明春. 加强高校党的作风建设充分发挥党员的模范带头作用 [J]. 内蒙古师范大学学报（哲学社会科学版）, 1997 (S2).

[13] 杨根乔. 邓小平党建理论的时代特色 [J]. 广东社会科学, 1995 (3).

第十节
形势政策教育：在把握世情、国情、党情、社情中成长成才

为建设社会主义培养全面发展的高素质人才是我国高校现阶段培养大学生的根本目标。高等学校实施素质教育从根本上就是要全面贯彻党的教育方针，以道德教育为核心，以培养学生的创新意识和实践能力为教育重点，塑造德、智、体、美、劳全面协调发展的知识、素质、能力全面提升的、适应社会发展需要的高素质专门人才。

一、形势与政策教育核心内容

2004年中共中央宣传部就下发了《中共中央宣传部、教育部关于进一步加强高等学校学生形势与政策教育的通知》（以下简称《通知》）。《通知》明确了形势与政策教育的核心内容及其在高等教育中的地位和意义。该《通知》要求，要根据发展中面临的新问题、新情况，加强形势与政策教育教学的针对性。在较长一段时期内，要重点进行党的基本路线、基本理论、基本经验和基本纲领教育；进行党和国家重大方针政策、重大改革措施和重大活动教育；进行我国改革开放和社会主义现代化建设的形势、发展成就和任务教育；进行马克思主义形势观、政策观教育；进行当前国际形势与国际关系的状况、发展趋势和我国的对外政策、世界重大事件及我国政府的原则立场教育。形

势与政策教育是以马克思列宁主义、毛泽东思想、邓小平理论和"三个代表"重要思想为指导，树立和落实科学发展观，紧密结合全面建设小康社会的国情现状，针对学生的思想特征与普遍关心的时事热点问题，帮助学生认清国内与国外的形势，引导和教育学生准确并全面地理解党的方针、路线和政策，让学生在中国共产党领导下，坚定走中国特色社会主义道路的决心和信心，积极投身于改革开放和社会主义现代化建设的伟大事业中去。

形势与政策教育是高等学校学生思想政治教育的重要组成部分。形势与政策课是高校思想政治理论课的重要内容，是每个学生的必修课程，也是对学生进行形势与政策教育的主阵地、主渠道，在大学生思想政治教育中担负着重要使命，具有举足轻重的作用。

二、形势与政策教育的作用

（一）形势与政策教育与大学生综合素质

形势与政策教育对提高大学生思想政治素质意义重大。大学生作为高素质的群体，是国家宝贵的人才资源，是国家的希望，是民族的未来。改进和加强大学生的思想政治教育，提升他们的思想政治素质，把他们培育成为中国特色社会主义事业的建设者和接班人，对于从宏观上实施科教兴国战略和人才强国战略，确保我国在激烈的国际竞争中始终处于不败之地，以及对于加快实现社会主义现代化建设的宏伟目标，全面实现小康社会，确保中国特色社会主义事业兴旺发达、后继有人，都具有重要、深远的战略意义。

1. 有利于提升大学生的思想政治意识

在现实情况中，大部分大学生政治思想稳定、健康，政治鉴别力不断增强，政治取向务实积极。他们对国内外政治和社会的各种大事比较关心，对社会主义初级阶段的基本路线、社会主义市场经济体制、社会主义民主政治均保持积极拥护的态度，并明确意识到民族利益与国家利益在根本上是一致的。他们渴望国家繁荣昌盛、民族团结友爱，并期望为祖国的发展贡献一份力量。但也有相当一部分大学生，他们自觉地为祖国做贡献的责任意识有待于加强，政治觉悟有待于提高。政治选择有功利化倾向，政治心态不成熟。在被问及要求加入中国共产党的动机时，20.92%的大学生是信仰共产主义；18.89%的大学生表示为社会多做贡献；9.88%的大学生是为自己早日成才；14.47%的大学生是为毕业后好找工作；1.71%的大学生是为寻找精神寄托；15.03%的大学生是为共产党改变现状，更好地发挥作用。他们以小我发展为视点来对待政治问题。不少学生把入党、评先进等作为实现个人利益的一种手段，他们参加政治学习，积极向党组织靠拢，在一定程度上是想通过参与政治活动来锻炼自己的能力，以此实现个人的利益和要求。这一调查结果表明，当代大学生的政治思想修养同他们肩负的重大历史责任的确还存在一定的差距。高校有必要对大学生开展形势与政策教育，进而提升大学生的思想政治素质。

2. 有利于大学生坚定正确的政治方向

形势与政策教育有利于大学生坚定正确的政治方向，增强社会责任感。通过接受形势与政策教育，大学生将对国际、国内形势形成认知，并对党和国家的大政方针形成观念上的认同，从而有助于形成科学的形势政策观；通过接受形势与政策教育，大学生将会逐渐了解到国内、国外重要事件。由此，他们会了解到国际和国内形势发展的趋势，从而激发学生们的爱国热情，增强他们的民族自信感和社会责任感，珍惜和维护和谐稳定的大局。通过接受形势与政策教育，大学生将会掌握正确分析形势和理解政策的能力，特别是对国内外重大事件、敏感问题、社会热点、焦点、凝点问题的思考、分析和判断能力，把对形势与政策的认识统一到党和国家科学判断上和正确的决策上，坚定为建设中国特色社会主义而奋斗的政治方向。

（二）形势与政策教育和大学生成人成才

形势与政策教育对大学生成人成才意义深刻。对于当代中国大学生这个特定的社会角色来说，要想成长为人才，健全的人格、高度的社会责任感和强烈的创新精神是应具备的三个基本要素。同时，只有自觉把个人成长与祖国前途、集体荣誉、民族复兴联系起来，才能真正成长为21世纪合格的人才。

形势与政策教育有助于健全大学生人格，使其形成科学的人生观、世界观和价值观。当代大学生是祖国的希望，民族的未来，大学生教育的成败不仅关系到大学生个人的成人成才，也关系到中国特色社会主义事业的成败、国家的强盛和社会的进步，甚至关系到中华民族的存亡。大学生正处于世界观、人生观和价值观形成的关键时期，而形势与政策教育始终坚持以马克思列宁主义、毛泽东思想、邓小平理论和"三个代表"重要思想为理论指导，紧跟时代，与时俱进。对大学生进行国家基本情况的教育，党的基本方针政策的教育，科学发展观的教育，以爱国主义为核心的民族精神和以改革创新为核心的时代精神的教育，以"八荣八耻"为重点的社会主义荣辱观的教育，大学生的基本道德规范以及我国科学、经济、军事等领域所取得的杰出成就的教育，最终使大学生全面理解并把握党的基本路线、重大方针和政策，认清国际和国内形势发展的大局和大趋势，激发学生的爱国热情，增强他们的社会责任感，使他们树立民族自信心，促使大学生树立崇高的理想，形成为建设中国特色社会主义而奋斗的世界观、人生观和价值观，以此达到成人成才的目的。

（三）形势与政策教育和大学生的文化素质

形势与政策教育从根本性质上归属于思想政治理论教育，但它的教学内容蕴藏着丰富的文化内涵，如果教育得当，在一定程度上有助于形势与政策教育教学质量的提高，以及大学生文化素质的提升。这要求授课教师对此有独到深刻的见解，并乐此不疲地深入发掘，认真实验。文化素质教育是学生通过知识吸收、环境熏陶的方式学习人类优秀的文化成果，最终使其内化为自身的气质、人格、修养，并形成自身相对稳定的优秀品质。其中，以发扬爱国主义精神为主要目的的民族和历史文化教育、以社会主义为核心的公民教育、以集体主义为核心的价值观和道德观教育、以陶冶高尚情操为主要目的的文学、艺术教育、以马克思主义哲学为主要内容的世界观和方法论教育等属于大学生文化素养教育的范畴。

形势与政策教育少不了经济形式教育、政治形势教育、国情教育，这是在让学生深入地认识、了解国家和民族，以及中华子女在国家建设中取得的伟大成就的有效途径，这能够最大化地激发大学生的爱国热情和民族自豪感。所以，形势政策教育在教育的本质上是与文化素质教育具有一致性的。在形势与政策课的教育中，如果能够渗入人文素质教育的内容，必定会使教学内容丰富多彩、趣意横生，同时将会增强理论的说服力，激发起大学生的学习兴趣，最终达到良好的教学效果，大学生在潜移默化的学习中接受到了文化素质方面的教育。

在讲述党的十八大对中国改革开放以来取得的历史成就的总结时，如果联系到中国近代以来的历史变迁，将中华民族的经济、文化、政治、社会的发展所经历的曲折道路呈现在大学生的面前，必定会极大地激发大学生们的爱国热情和民族自豪感，以此增进他们对中国共产党的理解与信赖。

（四）形势与政策教育和大学生的创新能力

开放性、角度多样性和实践性是形势与政策教育的特点，这有助于培养大学生的创新能力和实践能力。伴随着信息时代的来临，当代大学生也应该一改过去那种"两耳不闻窗外事，一心只读圣贤书"的迂腐知识分子形象，转而变成具有敏捷的思维，开阔的眼界，对国内外的重要时事、社会生活中被广泛关注的热点、焦点问题具有极高热情和求知欲望的有为知识青年。他们对新鲜事物、远大抱负的渴望与希冀能够在形势与政策课及生动、广泛、丰富的教学素材中得到满足。形势与政策教育正是开发、培养大学生创新意识、创新能力和实践能力的有力教育平台。

（五）形势与政策教育和大学生心理素质

形势与政策教育与大学生的身心健康教育似乎相去甚远，其实不然。衡量心理是否健康具有以下标准：是否能够正确处理人的理性、意志、情感方面的矛盾、冲突；是否具有正确的理性认识；是否具有高尚美好的感情和坚强的意志力。现代社会的竞争日趋激烈，因而需要大学生具备过硬的心理素质，能够在沉重的社会压力下不断地进行自我调节，从而能够适应激烈的社会竞争。形势与政策教育将大学生带入了广阔的社会天地，使他们在了解了社会，了解了国家发展的困难、需要和因之颁布、实施的政策后，变得思维开阔、心胸开朗，自己的心理承受能力也得以增强，这将对大学生的心理健康大有裨益。另外，如果大学生能够胸怀大志，将国家发展与个人进步紧密结合起来，必定心胸宽广，精神饱满，感情热烈，意志顽强。因此，实施形势与政策教育时要最大限度地了解学生的心理，把握大学生关注的热点、难点问题，使形势与政策教育能够紧密切合学生的心理特点、思想动态、认识水平，从而使学生既乐于学习又学得进去，养成密切关注国内外大事的学习习惯，在学习、工作、生活中及时准确地把握时事动态，最终成为一代健康向上生机勃勃的建设者和接班人。

三、如何实施形势与政策教育

（一）提高任课教师专业素质要求

目前，形势与政策教育在高校主要以授课的方式进行，任课老师在其中发挥着举足轻重的作用。高校可以组织一支专、兼结合的师资队伍，由专职人员区分不同年级学生的特点及学习要求，统一制定各年级的教学大纲。教学大纲将会分成两个部分：第一部分是常规性学习，包括中国共产党的基本纲领、理论以及不同年级学生关注的与自身密切相关的国家方针政策（如针对不同年级的学生有计划地分别进行创新、保研、考研、就业、创业、社会保障等各种形势的分析与宣讲）等；第二部分是时事性部分，在新学期之初，任课老师要根据国内外形势的最新变化，将时事性的内容予以更新、完善，也使学生能及时准确地把握国内外形势以及国家的立场和原则。为了使形势与政策教师能及时准确地把握、了解国家的新形势、新政策，国家的教育部门或高校之间可以经常对形势与政策课的任课教师进行培训，从而把这支队伍培养成为一支极具战斗力的队伍。

（二）完善教学方式及拓宽对象选择范围

现在很多大学都是综合性大学，这使得高校汇集了各领域的精英力量。如果说学校的各方面条件有限，使"请进来，走出去"的教学模式很难实现，那么我们仍可以通过其他的途径让课堂活跃起来，让授课方式灵活起来。其中，充分利用学校的内部资源就是很重要的一个途径。

1. 配备现代化教学媒介

现在各大高校基本上都配备了各种各样的现代化教学媒介，比如方便的校园网、多媒体教学设施以及学生宿舍电视等。高校应该充分利用这些资源，采取形式多样的授课方式，通过校园网与学生进行多方位的交流，可定期组织学生观看电视上播放的具有浓厚教育意义的影片，通过多渠道对学生进行形势与政策教育。

2. 实现小班授课，强化授课效果

课堂过大在一定程度上弱化了授课的效果。在"形势与政策"课中，师生之间的交流非常重要，学生在课堂上只有充分地参与到教与学的过程中，充分发挥其能动性，才能真正学习到更多的知识，与此同时，老师也能够全面地了解学生的思想动态，从而在日后的教学过程中更有侧重地对学生进行教育。

3. 生动教学

形势与政策报告在大学生思想政治教育中担负着重要的使命。形势与政策报告是国家为增强大学生思想政治教育，促进他们了解现实社会、提高思想品德和政治素质的一种重要形式。报告者在讲授中重视知识的传授，但更重要的是，不论是国情的介绍、世情的分析，还是当前的热点、难点问题的讲解，其落脚点都归结到党和国家的路线、方针和政策上。对大学生进行形势与政策教育的形势政策报告有着独特的优势：形势政策报告往往是针对当前国内外的重大事件及其对策而开展的教育，这种报告是具体的、生动的，与时事紧密结合的。

4. 拓宽对象选择范围

高校应该重视对研究生进行形势与政策教育。目前高校的形势与政策课主要面向本科生开放，因为高校有着思维定式，总觉得无论是硕士研究生还是博士研究生，他们在本科学习期间都接受了该方面的教育，而作为研究生，他们都是本科生中的优秀分子，没必要再接受形势与政策方面的教育。实际上，这种想法是值得商榷的，因为，随着研究生招生范围的扩大，当前很多研究生在本科毕业后，由于种种原因直接考取了研究生，其中不少人是为了逃避就业压力，所以研究生可能是本科生中在学习方面的优秀分子，但在思想政治方面不一定也是优秀的。所以，研究生思想意识积极活跃，但也存在一些不容忽视的问题，比如部分研究生政治信仰迷茫、理想信念模糊、社会责任感缺失、心理素质欠佳等，这些都需要思想政治教育工作者给予密切关注。所以，我们应该在研究生阶段也开设形势与政策课。

（三）大学生形势与政策教育的创新与实践

使形势教育的内容既符合教学大纲的要求，又满足学生思想发展的需要，这是大学生形势与政策教育创新的关键。对大学生形势与政策教育的内容进行创新，要围绕形势与政策构成的部分：基本形势、基本理论和热点问题。基本理论包括学习掌握马克思列宁主义、毛泽东思想、邓小平理论关于形势分析的立场、观点和方法，党和国家的路线、方针、政策及中国的国情等；基本形势是指国际形势、国内形势、行业形势中相对稳定，具有一定必然性和规律性的内容；热点问题是学校、社会普遍关注，学生特别关心的社会问题。

在创新形势教育的内容过程中，笔者认为应做到以下三个结合：

1. 内容与要点结合起来

要把创新形势与政策教育内容与教育部社政司每年印发的《教学要点》结合起来，要按《教学要点》的要求结合学校实际，安排教学内容。同时，密切结合当前国内国际形势的新变化，力求做到稳定性与灵活性相结合，重点选择近期发生的、学生普遍关注和感兴趣的重大政治、经济问题，同时将马克思主义的形势发展观即科学、具体分析认识形势的立场、观点和方法渗透到教学内容中去。

2. 把创新形势与政策教育内容与国际、国内形势发展结合起来

不同层次、不同专业的学生的思想实际上会有很大的差别，但往往又有内在的必然联系，且处于动态的发展过程中。同时国内、国际形势风云变幻，党和国家的方针、政策也在不断推出和调整，这都决定了形势与政策教育内容必须始终处于一个不断变化、不断更新的动态过程中，也始终保持与时俱进的状态。

3. 与学生的思想结合起来

要创新形势与政策教育内容，并与学生的思想实际紧密结合起来。应紧紧围绕学生关注的热点、难点问题确定形势与政策教育的重点，做到教育教学有的放矢，通过与学生共同探讨，使学生学会自觉运用马克思主义立场、观点和方法来分析问题，认识国际、国内形势发展变化的基本规律和趋势，认清问题产生的背景、实质及其发展的方向、利弊等，从而采取正确的应对方法。总之，创新形势与政策教育的内容，关键是要抓住学生最关心、要求最迫切、反映最强烈的问题，找到学生思想需求与教学内容的结合点，使形势与政策教育的内容更加具有针对性。

4. 创新课堂教学

在创新课堂教学时，要做到科学性、针对性、时效性，即加强对教学要点和教学内容的理解和把握，增强教学的科学性；深入了解当代大学生的人生经历和思想实际，增强教学的针对性；全面了解学生关注社会热点问题

以及疑惑疑难问题，增强教学的实效性。

5.创新校园文化建设活动

校园文化活动在大学生思想政治教育中发挥着重要作用，也是形势与政策教育的有效载体，它是弥补形势与政策教育教学课时不足、课堂教学手段单一、实现多模式教学的有效手段。可以结合学校实际，建立大学生形势报告会制度。每年春、秋两季学期开学后或在国内外发生重大事件时，校党委宣传部、学工部、社科部都要联合组织大型形势报告会，请各级党政领导或学校党委负责人员为学生作报告；聘请一批理论水平高、形势与政策感敏锐的教师组成形势与政策教育巡回报告团，每学期围绕一个或几个学生关注的热点、难点问题在学生中进行巡回演讲，肯定能受到学生的热烈欢迎；还可抓住重大节日、纪念日、重大事件发生的时机，挖掘教育资源，通过座谈会、研讨会等方式，开展宣传教育活动，切实增进教育效果。创新大学生社会实践活动环节。首先，把形势与政策教育与加强教学实践、专业实习为主要内容的实践教学结合起来，使大学生在参与实践教学的过程中，深刻体会国际、国内形势，并把握国家的方针政策；其次，把形势与政策教育与学生开展的"三下乡"活动结合起来，建立大学生形势与政策教育实践基地，经常组织大学生围绕经济社会发展的重要问题，深入实践基地开展调查研究，帮助大学生正确认识社会现象，了解形势与政策在现实生活中的实践状况，增强其社会责任感；最后，把形势与政策教育与学生开展的"红色之旅"参观活动结合起来，经常组织学生到革命纪念地特别是到改革开放前沿和经济社会发展成效显著的地方学习参观，让他们了解中国革命、建设和改革开放的历史和成就，激发他们全面建成小康社会、实现中华民族伟大复兴的责任感。

6.创新教育手段

要改变传统形势与政策教育形式单一、教学手段落后、教学方法改革滞后的局面，鼓励教师充分利用现代化信息网络的技术手段、影视音像资料等。同时充分发挥校报、校电视台、网站、广播台等校园宣传媒体在形势与政策教育中心的独特作用。校报中可开设"形势与政策论坛"栏目,电视台每周播放中宣部指定的形势与政策教育视频资料等辅导资料,广播台可开设形势与政策专题讲座等,学校思想政治教育网站可开设"形势与政策"专栏,设立专家网络信箱,定期邀请专家在网络与学生开展交流,以更加开放和主动的形式占领现代化教育阵地。目前,网上微博以其传播速度快、范围广、反馈快和操作方便等特点,迅速兴起,深受大学生喜欢。在实际工作中,微博的政治传播和思想塑造功能应该得到更为深入的推广。

本节参考文献

[1] 孙青峰.创新大学生形势与政策教育的思考[J].思想政治工作研究,2007(2).

[2] 杨廷,邓洪.浅论高校思想政治教育中形势与政策课程的创新与发展[J].科教新报(教育科研),2010(10).

[3] 汪风涛.加强高校的形势与政策教育[J].新东方,2007(10).

[4] 欧阳国文.切实加强大学生形势与政策教育[J].学习月刊,2010(8).

[5] 山成虎.形势与政策教育需要创新[J].时事报告(大学生版),2006(4).

[6] 王月红."形势与政策"课多媒体教学手段的运用和效果研究[J].太原师范学院学报(社会科学版),2011(1).

[7] 吕霞,张军.对改革高校形势与政策教育模式的思考[J].中国教育技术装备,2009(4).

[8] 张晓洪,孙渝莉.高校形势与政策教育有效机制的构建[J].重庆理工大学学报(社会科学),2011(4).

[9] 孟照伟,王丙辰,孙倩.高校形势与政策课教学模式的探索与实践[J].长春工程学院学报(社会科学版),2012(2).

[10]陈平.论《形势与政策》课的特点及有效的教学策略[J].思想政治教育研究,2012(2).

[11]马建刚.正确把握"形势与政策"课教学的十大属性[J].四川文理学院学报,2012(4).

[12]陆海霞.有效开展面向"90后"大学生形势与政策教育的思考[J].创新,2012(3).

后 记

"立德树人"不仅是我国高等教育事业的根本任务,而且是当代大学生综合素质教育的根本任务。在全面提升大学生综合素质时代要求的新形势下,高校各部门与所有参与者应积极探索各种举措,齐抓共管,多管齐下,在全面了解"立德树人"理论来源与创新发展的基础上,坚持以中国特色马克思主义教育观为指导,把握"立德树人"的基本内涵,建立"立德树人"的长效机制,探索创新实践路径,深入把握将"立德树人"作为当代大学生综合素质教育根本任务的理论根据和现实意义,多维一体地完成"立德树人"的根本任务。本书在撰写过程中分工如下:第一章顶层设计篇中的第二、四、六、七节,第二章环境篇中的第一、三、五节,第三章内涵篇中的第二、三、四、七节,第四章路径篇中的第一、二、四、六、七、九节等约 15 万字由王兴撰写;其他章节由武彩鸿撰写。

本书笔者在写作过程中参阅了许多学者的理论专著或文章,得到了众多友人的帮助与支持,经济管理出版社的杨雪编辑对本书的出版付出了辛勤的劳动。付印之际,我们向所有支持本书写作和出版的朋友表示衷心的感谢。

在本论著撰写过程中,由于作者学术视野、理论水平与工作经验等所限,书中难免有不足之处,请专家与读者多批评斧正。

武彩鸿 王 兴

2016 年 12 月